Erich Greipl, Stefan Müller (Hrsg.)

Zukunft der Innenstadt

 **Dresdner Beiträge zu Wettbewerb und Unternehmensführung**

Herausgegeben von

Prof. Dr. Dr. h.c. mult. Erich Greipl,
Metro Vermögensverwaltung GmbH & Co. KG
Prof. Dr. Stefan Müller,
Technische Universität Dresden

Erich Greipl, Stefan Müller (Hrsg.)

Zukunft der Innenstadt

Herausforderungen für ein
erfolgreiches Stadtmarketing

7. Kolloquium an der
Fakultät Wirtschaftswissenschaften
der Technischen Universität Dresden

Deutscher Universitäts-Verlag

Bibliografische Information Der Deutschen Nationalbibliothek
Die Deutsche Nationalbibliothek verzeichnet diese Publikation in der
Deutschen Nationalbibliografie; detaillierte bibliografische Daten sind im Internet über
<http://dnb.d-nb.de> abrufbar.

1. Auflage Februar 2007

Alle Rechte vorbehalten
© Deutscher Universitäts-Verlag | GWV Fachverlage GmbH, Wiesbaden 2007

Lektorat: Ute Wrasmann / Frauke Schindler

Der Deutsche Universitäts-Verlag ist ein Unternehmen von Springer Science+Business Media.
www.duv.de

Das Werk einschließlich aller seiner Teile ist urheberrechtlich geschützt. Jede Verwertung außerhalb der engen Grenzen des Urheberrechtsgesetzes ist ohne Zustimmung des Verlags unzulässig und strafbar. Das gilt insbesondere für Vervielfältigungen, Übersetzungen, Mikroverfilmungen und die Einspeicherung und Verarbeitung in elektronischen Systemen.

Die Wiedergabe von Gebrauchsnamen, Handelsnamen, Warenbezeichnungen usw. in diesem Werk berechtigt auch ohne besondere Kennzeichnung nicht zu der Annahme, dass solche Namen im Sinne der Warenzeichen- und Markenschutz-Gesetzgebung als frei zu betrachten wären und daher von jedermann benutzt werden dürften.

Umschlaggestaltung: Regine Zimmer, Dipl.-Designerin, Frankfurt/Main
Gedruckt auf säurefreiem und chlorfrei gebleichtem Papier
Printed in Germany

ISBN 978-3-8350-0612-6

Vorwort

Die Professor Otto Beisheim Stiftung lud am 18.11.2005 in Zusammenarbeit mit der Fakultät Wirtschaftswissenschaften der Technischen Universität Dresden zum mittlerweile siebten Mal zum Kolloquium „Wettbewerb und Unternehmensführung" ein. Mehr als 400 Gäste aus Wirtschaft, Wissenschaft, Verwaltung und Politik nahmen zusammen mit ausgewählten Studenten der Fakultät an dieser Veranstaltung teil. Nachdem in den vergangenen Jahren Themen wie „Soziale Marktwirtschaft im nächsten Jahrtausend" oder „Kundenbindung bei veränderten Wettbewerbsbedingungen" behandelt wurden, setzte sich das siebte Kolloquium anhand zahlreicher Vorträge und Präsentationen in fundierter wie anregender Weise mit der „Zukunft der Innenstadt" auseinander und sprach damit Stadtplaner, Handel, Wirtschaftswissenschaftler und „Nutzer" von Städten gleichermaßen an.

Die vorliegende Buchpublikation fasst die wichtigsten Ergebnisse der Vorträge und Diskussionen zusammen und lässt so diesen bemerkenswerten Tag nochmals lebendig werden. Teil I gibt, neben den Grußworten des Prorektors für Universitätsplanung der TU Dresden, Prof. Dr. Hans-Georg Marquardt, und des Dekans der Fakultät Wirtschaftswissenschaften, Prof. Dr. Dr. h.c. Wolfgang Uhr, die Fachbeiträge der Referenten in gekürzter Form wieder. Die anwesenden Wissenschaftler beleuchteten die Institution „Stadt" aus verschiedenen Perspektiven, aber mit einer gleichlautenden Botschaft: Die europäische Stadt als unser Kulturerbe, zugleich Vermächtnis und Verpflichtung. Vertreter der Praxis wiederum gingen jeweils am Beispiel „ihrer Stadt" der Frage nach, was konkret zu unternehmen ist, um deren Funktionsfähigkeit und Vitalität zu sichern bzw. zurückzugewinnen. Teil II des Buches gibt die anschließende Podiumsdiskussion in ihren Grundzügen und zentralen Aussagen wieder, und Teil III ist den diesjährigen Preisträgern des Otto Beisheim Förderpreises gewidmet.

Unser besonderer Dank gilt allen, die durch ihr Engagement diese Veranstaltung zu einem besonderen Erlebnis haben werden lassen. Stellvertretend für die zahlreichen sichtbaren und „unsichtbaren" Helfer seien hier die Mitglieder von AIESEC genannt, die in bewährter Weise für einen reibungslosen Verlauf gesorgt haben. Ganz wesentlich zum Gelingen beigetragen haben aber auch die Gäste, deren Interesse und Diskussionsfreude Anreiz und Dank für die Referenten waren. Und nicht zuletzt gebührt unser Dank dem Sponsor der Tagung und der zugehörigen wissenschaftlichen Reihe, Herrn Professor Dr. Otto Beisheim.

Dresden, im Dezember 2006   Die Herausgeber

Inhaltsverzeichnis

Teil I

Begrüßung

Prof. Dr. Hans-Georg Marquardt	11
Prof. Dr. Dr. h.c. Wolfgang Uhr	15

Wissenschaftliche Beiträge

Prof. Dr. Dr. h.c. mult. Erich Greipl   21
Der Einzelhandel als Treiber der Stadtentwicklung

Prof. Dr. Walter Schmitz   33
Die europäische Stadt: Teil unseres kulturellen Erbes

Prof. Dr. Stefan Müller
City-Fans: Zielgruppe für die Erneuerung der Innenstadt   60

PD Dr. Dr. Helmut Schneider   73
Die Stadt als Marke

ESSHAH-Regel in der Praxis

Dr. Hans Hoorn   79
ERREICHBARKEIT in einer historischen Stadt

Dr. Claus-Theo Merkel   83
SAUBERKEIT: Grundlage der Attraktivität einer Stadt

Tim Tompkins   87
SICHERHEIT: Sicherheitsmodelle im New Yorker BID Times Square

Mario Bloem   90
HELLIGKEIT: Das Beleuchtungskonzept Frankfurt Mainufer

Björn Bergman   94
ATTRAKTIVITÄT: Handlungsmöglichkeiten des Citymanagements:
Das Beispiel Malmö

Udo Kalweit   99
HERZLICHKEIT: Das König Kunde-Konzept

Teil II

Podiumsdiskussion
Garanten der Zukunft der Innenstadt 105

Teil III

Otto Beisheim Förderpreis 2005

Laudationes 121
Prof. Dr. Stefan Müller

Dr. Simone-Kathrin Besemer 124
Zukunft der Shopping-Center

Prof. Dr. Wolfgang Fritz 151
Internet-Marketing und Electronic Commerce

Ralf Berger 184
Deutsche Landesbanken: Status Quo und Strategien vor dem Hintergrund
des Wegfalls der Staatsgarantien

Martin Hartebrodt 187
Das Rendite-Risiko-Paradoxon bei Berücksichtigung
des Entscheidungsverhaltens unter Risiko

Katja Wittig 196
Der Einfluss des Selbst auf das Beschwerde-Paradoxon

Teil I

Begrüßung

Wissenschaftliche Beiträge

ESSHAH-Regel in der Praxis

Grußwort

Prof. Dr. Hans-Georg Marquardt

(Prorektor für Universitätsplanung der Technischen Universität Dresden)

Meine sehr geehrten Damen und Herren, liebe Gäste, sehr geehrter Herr Dekan Uhr, sehr geehrter Herr Professor Greipl.

Im Namen des Rektoratskollegiums der Technischen Universität Dresden darf ich Sie ganz herzlich zum diesjährigen, siebten Kolloquium „Wettbewerb und Unternehmensführung" begrüßen. Ich freue mich, dass das Thema des heutigen Kolloquiums auf ein solch großes Interesse gestoßen ist und ich heiße alle Teilnehmer ob aus Wissenschaft oder Wirtschaft, aus Kommunen oder Verbänden herzlich bei uns willkommen.

Die von der Fakultät Wirtschaftswissenschaften in Zusammenarbeit mit der Professor Otto Beisheim Stiftung organisierte Veranstaltung widmet sich dankenswerterweise einer überaus aktuellen Herausforderung: der Zukunft der Innenstadt. Und welche Stadt wäre besser geeignet als Dresden, uns nachdrücklich vor Augen zu führen, wie gefährdet dieser Lebensraum ist – und zugleich wie vital. So aktuell der Gegenstand dieser Veranstaltung auch sein mag, so weit zurück führt uns der gedankliche Spannungsbogen der Thematik. Etymologisch bedeutet Stadt „Ort, Stelle, Siedlung". Weiter gedacht ist eine Stadt eine zentrale Stätte, an der viele Menschen zusammen kommen, weil ihnen diese Stätte zahlreiche Vorteile bietet: Schutz und Geborgenheit bspw., aber auch Geschäfts- und Kontaktmöglichkeiten.

Erlauben Sie mir nun einige Anmerkungen zur europäischen Stadt an sich, zu dem Phänotypus von Stadt, der das Abendland geprägt hat. Wie vieles andere, so entfaltete sich auch die europäische Stadt auf den Ruinen einer untergegangenen Hochkultur. Der Zerfall des Römischen Reiches, welches vom 6. Jahrhundert vor Chr. bis zum 5. Jahrhundert nach Chr. weite Teile Europas beherrscht hatte, ermöglichte eine neue Regionalordnung: mit dem Islam im Orient und dem Christentum im Okzident. Eines von vielen Resultaten dieser Entwicklung war die europäische Stadt, wie wir sie noch heute kennen und erleben: als Zentrum unserer Lebensform und Kultur. Der Aufbau städtischer Strukturen ging einher mit der Christianisierung des mitteleuropäischen Raumes, vor allem vorangetrieben von irischen Mönchen. Vor mehr als 13 Jahrhunderten weihte Bonifatius, päpstlicher Gesandter für Germanien und Bischof von Mainz, unzählige Kirchen, bildete Schüler aus und baute Klöster. Sie wurden zur Keimzelle zahlreicher Städte an Werra, Fulda, Elbe und Saale. Auch gründete er die Bistümer Erfurt und Würzburg. Jens Friedemann, Redakteur der Frankfurter Allgemeinen Zeitung und Herausgeber des Sammelwerkes „Städte für Menschen", verlieh ihm deshalb den Titel „Baumeister des deutschen Kulturraums".

Bonifatius gilt zwar als „Apostel der Deutschen". Aber erst ab 962, d.h. mit der Regentschaft von Otto I., nannte man die vielfältigen, in der Mitte Europas gelegenen Ländereien und Fürstentümer offiziell Heiliges Römisches Reich Deutscher Nation. Im Gegensatz zu anderen Staaten oder Bündnissen war die Macht hier nicht an einer Stelle, der Hauptstadt, konzentriert, sondern verteilt auf vielfältige Fürstentümer und Adelsgeschlechter. Während diese ihrer regionalen Machtposition durch entsprechende Bauwerke symbolischen Ausdruck verliehen, reiste der Kaiser von Pfalz zu Pfalz (bspw. Regensburg, Speyer oder Worms). Anders als in Zentralstaaten wie Frankreich bewirkte diese Multioptionalität, dass sich in Deutschland zahlreiche Städte von vergleichbarer Größe und Bedeutung entwickelten, die deshalb ständig miteinander konkurrierten. Mächtige Städtebünde wie die Hanse, die zu Hochzeiten über 200 See- und Binnenstädte vereinigte, zeugen vom politischen wie auch vom kulturellen Rang der Städte. Doch sie waren nicht nur für die Landesfürsten Institutionen und Repräsentation der Macht. Auch das einfache Volk fand hier Zuflucht. Dass „Stadtluft frei macht", ist weit mehr als ein Aphorismus, dessen tieferer Sinn sich uns nur scheinbar erschließt. Denn hinter diesem sprichwörtlichen Ausdruck der Hoffnungen und Wünsche des unterdrückten – und damit bei weitem größten – Teils der Bevölkerung verbirgt sich einer der wesentlichen Rechtsgrundsätze des Mittelalters: Wer über „Jahr und Tag" in einer Stadt unentdeckt gelebt hatte, konnte den Feudalherren und damit der Leibeigenschaft entrinnen.

Meine sehr verehrten Damen und Herren; natürlich bin ich mir der Unvollkommenheit dieses knappen historischen Exkurses bewusst. Aber er sollte doch in der Lage sein zu verdeutlichen, dass die Entwicklung unserer Gesellschaft – wie auch die des gesamten europäischen Kulturraumes – untrennbar verknüpft ist mit der Entwicklung und Funktionalität unserer Städte. Deren individuellen Gesichter prägen mit ihrer teilweise höchst unterschiedlichen Historie Bild und Selbstverständnis unseres Landes. Nicht zuletzt deshalb sind sie ein maßgeblicher Teil unseres Kulturerbes, das es zu bewahren und fortzuentwickeln gilt.

Was wäre besser geeignet als das Beispiel der Frauenkirche, uns dies vor Augen zu führen? In den letzten Tagen des Zweiten Weltkrieges auf gleichermaßen sinnlose wie dramatische Weise zerstört und deshalb als Mahnmal in unser kollektives Bewusstsein eingebrannt, verdanken wir ihre Wiedergeburt zunächst engagierten Bürgern und Bürgerinnen. Kaum zwei Wochen ist es her, dass das zum Sinnbild von Zuversicht, Tatkraft und Versöhnungsbereitschaft gewordene Gotteshaus neu geweiht wurde und nun in der markanten Silhouette dieser schönen Stadt wieder seinen angestammten Platz einnimmt. Welch ein Kontrapunkt zu all der Verzagtheit und Zukunftsangst, zu Versorgungsmentalität und Leistungsverweigerung, welche uns zahlreiche Medienmacher tagtäglich als Realität „verkaufen" wollen. Nein: Dresdens Beispiel zeigt zumindest in dieser Hinsicht, was Mut und Engagement Einzelner bewirken können. Und solche Tugenden sind mehr denn je gefordert. Denn unsere Städte sehen sich vielfältigen und wachsenden Gefahren ausgesetzt. Waren im mittelalterlichen Bau- und Gründungsboom Stadtgründungen noch willkommene Investitionen, welche das Stadtsäckel mit

Zöllen, Abgaben und Bußgeldern füllten, so erscheint die Stadt des 20. Jahrhunderts hauptsächlich als Problemfall: Stadtflucht und Unregierbarkeit sind nur zwei von vielen Schlagworten, die man in diesem Zusammenhang nennen könnte.

Vor allem der Zweite Weltkrieg löste eine erste Zerstörungswelle aus. Sie traf nicht nur Dresden ins Mark. Auch Coventry, Rotterdam, Warschau und zahlreiche andere Städten wurden nicht „nur" schwer beschädigt. In den schrecklichen Bombennächten verloren sie auch wesentliche Teile ihrer Stein gewordenen Identität. Vermutlich ist es müßig darüber zu streiten, worunter die Stadtsubstanz mehr glitten hat: unter der ersten oder der nachfolgenden zweiten Zerstörungswelle. Damit sind die zahllosen Bausünden gemeint, welche in beiden Teilen Deutschlands im Zuge des Wiederaufbaus begangen wurden. Über Sinn und Unsinn mancher architektonischer Leistung möchte ich mir kein Urteil anmaßen. Da wir heute aber in Dresden zusammen kommen, sei die Anmerkung erlaubt, dass der teils ideologisch, teils durch die große Wohnungsnot begründete sozialistische Baustil der sechziger und siebziger Jahre wohl nicht im Sinne der Gründungsväter der Stadt war. Dieser Konflikt erwuchs allerdings weniger aus Unvermögen denn aus unterschiedlichen Überzeugungen. Die im Gegensatz zur „kapitalistischen Stadt" konzipierte „sozialistische Stadt" sollte eine möglichst breite Bevölkerungsschicht mit gleichwertigem Wohnraum versorgen und insofern soziale Segregation verhindern. Die Verantwortlichen sahen sich folglich nicht in der Pflicht, die Interessen von Privateigentümern zu fördern. Sie wollten der sozialistischen Gesellschaft als Ganzes dienen. Während man die standardisierte „Stadt der Werktätigen" baute, verwahrloste wertvolle, identitätsstiftende historische Bausubstanz. Industriell betriebener Neubau hatte Vorrang vor dem Erhalt gefährdeter Zeitzeugen selbstbewussten Bürgertums. Die nachträgliche, zum Teil gezielte Vernichtung ostdeutscher Innenstädte, die über Jahrhunderte gewachsen waren, wie auch der häufig gesichtslose Wiederaufbau Westdeutschlands hielten bis weit in die achtziger Jahre an.

Mit dem Ende des 20. Jahrhunderts setzte eine dritte Zerstörungswelle ein, die sich als nicht minder bedrohlich erweisen sollte: Uniforme Filialkonzepte rauben den Städten ihre Unverwechselbarkeit. Jeder von uns kennt diese Anbieter, die lauthals für den jeweils aktuellen „Hammertiefstpreis" werben, mit ihren nahezu identischen Angeboten Einkaufen zu einer ungeliebten Routinetätigkeit verkommen lassen und reizvoll dekorierte Schaufenster für reine Geldverschwendung halten. Hinzu kommt eine einfallslose „Stadtmöblierung", die ihren Teil dazu beiträgt, dass die überwiegende Mehrzahl der Fußgängerzonen zwischen Flensburg und Füssen eher als „Hunde-Auslaufmeile" denn als „Flanier- und Konsummeile" dienen. Dass die Entwicklung der Stadt untrennbar mit dem Handel verbunden ist, wurde uns jedoch schon weit früher vor Augen geführt. Seitdem 1964 als Vorreiter das Main-Taunus-Center bei Frankfurt am Main eingeweiht wurde, verlagerte sich der Schwerpunkt der Handelsentwicklung mehr und mehr in die großflächigen Einkaufszentren. Und aufgrund der zunehmenden Mobilität breiter Schichten der Bevölkerung, einer im Vergleich zu den innerstädtischen

Standorten günstigeren Verkehrsanbindung, niedrigerer Grundstückspreise und geringerer Auflagen wurden sie zumeist an der Peripherie angesiedelt.

Meine Damen und Herren, die einst gefeierte Bündelung von Geschäften und Einkaufsstätten jeglicher Art auf der „grünen Wiese" sollte sich bald, jedenfalls aus Sicht der umliegenden Städte, als Trojanisches Pferd erweisen. Die als reine Renditeobjekte mit einer von vornherein begrenzten Lebensdauer von 20 bis 30 Jahren erstellten Center entzogen ihrem Umland nicht nur massenhaft Kaufkraft, sondern auch Gewerbesteuereinnahmen und Beschäftigungsmöglichkeiten. Mehr und mehr Einzelunternehmen konnten dem gewachsenen Wettbewerbsdruck nicht mehr standhalten, was Konzentration und Filialisierung des Handels vorantrieb. Und in dem Maße, wie ihre klassische Funktion als Marktplatz und Kommunikationszentrum schwand, verlor die Stadt an Zentralität. Dazu kommt die besorgniserregende demographische Entwicklung Deutschlands. Sinkende Geburtenraten in Verbindung mit einer stagnierenden wirtschaftlichen Entwicklung sowie der dramatische Abbau versicherungspflichtiger, d.h. vollwertiger Arbeitsplätze zehren manche Regionen geradezu aus. Chemnitz etwa verlor seit 1989 über 50.000 Einwohner. Aber nicht nur für diese Städte besteht dringender Handlungsbedarf. Insgesamt sind Raumplaner, Stadtentwickler, Handel und nicht zuletzt Stadtmarketing gefordert, neuartige und weitsichtige Lösungsansätze zu entwickeln. Dass die Revitalisierung der traditionellen Innenstädte dabei eine zentrale Rolle spielen sollte, steht für mich außer Frage.

Es ist mir deshalb eine große Freude, dass das diesjährige Otto Beisheim Kolloquium dieses Problem aufgreift, das in seiner Komplexität nur im engen Austausch von Fachleuten aus Wissenschaft und Wirtschaft lösbar sein wird. Zugleich zeigt diese Veranstaltung aber auch: Angesichts der Finanznot der öffentlichen Kassen können die Universitäten viele der ihnen zugedachten Aufgaben nur noch erfüllen, wenn Unternehmen sich in verlässlicher Weise als Good Corporate Citizen verhalten. Die TU Dresden kann sich deshalb glücklich schätzen, in der Professor Otto Beisheim Stiftung einen Partner gefunden zu haben, der durch sein gemeinnütziges Engagement unsere Alma Mater im Allgemeinen und die Fakultät Wirtschaftswissenschaften im Besonderen wiederholt und in ganz außergewöhnlicher Weise unterstützt hat. Ihnen, sehr geehrter Herr Kollege Greipl, möchte ich in Ihrer Eigenschaft als Spiritus Rector dieser für uns höchst erfreulichen und fruchtbaren Kooperation namens der TU Dresden an dieser Stelle ausdrücklich danken. Sie haben sich um diese Universität verdient gemacht.

Uns allen wünsche ich einen angenehmen Tag, wertvolle Denkanstöße und fruchtbare Gespräche. Nun aber möchte ich Ihre Geduld nicht länger strapazieren. Ich danke Ihnen für Ihre Aufmerksamkeit und übergebe das Mikrophon dem Dekan der Fakultät Wirtschaftswissenschaften, Herrn Kollegen Uhr.

Vielen Dank.

Grußwort des Dekans

Prof. Dr. Dr. h.c. Wolfgang Uhr

(Dekan der Fakultät Wirtschaftswissenschaften der Technischen Universität Dresden und Mitglied des Kuratoriums des Prof. Otto Beisheim Förderpreises)

Vielen Dank, Herr Prorektor, für Ihre Begrüßung.

Meine sehr verehrten Damen und Herren, werte Gäste aus Wissenschaft und Wirtschaft, liebe Kolleginnen und Kollegen, Mitarbeiterinnen und Mitarbeiter und – nicht zuletzt – liebe Studierende. Ich darf Sie ganz herzlich im Namen der Fakultät Wirtschaftswissenschaften zum nunmehr bereits 7. Kolloquium der Otto Beisheim Stiftung an der TU Dresden begrüßen. Wie das erfreulich große Auditorium belegt, ist die „Zukunft der Innenstadt" ganz offenbar ein Thema, das uns alle auf die eine oder andere Weise berührt.

Innenstadt – das ist ein vielschichtiger und schillernder Begriff: Architektur- und Kulturraum, Wohn- und Freizeitraum, ganz wesentlich ein Wirtschaftsraum, und auch – ein bedrohter Raum, der in heutiger Zeit oft genug der Reurbanisierung und Revitalisierung bedarf, einer nachhaltigen Stadtentwicklung, welche die Innenstadt nicht neu erfindet, sondern verschüttete Lebensadern der Innenstadt wieder neu entdeckt. Ostdeutschland, meine Damen und Herren, befindet sich bekanntlich in vielerlei Hinsicht in einer besonderen Situation. Dies gilt auch für den Zustand seiner Städte. Sieht man einmal von Leipzig ab, das sich einer weitgehend intakten historischen Innenstadt erfreut, so sind viele Städte von einem Wiederaufbau gezeichnet, der aus den verschiedensten Gründen Funktionalität und Schlichtheit übermäßigen Vorrang einräumte. Chemnitz und Magdeburg sind hierfür mahnende Beispiele. Und gerade angesichts Dresdens kann man sich des Eindrucks nicht erwehren, dass städtebaulich bewusst eine Antithese zur barocken höfischen Pracht und zum Bürgerstolz der Gründerzeit formuliert werden sollte.

Wie stark und unausrottbar aber das Bedürfnis der Menschen nach einer identitätsstiftenden Stadtplanung und Architektur ist, führt uns allen der spektakuläre und zunächst engagierten Bürgern zu verdankende Wiederaufbau der Dresdner Frauenkirche vor Augen. Sie ist eben nicht, wie Kritiker immer wieder unterstellt haben, zum Symbol einer restaurativen Stadtpolitik geworden, sondern zum Aufbruchsignal. Derzeit spürt man diese so dringend notwendige und lange Zeit vermisste Grundstimmung allenthalben in der Stadt: „Wenn wir das eigentlich Unmögliche geschafft haben, so kann uns auch alles andere gelingen." Vermutlich ist es gerade das, was Deutschland insgesamt benötigt, um sich aus seiner quälenden Selbstblockade zu befreien: ein emotional aufgeladenes Symbol des von vielen getragenen Neubeginns.

Aber zurück zu Dresden. Vom Beispiel und der Leitfunktion der Frauenkirche ermuntert, investieren nun zahlreiche Bauherren am Neumarkt und vollenden mit großer Entschiedenheit die mit dem Wiederaufbau der Kirche begonnene Gesundung der Innenstadt. Nachdem die erste Phase noch mehr als zwölf Jahre beansprucht hat, kann man nunmehr fast dabei zusehen, wie die alten Quartiere rings herum neu entstehen und mit ihren unnachahmlich stimmigen Proportionen der Stadt ihr Gesicht zurück geben. Wer von Ihnen – verehrte Zuhörer – bereits einen Blick auf unser „neues altes" Stadtzentrum werfen konnte, wird mir sicherlich zustimmen. Es ist erstaunlich, wie sehr sich die Ausstrahlung dieses Platzes an der Frauenkirche scheinbar urplötzlich verändert hat. Bereits der nunmehr mögliche Rundgang um die Frauenkirche auf dem in alter Handwerkskunst gepflasterten Kirchenvorplatz wird zu einem Erlebnis, und die imposanten Bürgerhäuser, die sich schon im Rohbau erahnen lassen, engen den Blick nicht ein, wie befürchtet, sondern weiten die Perspektive. Am besten, Sie bilden sich selbst einen Eindruck und schlendern einmal über den Neumarkt, lassen sich von der Frauenkirche überwältigen und genießen den berühmten Canaletto-Blick vom anderen Elbufer aus. Mein Resümee zum Thema mitreißendes Tun bewirkt zumeist mehr als bedenkenschwere Reflexion. Und den Ausschlag gibt die Entschlossenheit Einzelner.

Der besonderen Situation der ostdeutschen Städte müsste eine eigene, ausführlichere Veranstaltung gewidmet werden. Hier und heute aber wollen wir die „Stadt an sich" und insb. die Innenstadtentwicklung in Wechselwirkung mit der Handelsentwicklung betrachten. Nachdem uns Herr Prorektor Marquardt bereits anschaulich die drei Zerstörungswellen geschildert hat, denen unsere Städte ausgesetzt waren und teilweise noch sind, möchte ich nun kurz auf eine weitere Bedrohung hinweisen, die den traditionellen Einzelhandel wie die Stadtzentren gleichermaßen betrifft: die zunehmende Substitution des persönlichen Kaufvorgangs durch elektronisch vermittelte Handelstransaktionen über das Internet. Es entbehrt nicht einer gewissen Ironie, dass ausgerechnet mir als Wirtschaftsinformatiker die Rolle zufällt, auf diese möglicherweise vierte Zerstörungswelle hinzuweisen. Zwei Zahlen mögen die Brisanz dieser Entwicklung veranschaulichen: Per Online-Shopping wurde in Deutschland vergangenes Jahr etwas mehr als eine Milliarde Euro umgesetzt. Zugegeben, absolut gesehen vermag dieses Umsatzvolumen nicht zu beeindrucken, wohl aber die Wachstumsdynamik. Während der Handel insgesamt bestenfalls stagnierte, konnte das Online-Shopping ein Plus von 20% verzeichnen. Die zweite Zahl, die ich hier ausführen möchte, lautet 1,2 Millionen. 1,2 Millionen Exemplare hat allein Amazon vom sechsten Harry Potter Band verkauft. Das sind 1,2 Millionen Bücher, die eben nicht mehr in den zumeist in den Innenstädten angesiedelten Buchhandlungen gekauft werden. Was möchte ich Ihnen damit sagen, meine Damen und Herren? Es liegt mir völlig fern, den elektronischen Handel als unsittliche Veranstaltung zu brandmarken. Zum einen bin ich schon „meiner Berufung wegen" ein Befürworter dieser Innovation, und zum anderen sind deren Vorteile völlig unbestritten. So erschließt das Medium Internet nicht nur dem Kunden neue Optionen, sondern auch dem Handel neue Kundengruppen. Und vor allem verbessert es Markttransparenz und Transaktionseffizienz.

Wir alle wollen von den Vorzügen der virtuellen Welt profitieren, aber wir wollen auch auf die Annehmlichkeiten der realen Welt nicht verzichten. Wenn wir also weiterhin in einer lebendigen Innenstadt bummeln gehen wollen, in einer gut sortierten Buchhandlung stöbern und in druckfrischen Büchern blättern wollen, dann bedarf es einer sinnvollen Arbeitsteilung zwischen dem ersten, dem traditionellen Handelsnetz, dem auf der sprichwörtlichen „grünen Wiese" angesiedelten zweiten Handelsnetz und dem sich derzeit dynamisch entwickelnden dritten, dem virtuellen Handelsnetz. Während die discountorientierten und die transaktionsorientierten Vertriebsformen in den letzten Jahren ihr Leistungsprofil nachhaltig geschärft haben, scheint es mir, als ob der innerstädtische Handel auf diese Herausforderungen noch nicht die richtige Antwort gefunden und das Seine getan hat, um sein Überleben zu sichern. Er ist deshalb gefordert, neue Konzepte zu entwickeln, welche die Menschen in seine Geschäfte ziehen und damit gleichermaßen die Innenstädte beleben. In welchem Maße die Entwicklung von Innenstadt und städtischem Einzelhandel voneinander abhängen, wird das Leitthema dieser Veranstaltung sein.

Meine sehr verehrten Damen und Herren, ich möchte nun mit wenigen Worten unsere Referenten vorstellen und diese Gelegenheit nutzen, mich bei Ihnen namens meiner Fakultät ganz herzlich zu bedanken. Sie werden heute berichten, mit welchen Mitteln sie in Ihren Städten der bedrohlichen Entwicklung Einhalt bieten.

Zunächst wird Ihnen Professor Greipl – Initiator und Förderer dieser Veranstaltungsreihe – eine wichtige, wenn nicht die Schlüsselgröße der Stadtentwicklung vorstellen: eine wahrhaft integrierte Stadtplanung. Professor Greipl wird Ihnen den Zusammenhang zwischen ökonomischer Dynamik und kultureller Vielfalt einer Stadt verdeutlichen. Er schließt seinen Vortrag mit Thesen zu Handlungsanforderungen, die in ihrer Gesamtheit ein Grundkonzept für all jene ergeben sollten, die für eine gemeinsame Zukunft von Handel und Innenstadt Verantwortung tragen.

Sodann wird Professor Schmitz, mein Kollege und Direktor des Mitteleuropa-Zentrums für Staats-, Wirtschafts- und Kulturwissenschaften an unserer Universität, zurückblicken und vorausschauen zugleich: Was macht die europäische Stadt aus? Weshalb ist sie zu dem geworden, was sie ist: unser kulturelles Erbe? Und ist der grundlegende Wandlungsprozess, dem sie unterliegt, nur Krise oder auch Chance?

Privatdozent Dr. Schneider ist Experte für Markenstrategien und Markenpolitik. Er lehrt an der Universität Münster sowie der Marmara Universität in Istanbul und ist somit mit zwei Städten bestens vertraut, die zur unverwechselbaren Marke geworden sind. Ein kürzlich in der „Absatzwirtschaft" erschienener Artikel greift dieses zukunftsträchtige Thema am Beispiel von Dresden auf und benennt die fünf Markenwerte unserer Stadt: Kulturmetropole, Lebensqualität, Wissenschafts- und Innovationsstandort, Internationalität sowie Charakter.

Die Vorträge, die wir nach der Mittagspause hören werden, orientieren sich an den sechs maßgeblichen Zielgrößen einer humanen Stadtentwicklung.

Erreichbarkeit – Sauberkeit – Sicherheit – Herzlichkeit – Attraktivität – Helligkeit

Beginnen wird Dr. Hans Hoorn und uns vor Augen führen, wie auch eine historische Stadt mit all ihren gewachsenen und unveränderbaren Restriktionen das zentrale Kriterium der Erreichbarkeit sicherstellen kann. In Maastricht ist es offenbar gelungen, das historische Stadtzentrum funktionsgerecht in eine moderne Stadtplanung einzubinden.

Dr. Claus-Theo Merkel von der Deutsche Städte Medien GmbH wird uns nahe bringen, was wir alle wissen, aber nur wenige beherzigen: Dass Sauberkeit eine unerlässliche Voraussetzung der Attraktivität einer Stadt ist. Weiterhin beschäftigt er sich damit, wie mittels einer geeigneten Stadtmöblierung der besondere Charakter von Plätzen und Straßen gewahrt werden kann.

An Stelle des im ursprünglichen Programm ausgedruckten Vortrags von Thomas Emde, der leider kurzfristig absagen musste, freue ich mich Ihnen Mario Bloem von der Deutschen Planungs- & Beratungsgesellschaft (d-plan) ankündigen zu können. Seine Firma beschäftigt sich mit Stadtplanungs- und Lichtkonzepten.

Einen weiteren Höhepunkt des heutigen Tages wird uns Tim Tompkins bieten Der Präsident der Times Square Alliance stellt das Sicherheitskonzept vor, das für den wohl berühmtesten der vielen berühmten New Yorker Straßenzügen entwickelt wurde. Aktualität und Brisanz dieses Themas konkurrieren dabei mit der Art seines Auftritts. Lassen Sie sich überraschen.

Björn Bergmann ist aus Schweden zum diesjährigen Kolloquium der Otto Beisheim Stiftung angereist. Er wird uns am Beispiel Malmös zeigen, was das dortige Citymanagement in Kooperation mit dem Handel und Immobilieneigentümern unternimmt, um die Attraktivität dieser Stadt zu erhöhen. Einen besonders aufmerksamen Zuhörer wird er sicher in Herrn Gillenberg finden, dem unter uns weilenden Citymanager von Dresden.

Die Runde der Referenten beschließt Udo Kalweit. Er wird uns das Modellprojekt „König Kunde" vorstellen. Dieses Gütesiegel erhalten im sonnenverwöhnten Badener Raum Unternehmen dann, wenn sie diese Maxime nicht nur postulieren, sondern im tagtäglichen Umgang mit den Kunden auch befolgen.

Meine Damen und Herren, wie Sie sehen, erwartet uns ein spannendes und facettenreiches Programm. Ich wünsche Ihnen einen anregenden Tag und – bei Speis und Trank – interessante Gespräche. Ich bin davon überzeugt, dass Sie viele wertvolle Anregungen in Ihre Heimatstädte mitnehmen können und Dresden in guter Erinnerung behalten werden.

Abschließend möchte ich nochmals mit Nachdruck der Otto Beisheim Stiftung danken, die mit der Veranstaltungsreihe „Wettbewerb und Unternehmensführung" in Zusammenarbeit mit der Fakultät Wirtschaftswissenschaften ein Forum für die Begegnung von Wissenschaft und Praxis schafft. Dank gebührt aber vor allem Herrn Professor Greipl, der mit seiner unnachahmlichen Tatkraft all dies ermöglicht und mit Leben erfüllt. Als Honorarprofessor der Universität Mannheim, Ehrendoktor unserer Fakultät und verantwortungsbewusster Handelsmanager verkörpert er wie kein anderer diesen Dialog. Es ist mir eine Freude, Sie, lieber Herr Greipl, nunmehr an das Rednerpult bitten zu dürfen.

Der Einzelhandel als Treiber der Stadtentwicklung

Prof. Dr. Dr. h.c. mult. Erich Greipl

(Metro Vermögensverwaltungs GmbH & Co. KG, Prof. Otto Beisheim Stiftung)

1. Ausgangslage 22
2. Maßnahmenkatalog 24
   2.1. Zentralität regional koordinieren 24
   2.3. Interessenkonflikte zielorientiert und kooperativ lösen 27
   2.4. Vernetzte Mitarbeit aller Akteure organisieren 27
   2.5 Erfolgsfaktoren integrierter Stadtentwicklungspolitik schaffen 28
   2.6. Standortplanung verbessern 29
   2.7. Kundenbindung stärken 29
   2.8. Stadtökonomie beachten 30
   2.9. Herausforderungen annehmen und die Zukunft regions- sowie standortbezogen gestalten 31
3. Ausblick 31

1. Ausgangslage

Die Aufgabe, die „Zukunft der Innenstadt" zu sichern und zu gestalten, ist viel zu anspruchsvoll, umfassend und komplex, als dass man sie allein der Politik überlassen sollte. Wir alle stehen in der Verantwortung. Insbesondere aber bedarf es qualifizierter Politikberatung durch die Wirtschaft, offener Kooperation von Handel und Stadt bzw. Gemeinde sowie gelebter „Public Private Partnership" (PPP). Nur wenn diese Akteure in **gemeinsamer Verantwortung** für unsere städtischen Funktions- und Lebensräume zusammenwirken, besteht Aussicht auf Erfolg.

Die Herausforderungen werden zunehmend größer und interdependent, und der Handlungsbedarf für Stadtplaner, Händler und Politiker ist unübersehbar. Wir müssen jetzt handeln – und nicht irgendwann. Der Flächendruck im Handel nimmt weiter zu, Konsumschwäche und Nachfrageverlagerungen zehren die Flächenproduktivität nachhaltig aus, und Konzentration sowie Auslesedruck provozieren unübersehbare Strukturverwerfungen (vgl. Abbildung 1). Weiterhin gefährden eine ungezügelte Flächenexpansion sowie Dezentralisierung und Zentralitätsverlagerungen die **Funktionsfähigkeit** der Zentrenhierarchie wie auch der Kernbereiche unserer Städte und Gemeinden in erschreckendem Maße.

Abb. 1: Hypertrophe Flächenausstattung (Stand 2004)

• Verkaufsfläche je Einwohner:	1,4 m²
• Verkaufsfläche im Ladeneinzelhandel:	rd. 115 Mio. m²
- 2005 voraussichtlich	rd. 116 Mio. m²
- 2010 voraussichtlich	rd. 125 Mio. m²
• Flächenwachstum im Einzelhandel 1991-2004:	+42%
• Umsatzwachstum im Einzelhandel 1991-2004:	+6%
• Entwicklung der Flächenproduktivität 1991-2004:	-25%

Wie bereits in den einführenden Referaten dieses Kolloquiums deutlich wurde, spielt der **Handel** in der **Stadtentwicklung** eine tragende Rolle. Dennoch wird er häufig sträflich unterschätzt. Er ist nicht nur bloßer Versorger, sondern auf Grund seiner Frequenz- und Agglomerationswirkung ein - wenn nicht der - „Kristallisationsbereich städtischer Kultur" (vgl. Abbildung 2). Seit jeher kommen Menschen in den Städten zusammen und tauschen nicht nur Waren, sondern auch Informationen aus.

Abb. 2: Beitrag der Qualität der Distributionsstruktur zur Lebensqualität

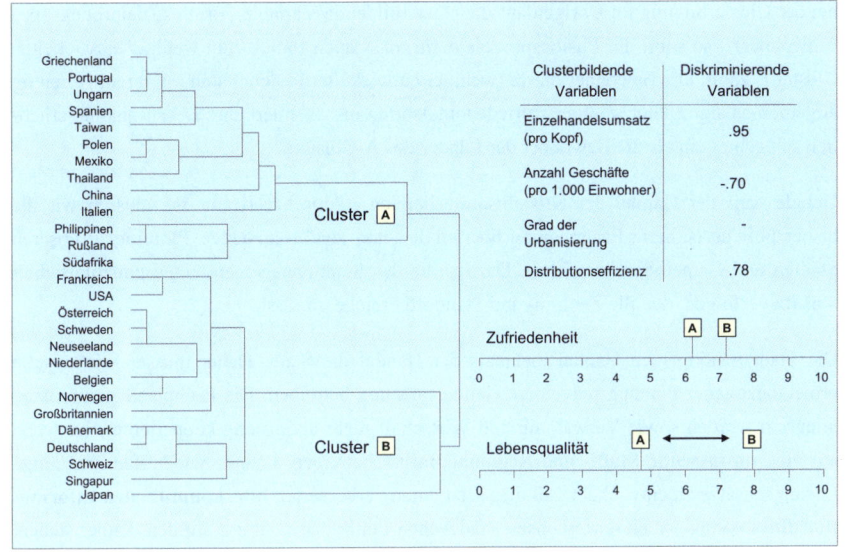

Im internationalen Vergleich lassen sich in Bezug auf die Konsequenzen der Distributionsstruktur für Lebensqualität und Zufriedenheit der Bevölkerung gleichartig strukturierte Gruppen von Ländern identifizieren, die mit unterschiedlichen Bedingungen in identifizierbarer Weise zur Lebensqualität der jeweiligen Bevölkerung beitragen. In einer Clusteranalyse wurden 27 Länder untersucht (hierarchisches Verfahren nach Ward). Hierbei standen fünf potenziell clusterbildende Variablen zur Verfügung:

- Einzelhandelsumsatz (pro Einwohner),
- Anzahl Einzelhandelsgeschäfte (pro Einwohner),
- der Grad der Urbanisierung (= Anteil der Stadtbevölkerung, Quelle: IMD)
- die Distributionseffizienz (Quelle: IMD) sowie
- das Bruttosozialprodukt (pro Einwohner).

Die in Abbildung 2 dargestellte Analyse zeigt zwei eindeutig abgrenzbare und durch die Diskriminanzfunktion gut trennbare Ländercluster. Diese repräsentieren zwar hauptsächlich die Industrieländer einerseits und die Schwellenländer andererseits, aber mit im Einzelnen durchaus bemerkenswerten Unterschieden. So ähneln die Versorgungsbedingungen in den Mittelmeeranrainerstaaten (Griechenland, Spanien und Portugal) strukturell mehr denen, die in Schwellenländern anzutreffen sind, als der Situation in Industrienationen. Verzichtet man bei der Clusterbildung im Übrigen auf die clusterbildende Variable „Bruttosozialprodukt (pro Einwohner)", so sorgt der Fusionsprozess dafür, dass auch Italien zum weniger entwickelten Cluster B zählt. Die Bewohner dieser (weniger entwickelten) Länder sind mit ihrem Leben im allgemeinen signifikant weniger zufrieden und stufen insbesondere ihre Lebensqualität erheblich schlechter ein als die Bewohner der Länder des A-Clusters.

Gerade weil der Handel der Kristallisationsbereich städtischer Kultur ist, müssen wir die bisher übliche isolierte Fachplanung überwinden und zur **integrierten Planung** in unseren Städten und Gemeinden übergehen. Dazu sollte das Stadtmanagement einen **ganzheitlichen Ansatz** verfolgen, der alle Zentren- und Standortbereiche umfasst.

Die Stadt benötigt den Handel mehr als der Handel die Stadt. Daher müssen wir anstelle projektbezogener Planung präventive Handelsplanung betreiben. Die Fachplanungen müssen integriert werden sowie Verwaltung und Wirtschaft mehr als bislang kooperieren. Nur wenn wir eine **umfassende Stadt-** und **Regionalanalyse** betreiben, können wir hoffen, tragfähige Lösungsansätze zu entwickeln. All dies setzt einen verbesserten **interkommunalen Informationsfluss** voraus. Auch dürfen unsere städtischen Leitbilder nicht nur auf dem Papier stehen, sondern müssen mit Leben erfüllt werden. Konkret gilt es, die Funktionalität der Innenstadtzentren und Ortskerne durch ein ganzes Bündel an Maßnahmen zu gestalten, zu sichern und nach Möglichkeit zu steigern.

Dazu benötigen wir im Einzelnen:

- eine Leitbildorientierung der Städte hinsichtlich ihrer Handelszentren und eine daran ausgerichtete Flächenpolitik,

- eine sinnvolle und vom Verbraucher akzeptierte Arbeitsteilung zwischen dem primären Netz (Innenstadt, Nahversorgung) und dem sekundären Netz (Peripherie, Gewerbegebiete),

- eine kundengerechte Service- und Handelskultur, die Arbeitsplätze sichert, sowie

- eine sachorientierte und koordinierte Flächen- und Zentralitätspolitik der Städte und Gemeinden.

2. Maßnahmenkatalog

2.1. Zentralität regional koordinieren

Seit längerem schon beobachten wir eine Entwicklung, die sich als „Dezentralisierung der Zentralität" beschreiben lässt (vgl. Abbildung 3). Das Wachstum der Verkaufsflächen, der internationale Transfer von Innovationskonzepten gerade im diskontierenden Bereich, die Umschichtungen innerhalb der Städte und Agglomerationen sowie die Veränderungen der Wirtschaftsstruktur beeinflussen auch die hierarchische Struktur der Städte und Zentren sowie deren Beziehungen untereinander. Früher noch klar definierte Stadtkerne weichen mehr und mehr auf. Eine Schlüsselrolle spielt dabei die zunehmende Expansion in Gebiete außerhalb der eigentlichen Stadtzentren (bspw. Gewerbegebiete mit großflächigen Einkaufsparks). Weiterhin sind **Gewichts-** und **Funktionsverlagerungen** innerhalb der Städte zu beobachten sowie teilweise Verwerfungen von Standortbereichen.

Abb. 3: Dezentralisierung der Zentralität

- Gesetzmäßigkeit
  - Großstadtcity   ⇨ Peripherie
  - Großstadtcity   ⇨ Kernlagen von Klein- und Mittelstädten
  - Alle City/Kernlagen   ⇨ Stadtränder/Agglomerationsräume

- Neue Herausforderung durch
  - Konversion von Militärgelände
  - Recycling von Industriebrachen
  - Tertiärisierung europäischer Großstädte

- Zwischen Innovations- und Wachstumspolitik sowie (Raum-) Ordnungspolitik

- **Zentralitätsentwicklung bedarf der Koordination in regionalen Räumen**

Dieser scheinbar gesetzmäßige Prozess geht in gewisser Weise von zentrifugalen Kräften in der agglomerativen Wertigkeit von Handelsstandorten aus. Im Zuge dieses Prozesses verlieren die regionalen Großstädte – von wenigen Ausnahmen abgesehen – an Umsatzzentralität. **Zentralität im Einzelhandel** bezeichnet die „Sogwirkung" einer Stadt. Eine attraktive Stadt zeichnet sich durch einen positiven Saldo von tatsächlich realisiertem Umsatz und der an einem Ort vorhandenen Einzelhandelsnachfrage (Kaufkraft) aus. Eine vitale Stadt zieht Menschen aus ihrem Umkreis an und bedient damit nicht nur die Nachfrage seiner Bewohner. Seit Beginn der neunziger Jahre ist in den Großstädten (über 500.000 Einwohner) ein „Aderlass" an Kaufkraftbindungsstärke in der Größenordnung von bis zu 15% zu verzeichnen. Klein- und Mittelstädte hingegen konnten durch Verbesserung der Handelsstruktur und erhöhte Umsatzbindung ihr Zentralitätsgewicht halten bzw. teilweise steigern (vgl. Abbildung 4). Dies mag nicht zuletzt daran liegen, dass es kleineren und mittelgroßen Städten leichter fällt, ihre Strukturen zu überdenken und die Kräfte für eine gemeinsame Stadtentwicklung zu bündeln.

Abb. 4: Zentralitätsentwicklung in Deutschland (nach Gemeindegrößenklassen)

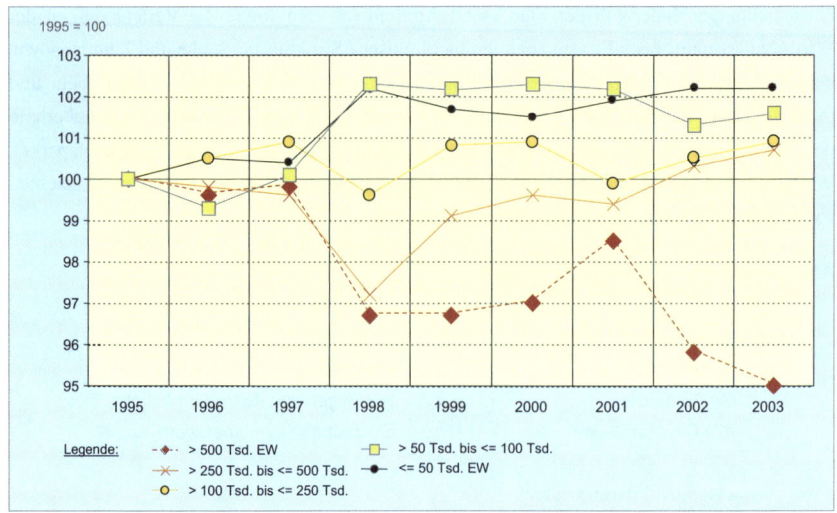

2.2 Konzeptionelle Ordnung bewahren bzw. wiederherstellen

Die Wertigkeiten der Standortnetze und die Marktbedeutung der Betriebsformen schichten sich seit Jahrzehnten erheblich um. Das sekundäre Handelsnetz hat sein Marktgewicht seit 1990 verdoppelt, die diskont-dominierten Angebotstypen haben ihren Marktanteil seit 1980 verdreifacht (vgl. Abbildung 5).

Abb. 5: Angebotstypen im Einzelhandel

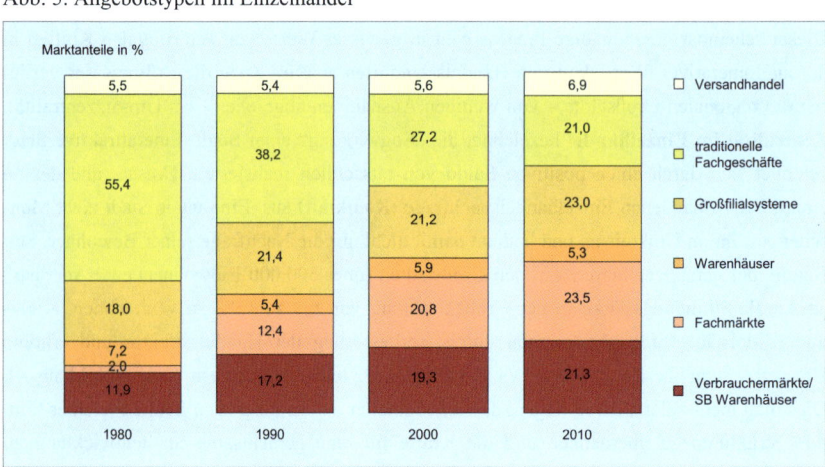

Man muss kein Prophet sein, um vorhersagen zu können, dass die **Polarisierung** zwischen den **Netztypen** einerseits (primäres vs. sekundäres Netz) sowie den **Vermarktungskonzepten** andererseits (service- vs. diskontdominierte Vermarktungskonzepte) sich weiter ausprägen wird. Dies ist insofern von kaum zu unterschätzender Bedeutung, als die Funktionalität und die Lebensfähigkeit der städtischen Standortbereiche in ganz erheblichem Maße von den Gewichten dieser „Pole" und der konzeptionellen Ordnung abhängen.

2.3. Interessenkonflikte zielorientiert und kooperativ lösen

Zahlreiche Initiativen bemühen sich darum, die offensichtlichen Ziel- und Interessenkonflikte, welche die regionale und städtische Entwicklung beeinträchtigen, zu reduzieren bzw. zu lösen. Alle Maßnahmen verfolgen mehr oder weniger das Ziel, Attraktivität, Qualität und Akzeptanz der Innenstadtzentren zu sichern. Dazu bedarf es einer **konstruktiven Arbeitsteilung** zwischen dem primären und dem sekundären Handelsnetz. Weiterhin ist die interkommunale Abstimmung dringend zu verbessern. Wenn wir dieses für unsere Lebensqualität so bedeutsame Strukturproblem lösen wollen, benötigen wir ein allseitig akzeptiertes „**Meta-Regelsystem**" und **Institutionen**, welche geeignet sind, Egoismen, wie auch berechtigte Interessenkonflikte und Verständigungs- bzw. Koordinationsprobleme, wie sie in den bisherigen ungeordneten Prozessen aufgetreten sind, zu lösen.

2.4. Vernetzte Mitarbeit aller Akteure organisieren

So unersetzlich Motivation und engagierte Mitarbeit aller Beteiligten auch sein mögen: Letztlich wird es nur durch eine stadtentwicklungspolitische **Vernetzung aller Arbeiten** der betroffenen Entscheidungsträger und Entscheidungsbereiche gelingen, sinnvolle städtische Leitbilder und Konzepte zu entwickeln sowie tragfähige Lösungen zu erarbeiten. **Ziele**, die dabei verfolgt werden sollten, listet Abbildung 6 auf.

Abb. 6: Ziele einer zukunftsfähigen Stadt- und Regionalplanung

- Sicherung der Akzeptanz der Innenstadtzentren
- Verbesserung der Arbeitsteilung zwischen primärem und sekundärem Netz
- Verbesserung der interkommunalen und interregionalen Abstimmung
- Integration von Stadt- und Handelsentwicklung
- Erhöhung der Planungs- und Investitionssicherheit für Handel und Immobilienwirtschaft

Einzelhandelsobjekte und auch Zentren sind in der Regel keine Monolithen, sondern Bestandteil eines Agglomerations- bzw. Funktionalnetzes. Insofern haben sich Lösungsansätze und Managementaktivitäten nicht nur auf Objekte, sondern auch auf regionale Teilbereiche sowie Agglomerationszonen von Städten und Zentren zu beziehen.

Flächenflut, erhöhte Wettbewerbsintensität, Umwidmung und Erosion von Standorten, Produktivitätsverlust sowie wachsender Leerstand: All diesen Problemen können Unternehmen und Kommunen nur begegnen, wenn sie die Notwendigkeit der Vernetzung sowie der Integration von Handelsplanung und Stadtpolitik nicht nur als **Chance**, sondern vor allem auch als **Verpflichtung** begreifen (vgl. Abbildung 7).

Abb. 7: Vernetzung als Herausforderung von Handelsplanung und Stadtpolitik

- Räumliche Ordnung, als übergeordnete sozial-staatliche Zielsetzung
- Engagement von Handel, Immobilienwirtschaft und Kommunen
- Institutionalisierung geeigneter Organisationsformen
- Schaffung einer Strategie- und Entscheidungsbasis mit Blick auf:
  - Nutzungen (spezifische Raumraster, Standort-, Flächenüberschuss, Engpässe, Zeitraster der Nachfrage)
  - Funktionsteilung zwischen Netztypen
- Entwicklung ganzheitlicher Leitbilder und Konzepte (einschließlich Verkehrskonzept)

2.5 Erfolgsfaktoren integrierter Stadtentwicklungspolitik schaffen

Wer die Zukunft der Innenstadt sichern will, muss konsequent folgende **Anforderungen** bzw. **Voraussetzungen** erfüllen:

- Nutzung umfassender und jeweils aktueller Stadt- und Regionalanalysen,

- Integration von Stadt- und Regionalplanung (d.h. interkommunale Abstimmung unter Beteiligung von Handel, Immobilienwirtschaft und Kommunen),

- Institutionalisierung von Stadtmarketing und Stadtmanagement (wobei alle Standortbereiche angemessen einzubeziehen sind),

- Intensivierung und qualitative Verbesserung des Informationsflusses zwischen den an der Stadtplanung Beteiligten (insbesondere zwischen den verschiedenen Kommunen),

- Verstärkte Inszenierung von Städten und Standortbereichen als Kristallisationspunkt von Einkaufs- und Urbanitätserlebnissen. Für den gesamten Katalog und vor allem für Letztgenanntes gilt: Der **Königsweg** sind nicht punktuelle und mehr oder weniger zufällige Aktionen, so ansprechend diese im Einzelfall auch sein mögen. Was wir benötigen, ist die professionelle Verbindung und Organisation von Inszenierungselementen unter Einschluss des öffentlichen Raumes. Gefordert sind innovative Ideen, die eine nachhaltige Emotionalisierung des Erlebnisraumes „Stadt" ermöglichen.

2.6. Standortplanung verbessern

Die **Standortanforderungen**, welche Handelszentren (d.h. Innenstadtzentren und Gewerbezentren jeder Art) unbedingt erfüllen müssen, lassen sich als Akronym zur **ESSHAH-Regel** zusammenfassen (vgl. Abbildung 8). Diese beschreibt die Grundbedingungen einer Zentrenakzeptanz sowie die jeweiligen Verantwortungsträger. Die sechs Substantive der ESSHAH-Regel nennen die organisatorischen Grundvorausetzungen, die erfüllt werden müssen, um Zentrenkonzepte nachhaltig lebensfähig zu gestalten.

Abb. 8: Grundstruktur der ESSHAH-Regel

Standortanforderungen	Primär verantwortlicher Sektor
Erreichbarkeit	Stadt
Sauberkeit	Stadt, PPP
Sicherheit	Stadt, PPP
Helligkeit	Stadt, Unternehmen, PPP
Attraktivität	Unternehmen, PPP
Herzlichkeit	Unternehmen, Mitarbeiter

Planer, Projektierer und Händler müssen in einem offenen und lösungsorientierten Dialog diese sechs Anforderungen erfüllen und, von dieser Basis ausgehend, **stadt-** sowie **kundengerechte** und dennoch **ertragsfähige Konzepte** verwirklichen. Dabei sind Ortskerne und Innenstädte nicht nur als Angebotsplätze für zentrale Funktionen zu begreifen, vielmehr und primär als Ausdruck unserer über Jahrtausende gewachsenen Zivilisation und Stadtkultur.

2.7. Kundenbindung stärken

Angesichts der in vielen Bereichen zu beobachtenden ausgeprägten **Volatilität** des **Kundenverhaltens** sowie der wachsenden Zahl der **Wechselkäufer** kann Kundenbindung nur mit Hilfe eines qualifizierten Kundenmarketing gelingen. Dabei sind nicht nur die Handelsunternehmen, sondern ebenso die Städte und Regionen gefordert. Intensive Marktanalyse ist die Voraussetzung, um im Markt eine tragfähige Positionierung zu finden und sich kundengerecht zu profilieren (vgl. Abbildung 9). Fehlt es allerdings, wie so häufig, an konsequenter Umsetzung, Glaubwürdigkeit und Verlässlichkeit der Konzeptelemente, müssen Marktanalyse und Marktprognose wirkungslos bleiben.

Abb. 9: Positionierung von Angebotstypen im Einzelhandel

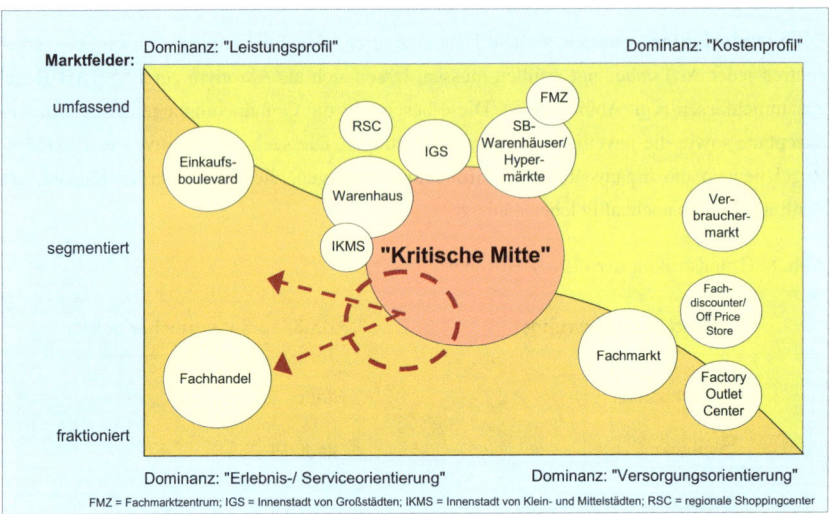

Städte, Zentren, Kooperationsgruppen und Unternehmen müssen begreifen, dass sie in einem stark umkämpften Markt nur bestehen können, wenn sie sich **strategisch neu formieren**. Klare Positionierung erfordert, eine im Marktumfeld gefundene und für tragfähig angesehene Mission von Zentrenstandort und Vertriebsform konsequent umzusetzen. Alle Elemente des Leistungsprofils sind auf die Zielkonsistenz und die Positionierungsklarheit hin zu überprüfen. Dringend geboten ist eine Profilierung als **Marke** nicht nur für Unternehmen, sondern ebenso für Städte und Standortbereiche, um Einzigartigkeit und Unverwechselbarkeit von Erscheinungsbild und Funktion herauszuarbeiten. Aktionsfelder der Markenprofilierung sind Stadtarchitektur, Funktionalität und optische Erscheinung.

2.8. Stadtökonomie beachten

Bei der Entwicklung und Bewertung von Lösungsansätzen muss die Stadtplanung davon ausgehen, dass der beschleunigte Strukturwandel die stadtökonomischen Reaktionen in Zukunft noch verstärken und deren Wirkungen zusätzlich intensivieren wird. Nicht Erweiterung, sondern **Qualifizierung** und **Inszenierung** der bereits heute übermäßig **vorhandenen Flächen** müssen Leitlinie der zukünftigen und nachhaltigen Entwicklung sein. Allein die bereits heute vorhandenen „Leerstandsflächen" generieren Marktverwerfungen in erheblichem Umfang. Derzeit liegt die Leerstandsquote in Deutschland bei ca. 5 - 8% der gesamten Verkaufsfläche im Einzelhandel, was einer Größenordnung von ca. 5,7 - 9,1 Mio. m² entspricht. Gemessen an der Zahl der Betriebseinheiten beläuft sich die Leerstandsquote bereits auf über 10%.

2.9. Herausforderungen annehmen und die Zukunft regions- sowie standortbezogen gestalten

Bei der Gesamtentwicklung des Handels und der Handelsstruktur geht es ganz wesentlich um

- die Tragfähigkeit unserer in Jahrhunderten gewachsenen Städtestrukturen,
- die Lebensfähigkeit städtischer Kernzonen als Erlebnisraum,
- die Prosperität von Handels- und Dienstleistungsunternehmen in diesen Lagen,
- die Existenzfähigkeit zahlloser Arbeitsplätze.

3. Ausblick

Die Zukunft unserer Innenstädte hängt ausschließlich von uns selbst ab. Wenn wir die komplexen Wechselbeziehungen, die zwischen Flächendimensionen und Handelsstrukturen bestehen, erkennen und in unserem Handeln berücksichtigen, wenn wir die Explosivität der Entwicklungen und deren Voraussetzungen sowohl mit Sensitivität als auch mit Entschlossenheit analysieren und wenn wir Umsetzung von Leitideen und Konzepten systematisch und professionell vorantreiben, dann muss uns um die **Zukunft nicht bange** sein.

Unstrittig ist weiterhin, dass wir alle uns stärker engagieren müssen. Dann werden Städte und Ortskerne wieder individuell, identitätsstark, unverwechselbar, kunden-, bürger- und unternehmensgerecht sein. **Gründe** dafür, warum ein **umfassendes** und **verstärktes Engagement** unerlässlich ist, gibt es zuhauf. Gleiches gilt für die Notwendigkeit, die beschriebenen Probleme zeitnah zu lösen.

- Markt, Marktwirkung und Marktverwerfungen kennen keine Verwaltungsgrenzen und (be)treffen alle.
- Ohne Systemgrundsätze und unverhandelbare Prinzipien entsteht keine Grundordnung der räumlichen Planung.

- Übergeordnete sozialstaatliche Ordnungsgrundsätze (wie Zentralitätsdefinition und räumliche Planung) können nicht dem Markt überlassen werden.
- Ohne interregionale Koordination gibt es keine akzeptable Zentralitätsordnung.
- Gegenseitiges „Hochrüsten" von Einzelhandelsfläche zur Abwehr vermeintlich konkurrierender Ansiedlungen zehrt nur die Infrastruktur aus und gefährdet deren Funktionsfähigkeit insgesamt.
- Stadt, Urbanität und städtische Funktionalität sind weit mehr als nur Ausdruck einer bestimmten Form und Qualität der Organisation von Märkten. Sie sind vielmehr ein wichtiges Dokument unserer Kultur und zivilisatorischen Errungenschaft; sie sind integraler Bestandteil unserer Lebensqualität und unseres Lebensstils sowie sichtbarer Ausdruck des tieferen Wertes unserer Städte.

Angesichts der gewaltigen Dimension der zu bewältigenden Aufgaben ist es unumgänglich, in vielerlei Hinsicht **neue Wege** zu beschreiten. Dies gilt nicht nur, aber auch für die Finanzierung derartiger Projekte. Private Public Partnership hilft bei der Lösung städtisch-räumlicher Probleme. Sie ist **Auftrag** und **Verpflichtung** zugleich.

Die europäische Stadt:

Teil unseres kulturellen Erbes

Prof. Dr. Walter Schmitz

(Mitteleuropa-Zentrum, Technische Universität Dresden)

1. Einleitung 34
2. Die Wirklichkeit der Städte nach 1989 in Mitteleuropa 35
3. Der Mythos der großen Stadt: Babel 36
4. Metamorphosen der europäischen Stadt 38
5. Megalopolis - das neue Babel? 45
6. Städte ohne Geschichte – nach 1945 47
7. Heimat in der Stadt 52
Literatur 57

1. Einleitung

Im Verlust erst wird vollends offenkundig, was die Stadt bedeutet. So ist Dresden heute ein exemplarischer Ort für das Eingedenken daran, dass Städte der Verantwortung ihrer Bewohner übergeben sind. Denn bis heute ist die Zerstörung der Stadt im Zweiten Weltkrieg im Stadtbild sichtbar. Eine geschlossene Mitte hat Dresden nicht; dass aber eine solche Innenstadt in jeder Hinsicht zentral für die Erfahrung von Urbanität ist, wird deshalb in Dresden von Tag zu Tag für die Bewohner und die Besucher der Stadt sinnfällig. Zugleich ist dieses Dresden ein besonderer Ort, wenn es um die Einsicht geht, was die europäische Stadt für unsere Gegenwart bedeuten sollte, haben solche Fragen doch in Dresden selbst schon Tradition. Hier wurde im Jahr 1903 die erste deutsche Städte-Ausstellung veranstaltet, an deren Rand auch der Deutsche Städtetag gegründet wurde, eine Institution, deren 100jähriges Bestehen die *Süddeutsche Zeitung* jüngst zu der Frage veranlasste: „Erleben wir die Renaissance der Stadt?" (Käppner et al. 2005).

Seinerzeit in Dresden hatte *Georg Simmel* einen Vortrag „Die Großstädte und das Geistesleben" gehalten, der die Stadtforschung inspirieren und für das folgende Jahrhundert bestimmen sollte – in einer Aktualität also, die bis heute ungebrochen ist. *Simmel* hat darin, wie eine neuere Studie bilanziert, „die Großstadt als das Labor, die Werkstatt und den Schauplatz der Moderne zugleich" vorgestellt (Lindner 2004, S. 178). Warenwirtschaft und Geldverkehr erzwingen eine „innere Urbanisierung" des Großstadtbewohners, den *Simmel* denn auch als den „neuen Menschentypus" der Moderne vorstellt. Wenn wir die Mikroperspektive noch für eine kurze Weile beibehalten wollen, so zeigt sich an der damaligen Konstellation auch, dass es nicht in jeder Stadt opportun ist, über Städte nachzudenken. *Simmels* Vortrag fand bei dem Veranstalter, der gemeinnützigen *Gehe-Stiftung*, wenig Zustimmung. Er wurde zwar im Rahmen einer Vortragsreihe im Stiftungsjahrbuch vollständig abgedruckt, jedoch erklärte der Herausgeber *Theodor Petermann* im Vorwort dieses Bandes: „Da jedoch die geistreichen Ausführungen des Herrn *Prof. Dr. Simmel* über die Großstädte und das Geistesleben vielmehr den Einfluss der Großstädte auf das Geistesleben des einzelnen Großstädters als die geistigen Kollektivkräfte der Großstädte und deren Kollektivwirkungen zum Gegenstand hatten, entstand eine Lücke in der Durchführung des ursprünglichen Programms, zu deren bestmöglicher Ausfüllung, mit Zustimmung des wissenschaftlichen Ausschusses, der Verfasser des Aufsatzes „Die geistige Bedeutung der Großstädte" vom Direktorium ermächtigt wurde" (Petermann 1903).

Der Verfasser jenes nicht als Ersatz, sondern als Erfüllung gedachten Beitrages war nun wieder Theodor Petermann, der Herausgeber des Jahrbuchs, Geschäftsführer der Stiftung und Mitglied des Direktoriums. Sein Beitrag „referiert" – wie es in einer jüngst erschienenen Studie zutreffend heißt – „ziemlich oberflächlich über die Bedeutung von Universitäten,

Presse, Buchdruckerei, Buchhandel und Bibliotheken sowie der Künste für die Städte" (Moser 2004, S. 192). Zumindest wird also auch aus dieser Intervention deutlich, was für eine Bestimmung der Stadt nicht hinreichend ist: Sie ist eben mehr als die Addition von Einzelnem; sie lässt sich durch eine reihende Aufzählung nicht erfassen.

2. Die Wirklichkeit der Städte nach 1989 in Mitteleuropa

Was ist eine Stadt? Sicher, so sei vorab festgehalten, mehr als ein Ensemble von Gebäuden, sicher keine bloße Menschenansammlung auf engem Raum; sondern sie ist eine Form – und zwar historisch wie typologisch: eine Grundform – menschlicher Vergesellschaftung. Die Geschichte von Zivilisation, Kultur, Recht, Wirtschaft, Politik ist von der Geschichte der Stadt nicht zu trennen. Ihre „Idee" verbinden die Städte mit einer baulichen Organisation ihrer Funktionen, „deren formaler Ausdruck die Identifizierung der Gesellschaft erlaubt" (Delfante 1999, S. 23).

Was bedeutet für uns die Idee der Stadt in Europa? Was erhoffen wir von den Städten? Als in den Jahren 1989/91 der sogenannte „Eiserne Vorhang" fiel und die Konturen des alten Mitteleuropa wie die eines verschollenen Kontinents langsam wieder aus der Machtordnung des Ostblocks hervorzutreten schienen, da richteten sich die Hoffnungen vieler vor allem auf die Städte. Ihre Wiederkehr wurde emphatisch begrüßt, ja geradezu gefeiert. Mitteleuropa schien für das postnationale Zeitalter das Erbe einer pränationalen Landschaft bewahrt zu haben, die sich nach einem Netzwerk von Städten gliederte. Das Bewusstsein urbaner Zivilisation ist tief im europäischen Erbe insgesamt verankert, und die europäische Wertegemeinschaft könnte man fast auch als eine Stadtgemeinschaft bezeichnen. Auch deshalb schienen diese neu aufgetauchten Städte Mitteleuropas, die gleichsam aus der Haftung für die Fehlentwicklung des Urbanen in der Moderne herausgenommen waren, jetzt die Bürgen einer anderen Geschichte zu sein. Sie waren Sinnbilder der Zivilgesellschaft. Und sie schienen zudem auch Orte einer wiedergewonnenen Geschichte zu sein (die zwar ebenso in die Landschaft eingeschrieben ist, deren Zeichen dort jedoch für uns schwerer zu entziffern sind – wenn es sich nicht gerade um die Verwüstungen ökologischer Katastrophen handelt).

Wie aber verlief die Geschichte der Städte in Europa? Leben in der Stadt bedeutet, eine hohe Komplexität zu meistern. Das städtische („zivilisierte") Leben ist, wie es *Vilem Flusser* formuliert hat, der – anspruchsvolle – Versuch, „einer Synthese von Privatleben (Wirtschaft), öffentlichem Leben (Politik) und sakralem Leben (Sinnsuche)" (Flusser 1992, S. 196). Dies benennt zugleich die Grundtypen einer historischen Morphologie, einer geschichtlichen Lehre von den Funktionen der europäischen Stadt und ihren Formen.

3. Der Mythos der großen Stadt: Babel

Die erste Revolution des Städtischen – 'urban revolution' – ereignet sich schon um 7000 v. Chr. Wahrhaft am Anfang der Geschichte der europäischen Stadt steht der Mythos – und er bezieht sich auf den Ursprung Europas außerhalb Europas, im Orient. Die Bibel berichtet – laut *Martin Luthers* Übersetzung – im ersten Buch Mose:

„ES HATTE ABER ALLE WELT EINERLEY ZUNGEN VND Sprache. Da sie nu zogen gen Morgen/ funden Sie ein eben Land/ im lande Sinear /vnd woneten daselbs. Vnd sprachen vnternander / Wolauff / laßt vns Ziegel streichen vnd brennen / Vnd namen ziegel zu stein/ vnd thon zu kalck / vnd sprachen / Wolauff / Lasst vns eine Stad vnd Thurn bawen / des spitze bis an den Himel reiche / das wir vns einen namen machen / Denn wir werden vielleicht zerstrewet in alle Lender. / DA fur der HERR ernider / das er sehe die Stad. / Vnd Thurn / die die Menschenkinder baweten.

Vnd der HERR sprach / Sihe / Es ist einerley / Volck vnd einerley Sprach vnter jnen allen / vnd / haben das angefangen zu thun / sie werden nicht ablassen von allem das sie furgenomen haben zu thun. Wolauff / laßt vns ernider faren / vnd jre Sprache da selbs verwirren / das keiner des andern Sprache verneme. Also zerstrewet sie der HERR Von dannen in alle Lender / das sie musten auffhören die Stad zu bawen / Da her heißt jr name Babel [...]" [Mose 1.11]

Diese Erzählung von Babel wird zum mythischen Text der – europäisch geprägten – Menschheit, der fast unendlich viele Interpretationen hervorruft, sie gleichsam aus sich entlässt. Der „Turm zu Babel" ist ebenso zur Redensart geworden wie das Motiv in unser Bildgedächtnis eingegangen ist. Von *Pieter Breughel* stammt eine der berühmt gewordenen Varianten (vgl. Abbildung 1, links).

Abb. 1: *Pieter Breughel*: Der Turm zu Babel (1563)/*William Blake:* Die Hure Babylon (1809)

Babel wird in der Moderne zu einer Metapher für den Mangel an Sinn und wechselseitigem Verstehen in exponentiell wachsender Kommunikationsdichte, taugt als Warnwort, das plausibler ist als je. Zugleich wächst auch diesem mythischen Urmuster einer Stadt, die sich, weil niemand sie mehr beherrschen kann, allen preisgibt und allen entzieht, eine neue Faszinationskraft zu. Denn Babel ist beides – gefährdet durch den Ratschluss Gottes, verführerisch gefährlich für die Menschen, die ihr verfallen. Diese Gefährlichkeit ist inkarniert in der großen Hure Babylon. *William Blake* etwa hat sie gemalt (vgl. Abbildung 1, rechts).

Wie bei Blake, reitend auf dem siebenköpfigen Tier der Apokalypse, lässt *Alfred Döblin* sie auf der Bühne seines Großstadtromans „Berlin – Alexanderplatz" (1900) erscheinen. Sein Protagonist, kein Held, Franz Bieberkopf hat den Kampf mit der großen Stadt Berlin aufgenommen und ihn verloren. Er ist ein neuer Hiob. Er wird „bis auf die innerste Seele verbrannt werden! Sieh, wird er gewarnt (vgl. Döblin 1961, S. 419),

„wie die Hure schon frohlockt! Hure Babylon! Und es kam einer von den sieben Engeln, die die sieben Schalen halten und redete: Komm, ich will Dir zeigen, die große Babylon, die an vielen Wassern sitzt. Und da sitzt das Weib auf einem scharlachroten Tier und hat einen goldenen Becher in der Hand, an ihrer Stirn geschrieben ein Name, ein Geheimnis. Das Weib ist trunken vom Blut der Heiligen." Und es (Döblin 1961, S. 467) *„geschieht ein Klappern im Sturm, in dem Wehen und Blasen wird ein Klappern laut, ein Weib dreht ihren Hals auf einem scharlachfarbenen Tier. Sie hat sieben Köpfe und zehn Hörner. Sie schnattert und hat ein Glas in der Hand, sie höhnt, sie lauert auf Franz, dem Sturmgewaltigen prostet sie zu. Schnarr, schnarr, regen Sie sich ab, meine Herren, es lohnt nicht sehr um den Mann."*

Und der Tod tritt auf und singt sein langsames Lied, „die böse Babylon hört ihm zu" (Döblin 1961, S. 474); er rettet Franz Biberkopf, entreißt der Hure Babylon ihr Opfer, denn ganz und gar zerschlagen, wie der Mann ist, so ist er doch auch stark und gut, „soll er ein neues Leben tragen, gehe aus dem Weg, hier haben wir beide nichts mehr zu sagen" (Döblin 1961, S. 488). Franz entkommt der Apokalypse der Stadt – für diesmal.

Im Jahr 1957 wird der Dichter *Johannes R. Becher* in einem späten, wohlweislich unveröffentlichten Gedicht die damalige DDR als Turm zu Babel bezeichnen, ein Land, in dem die Lüge herrscht. Babylon ist der große Stadtmythos der europäischen Kultur geblieben. *Becher* war übrigens der erste Kulturminister der DDR, er mochte wohl wissen, worüber er schrieb (vgl. Schmitz 1998): Babylon ist jedenfalls die Chiffre des „anderen" der europäischen Stadt (und der europäischen Form von Gesellschaft) – gefährlich und gefährdet. In der Chiffre Babylon sind die Angst vor der Stadt und die Angst um die Stadt verdichtet.

4. Metamorphosen der europäischen Stadt

Wir müssen Europa als eine achsenzeitliche Kultur kennzeichnen. In der Achsenzeit etwa zwischen 800 und 200 v. Chr. formt sich, was unseren Begriff von Europa ausmacht. In dieser Gründungsepoche formt sich auch das besondere Muster der europäischen Stadt. Der Philosoph *Karl Jaspers* hat 1949 in seinem Buch „Vom Ursprung und Ziel der Geschichte" jene Bezeichnung – Achsenzeit – für diese Ära geprägt, eine Zeit, in der sich Außerordentliches zusammendränge. In einer frühen, gleichsam geistigen Globalität entsteht auf allen zivilisierten Kontinenten eine neue Fassung des Verhältnisses von diesseitiger und jenseitiger Welt – sei es in der chinesischen Philosophie, im Buddhismus in Indien, in den Lehren *Zarathustras* im Iran, dem Auftreten der Propheten in Palästina oder schließlich in der Dichtung und Philosophie in Griechenland. Das „Denken in transzendenten Kategorien" gilt der jüngeren Forschung als Charakteristikum dieser Achsenzeitkulturen (vgl. Joas 2005, S. 20). Und gemeint ist hiermit die Tatsache, dass es in jenen Religionen und Philosophien zu einer scharfen quasiräumlichen Trennung zwischen dem Weltlichen und Göttlichen kam, und dass Vorstellungen entwickelt wurden, wonach es ein jenseitiges, eben transzendentes Reich des Göttlichen gäbe; vorher hingegen, im mythischen Zeitalter, sei das Göttliche in der Welt und Teil der Welt gewesen, regierten die Götter die Menschen unmittelbar, hatten, um wieder zu unserem Thema zu kommen, ihren Sitz in der Stadt. Babel, jene erste Stadt, die in der Bibel erwähnt wird, hatte deshalb eine besondere Herausforderung des Schöpfer-Gottes durch seine Geschöpfe bedeutet. Jerusalem aber bleibt im Gedächtnis des Abendlandes die Stadt Gottes, deren Szenerie mit dem Tempelberg im Licht der eben durch eine Wolkendecke berechenden Sonne noch heute ein Sinnbild des „Heiligen" bietet. (vgl. Abbildung 2, links).

Abb. 2: Jerusalem, die Stadt Gottes/Athen, Blick auf die Akropolis

Über der heiligen Stadt ist gleichsam der Himmel offen; sie bildet das Tor zur Transzendenz. Doch neben Jerusalem liegt – in dieser sinnbildlichen Topographie – Athen, die Stadt der Volksherrschaft. Die Akropolis ist zwar der Berg der Götter mitten in der Stadt, wird aber als Kennbild für die Stadt Athen im Laufe der Jahrhunderte zum Symbol für den Übergang zu einer frühen Form von Demokratie – der Herrschaft des 'demos', der Gemeinschaft der Stadtbürger: Langlebige Kategorien der geistigen Welt formen hier ihr Muster, den Rahmen der Worte und Ideen aus (vgl. Abbildung 2, rechts).

Nicht nur die Form der Herrschaft, sondern auch die Konzentration der Macht ist für Jahrhunderte in Europa mit der Stadt verknüpft. Rom ist die imperiale Stadt, ist die erste Stadt, die ein Weltreich regiert; und das unterscheidet die 'urbs' – also im Lateinischen die Stadt schlechthin – von den Machtzentren der früheren Reiche, etwa des Perserreiches, des Reiches der Pharaonen. Wer das 'civis Romanus sum' aussprechen konnte, war, in der Antike, ein Bürger des Weltkreises. Die Stadt auf den sieben Hügeln wurde zu einem jener Modelle, deren Variation die Geschichte der europäischen Welt ausmacht (vgl. Abbildung 3).

Abb. 3: Das antike Rom (Modell)

„Rom in allem seinem Glanze, ist ein Grab nur der Vergangenheit" (Schiller, 1992, S. 207) – verkündet um 1800 *Friedrich Schiller* beziehungsreich, als das neue Imperium Napoleons gerade in der Nachfolge der römischen Universalmonarchie sein Recht verfocht. Schon früh haben sich neue imperiale Zentren als Nachfolger, ja gleichsam als räumliche Spiegelungen – in einem Prozess der 'translatio' – jenes ersten auf den Tiberhügeln definiert. Und dieser Mechanismus der 'translatio' – der Übertragung also einer universalhistorischen Mission –

übergreift auch den Ozean. Das „neue Rom" steht jenseits des Atlantiks, und für seine geistige und institutionelle Mitte wird der Name gewählt, der auf das alte Rom zurückverweist: Das Capitol steht heute in Washington D.C. (vgl. Abbildung 4, links).

Abb. 4: Das „neue Rom": Das Kapitol in Washington, D.C./ Rom, Petersdom

Doch damit sind die Metamorphosen nicht beendet, denn auch die 'urbs' Rom, die ehemalige Hauptstadt des antiken Imperiums, bleibt weiterhin ein Zentrum für den Weltkreis, in einer fast unerhörten Überlagerung der Funktionen. Und diejenigen, die die Hauptstadt der Vereinigten Staaten planten, verschmolzen kühn in einem architektonischen Symbol die beiden Phasen in der Geschichte Roms: Denn das Capitol in den USA zitiert ja nicht etwa die antike Palastarchitektur, sondern vielmehr jenen anderen Ort, von dem 'urbi et orbi' der Segen gespendet wird: Den Petersdom, die Mitte des „heiligen Rom" (vgl. Abbildung 4, rechts).

Wer Rom gesehen hat, muss die anderen Städte der Macht nicht mehr betrachten, denn die Ikonographie der Macht erweist sich im Wechsel der Zentren als eine europäische Konstante. Gewiss verfügen Residenzstädte über ihre eigenen architektonischen Zeichen, doch so, wie die europäischen Machthaber (und zwar nicht nur im Heiligen Römischen Reich Deutscher Nation) stets die Verbindung zum Ursprung Rom suchten, so ist der Sitz der Macht im „Alten Europa", wenn er nicht Rom nachgebildet wird, eben nicht exemplarisch – unbeschadet der Schönheit der vielen Herrschaftssitze, auf die Europas Städte stolz sind.

Allerdings ist die Stadt als Machtzentrum nicht nur in der alteuropäischen Form einer Herrschaftspyramide organisiert, sondern in der Neuzeit entwickeln sich neue Formen der Machtausübung und finden neue Ausdrucksweisen – oder suchen zumindest insistent nach ihnen. Das Parlamentsgebäude in London repräsentiert früh im Norden Europas die Demokratie (vgl. Abbildung 5, links), und wiederum finden sich wohl nicht Nachfolger, sondern Antworten, so etwa das um über dreihundert Jahre jüngere Parlament in Budapest, mit dem neugotischen Stilzitat (vgl. Abbildung 5, rechts).

Abb. 5: Das Parlamentsgebäude in London/Das Parlament in Budapest

Und schließlich benötigt auch der gewaltsame Machtwechsel – die Revolution – jeweils neue Ikonen, solche, die sie für sich erst schafft – und solche, deren Abschaffung eben den revolutionären Triumph ganz sinnfällig macht (vgl. Abbildung 6).

Abb. 6: Robert Hubert: La Bastille (1789)

So verfügt nicht nur die Sprache über ihr Zeicheninventar, sondern auch die bildende Kunst – vor allem, wenn es sich um eine 'architecture parlante' handelt (vgl. Kaufmann 1968, S. 102, 130), die mit Zitaten arbeitet, mit Nachbauten auf Vorbilder verweist, also die Historizität der

Bauformen als eine Legitimierungsformel nutzt. Diese Zeichensprache der Gebäude garantiert die Kontinuität und die Vertrautheit der europäischen Stadt.

Freilich eignen sich solche urbanen Sinnräume nicht gleichmäßig für die Funktionen einer Stadt. Betrachtet man Handel-, Gewerbe- und Industriestadt so ändert sich das Bild. Wirtschaftliches Zentrum ist die Stadt zwar ebenfalls von frühesten Zeiten an gewesen: „Wo immer ein Wirtschaftsraum wächst," heißt es bei *Jane Jacobs*, der Geschichtsschreiberin der Städte Amerikas, „da schafft dieser Prozess sofort auch die Stadt" (Steinberger 2005a). Auf die vielfältigen typologischen Differenzierungen dieser Funktion – etwa die von *Max Weber* entwickelte Unterscheidung von Konsumentenstadt und Produzentenstadt, diese wiederum mit den beiden Untertypen der Gewerbestadt und der Handelsstadt (vgl. Lindner 2004) – ist hier nicht weiter einzugehen. Wir wollen vielmehr, mit einem Rückblick auf die Ära der Moderne um 1900, die Repräsentation von Wirtschaftskraft betrachten; das Entree der Prager Industrieausstellung, gleichsam eine Kathedrale des Jugendstils – und damit der Moderne, lädt dazu ein.

Die Wirtschaft sucht in der Moderne ihren Stil. Eine Stilgeschichte wirtschaftlicher Repräsentanz- und Funktionsbauten um 1900 wäre für die Geschichtsschreibung der Europäischen Moderne ein dringendes Desiderat. Zunächst werden die Stilformen der Vergangenheit genutzt, um das geradezu beängstigend Neue – die exponentielle Steigerung der Warenproduktion, die neuen Bedingungen des Massenkonsums – vertraut erscheinen zu lassen. Die Einheit von Schönheit und Nutzen ließe sich, wenn man sich der alt-europäischen Sozial- und Wirtschaftsordnung zuwendet, beeindruckend mit historischen Beispielen präsentieren; doch wollen wir nicht die alten Speicher der Hansestädte, nicht die ehrwürdigen Kontore, die schönen überlieferten Tuch- und Markthallen – etwa den typischen 'Rynek', den Ringplatz mitteleuropäischer Städte wie Breslau/Wrocław oder Krakov/Krakau – betrachten und ebenso wenig jene Industriebauten, wie sie um 1900 in der traditionsbewussten süddeutschen Kunststadt München entstehen, unter der Auflage jener Angleichung an historische Bauformen wie Burg oder Kloster (vgl. Fisch 1988). Die Architektur der Prager Industrieausstellung zeugt zudem von einer Ästhetisierung und Musealisierung der Wirtschaftsstadt; in Dresden war ja 1903 die Stadt selbst zum Ausstellungsthema geworden. Um 1900 kündigt sich jedoch eine Spaltung urbaner Repräsentation bereits an: Der beschleunigte Zeittakt der Wirtschaft – der Produktion wie des Handels – wird alsbald eine neue Ordnung der Städte erzwingen. Die Wirtschaft wird sich nicht auf Tradition verpflichten, sondern auf Funktionalität. Regierungen können auch heute noch in Schlössern residieren – oder wenigstens in historischen Bauten, wie etwa der Ministerpräsident des Freistaates Sachsen unter der Wettiner Krone (vgl. Abbildung 7).

Abb. 7: Sitz des Sächsischen Ministerpräsidenten und Staatskanzlei

Selten hingegen bewahren die Bauten der Wirtschaft ihren Nutzen und bleiben funktional tauglich; schnell verwandeln sie sich in Zeugnisse ihrer Geschichte, erleben also eine Musealisierung, die oft auch zu einer neuen Nutzung als Museum führt. Alte Markthallen, die restauriert werden, wie überhaupt ein gewisses Element von Nostalgie in den Darbietungsformen des Einzelhandels, bestätigen diese These eher, als dass sie sie widerlegen könnten. Eine dieser Ausnahmen – das Jugendstil-Kaufhaus in Görlitz – sei wegen ihrer Einzigartigkeit und wegen der Debatten, die in jüngster Zeit um ihre Funktionstüchtigkeit kreisten, noch eigens genannt: Es ist eben das einzige noch als Kaufhaus genutzte Architekturdenkmal des Jugendstils in Deutschland.

Eine solche Umschichtung und Überlagerung von Funktionen gehört seit je zur Entwicklungsdynamik der europäischen Stadt. Nicht selten geht dabei die Richtung von den politischen und wirtschaftlichen Nutzungen – sei es für einzelne Gebäude, sei es für ganze Stadtviertel – hin zu einer Kuturalisierung und Ästhetisierung. Dabei sind jedoch vor allem die Überlagerungen zu beachten. Das Jugendstilkaufhaus wird noch immer als Kaufhaus benutzt, wenn auch die ökonomische Logik hier nicht mehr vorrangig gilt: Sie wird nicht ersetzt, sondern ergänzt oder sogar überformt von einem ästhetischen Wert. Handel und Gewerbe vermitteln häufig bei diesem Funktionswandel, so wenn Industrieviertel durch Umbaumaßnahmen für den tertiären Sektor genutzt werden und daneben oder sogar vorwiegend noch eine kulturelle Nutzung vorgesehen ist.

Dass die Gebäude der Städte zugleich Zeichen der Vergangenheit sind, ist wohl von jeher so gewesen. Schon immer blickten die Stadtbewohner stolz auf die Zeugen ihrer großen Geschichte. dass der Ruhm der Vergangenheit vor allem auch im Kulturellen gesehen wird, dass also die Denkmäler Kulturdenkmäler sind, ist dagegen eine Entwicklung, die sich erst in der Moderne, also seit der Achsenzeit um 1800 (vgl. Eisenstadt 1992) anbahnt. Schon immer beherbergten die Städte Wissenschaft und Kunst, aber seither ist die Wissenschafts- und

Kunststadt ein eigener Typus, dessen Ausformung etwa auch durch politische und administrative Maßnahmen bewusst angestrebt wird und dem sich andere Zwecke unterordnen müssen. Ich nenne nochmals das Beispiel der Münchner Industriearchitektur, die sich auf Verlangen des Stadtrates einer Formensprache bedienen musste, die – um der Reputation der Kunststadt München willen – jeden Bruch mit dem überlieferten Stadtbild zu vermeiden hatte. So gemahnen Industriegebäude dann an mittelalterliche Großbauten (vgl. Fisch 1988).

Der Funktionalismus der Moderne um 1900 wird mit solchen Auffassungen entschieden brechen. Wir wollen uns aber noch einmal zum Erbe der europäischen Stadt zurückwenden – und damit gleichzeitig zum 'Genius loci' Dresdens. Der Stadt Dresden ist es ja einerseits gelungen, zu einem zentralen Gedächtnisort für die Erinnerung an die Zerstörung Deutschlands im Zweiten Weltkrieg zu werden – mit allen prekären Debatten, die damit verknüpft sind (vgl. Schmitz 2005), zum anderen aber wieder an den alten Topos von „Dresdens Glanz" anzuknüpfen (vgl. Christmann 2004), obschon dieser „Glanz" noch keineswegs flächendeckend in der im Umbau befindlichen Innenstadt realisiert ist. Dennoch wird die Schönheit Dresdens allgemein akzeptiert, und der wiederhergestellte sogenannte Canaletto-Blick, also die Ansicht der Brühlschen Terrasse am Elbufer, bestätigt diesen Ruhm für viele wohl auch unmittelbar (vgl. Abbildung 8).

Abb. 8: Die Brühlsche Terrasse in Dresden (2005)

Faszinierend ist dabei aber, dass der ästhetische Gesamteindruck sich eben aus jenen Komponenten ergibt, die für die vielfältigen Funktionen der europäischen Stadt einstehen können: Die Brühlsche Terrasse in Dresden bildet gleichsam eine architektonische Musterkarte der Funktionen der europäischen Stadt. Wir finden hier die Kirchen für beide Konfessionen, die protestantische Frauenkirche wie die katholische Hofkirche, das Schloss als Zentrum der Macht, ergänzt um das Ständehaus, sodann die Kunst im *Lipsius*-Bau, einem Ausstellungsgebäude, und in der anschließenden Kunstakademie, dann seitab, jedoch in Blicknähe anschließend die Semperoper, weiter der den Opernplatz schließende Galeriebau Sempers, daran anschließend weiter in der Blickachse noch den ehemaligen *Erlwein*-Speicher als Zeichen der wirtschaftenden Stadt mit ihrem Elbhafen; heute – und auch dies mag bezeichnend sein – ist das alte Speichergebäude zum Hotel umgewidmet. Der Landtag aber übernimmt architektonisch die Brückenfunktion zwischen der Kultur und diesem sich neu entwickelnden Wirtschaftszentrum für Dienstleistung und Gewerbe. Mit dieser Anschauung des Erbes der europäischen Stadt sei eine zuversichtliche Note gesetzt: Die Bürger dürfen stolz sein auf ihre Stadt.

5. Megalopolis - das neue Babel?

Die Stadt ist ein soziales Erfolgsmodell – überall in der Welt; dennoch zeigt die europäische Stadt ihre Eigenheit im Zeitalter der Globalisierung. In den Diskursformationen der so genannten Globalisierung allerdings mutet der Bürger der europäischen Stadt fast schon wie ein Relikt vergangener Zeit an. Auf der Tagesordnung steht vielmehr eine „Neuformierung der Städtehierarchie im globalen Maßstab" (Banik-Schweitzer 1996, S. 37), und diese orientiert sich an der globalisierten Megalopolis, die nun – wie einst die europäischen Städte ihren jetzt so klein gewordenen Kontinent – den Erdball mit ihrem Netz umspannen. Allenfalls London wäre hier eingebunden, von New York muss die Rede sein, vor allem aber von Städten mit 10, 15, 20 Millionen Einwohnern, die immer weiter wachsen und nicht nur in ihrem Stolz und ihrer Pracht an Babel erinnern mögen. Zumindest manifestiert der Hochhausbau noch immer ein „Streben nach Macht und Herrschaft" (Bronger 2004, S. 192), ist der Bau von Türmen – wie der berühmten *Petronas Towers* in Kuala Lumpur – noch immer eine Geste stolzer städtischer Selbstrepräsentation geblieben.

Solche Städte bilden Knotenpunkte im internationalen Wirtschafts- und Informationssystem; doch jene Megastädte scheinen dem Regiment nationaler Politik auch insofern enthoben, als sie tatsächlich allmählich in einen Raum jenseits staatlich geordneten Zusammenlebens abzudriften drohen. Es entstehen „zwitterhafte Landschaften", nur „partiell urbanisierte Gebilde" (Davis 2005, S. 45); es droht der 'Urbanizid' (vgl. Steinberger 2005b). Die Debatte um diese Art globaler Stadt (vgl. Bronger 2004, S. 145ff.), um unregierbare Agglomerationen mit exponentiell wachsenden Einwohnerzahlen, von denen immer mehr jenseits der Sicherungen des urbanen Systems in Slums und Ghettos abgedrängt sind, soll hier nicht geführt werden. Sie rechtfertigen aus der Sicht unseres Themas allerdings die alteuropäische, stets gegenwärtige Angst vor der Stadt.

Suketu Mehta hat in seinem Essay Bombay, 'Maximum City' einmal exemplarisch den Blick auf eine solche Megalopolis gerichtet, auf Bombay, den Motor des indischen Sprungs ins 21. Jahrhundert. Konkurrierende Banden haben – laut Mehta – eine Parallelgesellschaft aufgebaut, ja eine Gegengesellschaft mit der sich die Bürger der Stadt mehr oder weniger zu arrangieren haben. Bandenkrieg ist in den Redeweisen der Betroffenen nicht etwa eine Auseinandersetzung zwischen Kleinkriminellen, Räubern, Vergewaltigern und Taschendieben, sondern es ist „ein dauerhafter Seinszustand" (Mehta 2005, S. 57). In Bombay, so resümiert der Autor, ist mittlerweile das, was man früher „Unterwelt" nannte, zur „Überwelt" geworden; „sie hängt irgendwie über dieser Welt und kann zu jedem Zeitpunkt, an dem es ihr gefällt, herabstürzen und zuschlagen" (Mehta 2005, S. 57), in jeder Form des Verbrechens, bis hin zum Mord: „Die Killer bezeichnen die Einsatzzentren der Banden", die über die Staatsgrenzen hinweg operieren und ihren Sitz in Karachi, Dubai, Malaysia haben, als 'upar', „oben", und Bombay als 'niche', „unten" (Mehta 2005, S. 57).

Wie sich die Verhältnisse in dieser indischen Riesenstadt nun auch gestalten und verändern mögen, so muss Bombay in unserem Kontext doch auch als eine Metapher begriffen werden, als extremes Bild einer allgegenwärtigen Drohung: Bombay liegt gleichsam vor der Haustür, etwa in den 'banlieus' von Paris, etwa in jenen Vierteln, die im Verwaltungsdeutsch als „soziale Brennpunkte" oder „Problemzonen" in der Stadt benannt werden. Wirklichkeitserfahrung und -befunde fügen sich dabei in ein alt-überliefertes, kulturelles Szenario, und wie sich beide verschränken und fast bis zur Unkenntlichkeit miteinander verschmelzen, wäre jeweils im Einzelfall zu prüfen. Denn die Angst vor der Stadt und die Lokalisierung von gefährlichen Entwicklungen im urbanen Milieu entsprechen jedenfalls einer tief wurzelnden Erwartung, die noch immer sehr leicht abzurufen ist. Wohl fährt nicht mehr der Zorn Gottes auf die Stadt, die „unten" liegt, hernieder, sondern jetzt trifft jenes Unheil sie, das sie – vorgeblich – selbst erzeugt hat. Da es – wie *Norbert Elias* einmal anmerkt – nur wenig Sinn hat, die Natur anzuklagen, eine Unzufriedenheit mit der Einrichtung der Welt also den Naturgesetzen anzulasten, so wird die Stadt zum Ort der Schuld, zu einer Metapher der Zivilisation, der Welt, die der Mensch zur Umwelt verwandelt und damit zerstört. Die Stadt ist die Metapher der Angst der Menschheit vor ihrer eigenen Gewalt (vgl. Elias 1986).

Um die Angst vor der Apokalypse, wie sie mit der Stadt verbunden ist, nun gleichsam historisch-gesetzlich zu begründen, erklärt *Lewis Mumford*, der große amerikanische Stadt- und Zivilisationsforscher, dass Städte einem ewigen Kreislauf folgen. Er sah sie als Ort der Macht, der Aggression und eines Aufstiegs, in dem jedoch der Untergang bereits angelegt ist: „Die

Stadt führt durch ihre Hybris ihre eigene Zerstörung herbei. Und dann beginnt der Kreis von neuem. Nach einer posturbanen Zeit, einer Rückkehr in kleine, ländliche Kommunen, beginnen diese zu wachsen, einige werden zunehmend urban – und wieder überheblich." (Steinberger 2005a; zum kulturellen Muster vgl. Schmitz 1998). Tatsächlich aber zeigt sich hier eher hinter der ausdifferenzierten Ordnung städtischer Funktionen die Beharrungskraft des Mythos als eines Verfahrens kultureller Sinnstiftung, gerade angesichts verstörender Krisen. Solange Städte gefährdet sind, wird man auf mythische Erwartungsmuster vom „Untergang der Stadt" zurückgreifen, um diese – schreckliche – Gefährdung wenigstens kommunizierbar zu machen. Wenn wir so auf der Ebene kultureller Symbolik bleiben, so lässt sich von *William Blakes* Allegorie der Hure Babylon durchaus ein Bogen schlagen zu einem in der Tat erschreckenden Bild aus jüngster Vergangenheit: die brennenden Türme des World Trade Centers.

Um diese unerträgliche Faktizität des Terrors von „9-11", den extremen Schrecken des Massenmords überhaupt wieder sagbar zu machen, griff die Öffentlichkeit – und nicht nur die amerikanische – wiederum auf das Redemuster der Apokalypse zurück und ordnete diesen Anschlag auf das World Trade Center in einen globalen Kampf zwischen den Mächten des Guten und des Bösen ein. Und eben dies hatten die Terroristen mit ihrer zynischen Inszenierung eines Schreckensbildes – die „zerstörten Türme" – ja auch angestrebt (vgl. Baudrillard 2003).

6. Städte ohne Geschichte – nach 1945

Fragt die Diskussion beunruhigt nach der Stadt im Extremen, so vollzieht sich das Leben in der Stadt zumeist in den ruhigeren Bahnen des Alltags. Freilich, Diskussion und Praxis, die grundsätzliche, ja radikale Erörterung von Werten und Optionen und das tägliche Handeln sind durchaus miteinander verknüpft, um gerade auch in Krisen und Katastrophen die Städte bewahren und für die Zukunft neu gestalten zu können. Das kulturelle Bild der Stadt formt die Erwartung an das Stadtbild.

Dazu ist freilich noch festzuhalten, dass Städte sich stets im Wandel und insofern auch stets in der Krise befinden. Die Stadt ist ein robustes Erfolgsmodell, sie hat im Europa der Neuzeit eine ganze Serie von Funktionsverlusten hinnehmen müssen – den Verlust der rechtlich-politischen Autonomie mit ihrer Eingliederung in den Territorialstaat in der Neuzeit; und doch hat die Stadt sich als äußerst anpassungsfähig erwiesen und immer neu hebt ihre Entwicklung an: Die Neuerschaffung der Stadt.

Für die europäische Stadt liegt die letzte Schwelle der Zerstörung schon mehr als ein halbes Jahrhundert zurück. Nach den Verwüstungen des Zweiten Weltkrieges, nach der Bombardierung deutscher Städte zumal schien ein Endpunkt der Geschichte erreicht; die 'posthistoire' hatte – so meinten die Zeitgenossen – eingesetzt. Die alte Welt schien verrottet, und dass die Länder und Städte in Trümmern lagen, schien vielen wie ein Symbol der Situation des Abendlandes. Den Zusammenhang von Restauration und Wiederaufbau will ich hier nicht thematisieren, er ist oft genug diskutiert worden. Aber erinnern will ich an die andere Seite, an die Kehrseite der Apokalypse: Weltuntergänge, die zum Glück nie vollständig waren, wurden immer als Ende und Anfang zugleich gedeutet (vgl. Vondung 1988). Und tatsächlich wollte man neuerlich einen Neuanfang, und griff – wie man heute sagen würde: ironischerweise – dabei auf das Pathos des Neuanfangs der klassischen Moderne um 1900 zurück. Nicht wenige von deren Repräsentanten lebten noch und erlebten also diese Renaissance, die Renaissance einer rekonstruierten Moderne. Nicht nur Architekten und Stadtplaner, auch die Schriftsteller haben sich dazu geäußert; einer von ihnen, *Max Frisch*, ist beides gewesen – Architekt und Autor, der in der Schweiz zudem das Bild einer ausgebliebenen Zerstörung vor sich hatte. Damit drohte für den „verschonten Schweizer" *Max Frisch* der verpasste Neuanfang. Auch im Frieden musste die Last der Geschichte abgeräumt werden: „Fangen wir an", so heißt es in einer Streitschrift von 1954 „wir, das heißt: alle, welche die Schweiz nicht für eine Mumie halten" (Frisch 1976, S. 309). Die Mumifizierung Europas in seinem überreichen historischen Erbe wurde jetzt überdies als moralische Hypothek empfunden, denn dieses Erbe hatte sich im Dritten Reich diskreditiert, also (Frisch 1976, S. 309):

„Fangen wir an, zum Beispiel: Irgendwo in der Schweiz, wo heute noch kein Haus steht oder nur eine alte Scheune, aber keine Siedlung, die den trügerischen Anschein erweckt, dass hier bereits etwas Städtebauliches geschehen sei [...] irgendwo in unserem lieben Land der Freiheit stecken wir vier Stecken, die etwa drei oder vier Quadratkilometer umzirken, und bauen endlich die Stadt, die der Schweizer braucht, um sich in diesem Jahrhundert einzurichten. – Im Ernst: gründen wir eine Stadt." *„Genauer gesagt"*, so fährt Frisch (1976, S. 309) fort: *„Versuchen wir es. Denn darin besteht das Wesentliche: dass es ein Experiment ist. Es soll uns zeigen, ob wir noch eine lebendige Idee haben, eine Idee, die eine Wirklichkeit zu zeugen vermag, eine schöpferische Vorstellung von unserer Lebensform in dieser Zeit."*

In den ersten Utopien der Neuzeit dienen Städte als Modell der planbaren besseren Welt. Der Entwurf der Idealstadt (vgl. Kruft 1989) begleitet das historische Wachstum der Städte. Die Architektur der Utopien und die Utopien der Architekten verbinden sich im Pathos der Moderne, die ins 20. Jahrhundert aufbricht. Entwürfe für die Stadt der Zukunft sollen einen einheitlichen Stil des Lebens schaffen, der die Bürde der Geschichte, wie sie in den historistischen Stilformen des Bauens sich so gegenwärtig zeigte, endlich abschütteln (vgl. Abbildung 9).

Abb. 9: Le Corbusier: Entwürfe für die Stadt der Zukunft

Nach 1945 können nun diese zukünftigen Städte gebaut werden – und zwar in einer Familienähnlichkeit, die am Eisernen Vorhang nicht Halt macht (vgl. Abbildung 10).

Abb. 10: Dresden, Prager Straße

Neu definiert wird hier das Verhältnis von Land und Stadt; das Eindringen der lebendigen Natur in den urbanen Raum löst die Historizität des Städtischen ab. Dabei werden die Komponenten städtischer Funktionen, wie wir sie bisher in einer historischen Typologie vorgestellt haben, nun in eine funktionale Typologie mit einem anti-historistischen Forminventar verwandelt. Die Enthistorisierung der Stadt, wie sie *Le Corbusier* 1925 in seinem programmatischen Projekt 'Urbanisme' entworfen hatte, liefert nach 1945 das Leitbild; die Gründe, warum es zu dieser Renaissance kam, sind rasch resümiert: Die Bedingungen waren um 1945 zu denen von 1918 nicht nur analog, sondern sie hatten sich eher noch verschärft; die Städte – vor allem, aber keineswegs nur – in Deutschland waren zerstört, die Wohnungsnot war alarmierend, eine neue Infrastruktur dringend notwendig (vgl. Moos 1991, S. 345). Mittlerweile, in der Gegenwart, verschärfen sich abermals die Probleme, welche die Moderne so zuversichtlich zu lösen unternahm. Der autonome Anspruch der Funktionalität hatte die Problemlast noch gesteigert, indem Städte geschaffen wurden, die ihren Bewohnern keine Heimat boten; beklagt wird ein autoritärer Städtebau (vgl. Matzig 2005a).

Man hat erkennen müssen, dass die „Elemente einer neuen Urbanität [...] nur teilweise durch Planung und Stadtpolitik beeinflussbar" sind, dass es sich mit dem Begriff Urbanität „ähnlich wie mit dem Begriff Heimat" verhält: beides erkennt man dann am genauesten, wenn es abhanden gekommen ist (vgl. Häussermann 1994, S. 79). Geschichtlichkeit stört nicht die Funktionalität der Stadt sondern sie ist – wie diese jüngste historische Erfahrung lehrt – deren Voraussetzung, Städte, so resümiert *Häussermann*, „empfinden wir eher als urban, wenn sie auf eine lange Geschichte zurückblicken können." Und diese Geschichte soll anschaulich sein: Die Stadt ist gebaute Geschichte, genuine Stadtkultur ist Geschichtskultur.

Andererseits aber müssen wir akzeptieren, so der Architekt und Stadtplaner *Volkwin Marg*, „dass es eine kulturelle Lücke gibt. Technik und Wissenschaft einerseits, und andererseits deren kulturelle Adaption durch die Gesellschaft haben sich unterschiedlich schnell verändert" (Gerkan/Marg 2005, S. 10). In Stadt und Stadtkultur wird diese Lücke sichtbar – als eine Differenz der Zeitordnungen in der Stadt. Jedes Haus, so beschreibt *Meinhard von Gerkan* vielleicht idealisiert die europäische Stadt, sei (vgl. Gerkan/Marg 2005, S. 10)

„ein Individuum und trotzdem [bilden] alle eine große Familie, [sind] alle mit dem gleichen Vokabular gestaltet. Einzig und allein die Kirchen dürfen die Stadt dominieren. All das ist völlig kaputtgegangen, als die großen Kaufhäuser einzogen und bedeutender sein wollten als die Kirchen. Manche dieser Wölfe werden dann zwar als Großmutter verkleidet, und Architekten ziehen ihnen irgendwelche lieblichen Kleidchen an. Aber das sind nur Versuche, mit Design noch etwas herauszureißen."

Die Funktionssysteme der Gegenwart – von der Bausicherung bis zur ökonomischen Gewinnerwartung – erzwingen eine andere Form der Stadt, als jene geschichtlich gewordene, die es doch gleichfalls zu bewahren gilt. Städte werden zu einem „Abbild kapitalistischer Grund- und Bodenspekulation, und de[s] Geltungsdrang[s] profitorientierter Unternehmen" (Gerkan/Marg 2005, S. 10).

Auflösen lässt sich dieses paradoxe Ineinander von Funktionalität und Geschichtlichkeit, wie es die Situation der europäischen Stadt heute kennzeichnet, ebenso wenig wie die Wechselbeziehung von Stadt und Land; eine klare Antithetik, die die Wahl des Besseren erlaubte, zeichnet sich nicht ab. Die Stadt hat immer schon auf das Land verwiesen. Das Wunschbild Land wurde zum Fluchtort vor dem Schreckbild Stadt. Denn aus kulturellen Mustern werden Lebensstile. So weist das Wunschbild Land seit der Antike den Weg aus der Stadt – zum Landsitz, wo der vornehme Römer den „Müßiggang in Würde" pflegen konnte, zur Villenkultur der italienischen Renaissance, zu den Lustschlössern auf dem Lande, die zu einem repräsentativ-aristokratischen Lebensstil gehörten – und zu der Aneignung dieser Muster durch immer neue Schichten seit der europäischen Achsenzeit um 1800.

Um 1900 wird – mit der Gartenstadtbewegung – eine neue Integration der Natur ins urbane Feld versucht. Die erste deutsche Gartenstadt wurde 1909 in Hellerau bei Dresden gegründet – und damit zeichnet sich auch in der Dresdner Ablehnung der von *Georg Simmel* pointierten Physiognomie der Großstadt mehr denn bornierte Provinzialität ein anderer Weg in die Moderne ab. Jedenfalls: Noch heute leben nicht wenige von uns gerne auf dem Land – vor allem, wenn der Weg in die Stadt nicht weit ist. Schon mit all jenen aus der Lebensreformbewegung um 1900 geborenen Stadtmodellen sollte die Binnengliederung von Innenstadt und Vorstädten hinfällig werden, doch verschärfte dies nur ein Dilemma, das sich angesichts der Vorstädte schon im Lauf des 19. Jahrhunderts aufgebaut hatte. Diese Vorstädte, wie wir sie heute kennen, entstehen im Gefolge der Industrialisierung und der Kapitalisierung des Bodens; ein Genrebild aus dem England des 19. Jahrhunderts – es stammt übrigens von *Friedrich Engels* – führt uns an einen solchen Rand der Stadt (vgl. Kostof, 1993, S. 51):

„Hier hört alles städtische Aussehen auf; einzelne Reihen Häuser oder Straßenkomplexe stehen wie kleine Dörfer hier und da auf dem nackten, nicht einmal mit Gras bewachsenen Lehmboden [...]; die Gassen sind weder gepflastert noch haben sie Abzüge, dagegen zahlreiche Kolonien von Schweinen, die in kleinen Höfen oder Ställen abgesperrt sind oder ungeniert an der Halde spazieren gehen."

So konzentriert sich die Urbanität auf die inneren Bezirke, verelenden die Vorstädte. Im Paris des 19. Jahrhunderts entstehen Slums als Hinterlassenschaft der Hausmannisierung, der prächtigen Modernisierung der Innenbezirke. Fernab des städtischen Lebens wachsen Slums und Ghettos, deren soziale Bedingungen alle stadtplanerischen Visionen desillusionieren. Die Ausbrüche der Gewalt in den Vorstädten von Paris noch in jüngster Zeit hat man denn auch entsprechend kommentiert. Die Kritik verweist auf die Funktionalisierung des Menschen im Massenwohnungsbau (vgl. Matzig 2005 a):

„Räumlich verursachte Integrationsprobleme sind durchaus vergleichbar in einer Welt standardisierter Wohnmaschinen. Die Moderne, die immer nur den besseren Menschen durch eine bessere Architektur im Sinn hatte, mag uns glänzende Architekturen errichtet haben, aber stadträumlich ist sie gescheitert und durchaus mitverantwortlich für die Kriege, die in ihren Räumen nicht nur wie auf Bühnen geführt werden. Städte der Zukunft sind in Paris und Umgebung zu besichtigen: sie gehen gerade in Rauch auf."

Konfliktstoff für die Stadt birgt eine Disproportion von Innen- und Außenbezirken allemal, auch wenn die 'suburbs' Oasen gepflegten Landlebens, Rückzugsorte für die Wohlhabenden zu sein scheinen und sich Verelendung, Verödung und Gewalttätigkeit – wie in vielen amerikanischen Großstädten – in den Innenstädten konzentrieren. Eine Rückbesinnung auf die Qualität des Urbanen zielt auf eine neue Bilanz zwischen Zentrum und Peripherie der Stadt, zielt – wie das Institut für Urbanistik in Berlin festgestellt hat – auf eine Renaissance der Stadt (vgl. Brühl 2005). Langsam geht die Stadtflucht zurück, das zersiedelte Umland verliert an Attraktivität, die Durchdringung von Urbanität und Ländlichkeit macht einer neuen Differenzierung Platz; harte ökonomische Daten wirken sich hier aus – ich erinnere nur an die gestiegenen Ölpreise (vgl. Steinberger 2005c). Die demographische Entwicklung tut ein Übriges; die schrumpfende Stadt markiert eine neue Phase im Krisenszenario europäischer Stadtgeschichte. Ob man nun versucht, den Schrumpfprozess vom Rand zur Mitte zu steuern, wie in Dresden mit seinem innenstädtischen Baudenkmalsensemble, oder ob man wie in Leipzig eine Schädigung der Mitte in Kauf nimmt – notwendig wäre gerade in einer solchen Situation konfuser Planung „die Besinnung auf das Wesen der Stadt" (Matzig 2005).

7. Heimat in der Stadt

Um das Wesen der Stadt zu begreifen, muss man wohl heute, zu Beginn des 21. Jahrhunderts, das Bild der Stadt ernst nehmen. Stadt, das meint immer auch eine Inszenierung; Stadt, das ist immer auch eine Bühne bewussten, zur Schau gestellten Lebens – und im Zeitalter effizienter Medien mag sich diese Inszenierung auch von der Wirklichkeit der Stadt emanzipieren. Einmal mehr werden um 1900 die verschiedenen urbanen Zeitordnungen offenkundig. Was die Städte für ihre Bewohner leisten, unterliegt geschichtlichem Wandel – wie die Stadt selbst, und die Losungen mögen dabei länger beharren als die Wirklichkeiten, auf die sie sich beziehen. „Stadtluft macht frei" – das war im Mittelalter eine Rechtssetzung. Doch noch bis in die Moderne klingt dieses Freiheitsversprechen nach, wird der Städter zum Inbegriff des modernen, von traditionellen Bindungen befreiten, damit freilich auch von Heimatlosigkeit bedrohten Individuums stilisiert. Und jener neue anthropologische Typus des Großstädters, den *Georg Simmel* um 1900 in Dresden beschrieben hat, zeichnet sich durch die Fähigkeit souveräner Kombination von Gegensätzen aus (vgl. Häußermann 1994, S. 73):

„Die Erwartungen der Städter an die Stadt sind in sich widersprüchlich. Die Stadt soll einerseits ein Ort der Anonymität sein und damit ein Ort, der die Möglichkeit des Rollenwechsels des immer-wieder- Neuanfangens bietet. Zugleich aber soll sie ein Zuhause sein, Heimat, Ort des Bekannten, wo man sich vertraut und sicher fühlt."

Stadt und Heimat zu sein, das schien angesichts der Entwicklung der Städte um 1900, angesichts der neuen großstädtischen Lebenswelt ein Widerspruch in sich. Doch entwickeln die Städte eben damals und eben deshalb Bilder ihrer selbst – Stadtimagines, Stadtimages – als

Identifikationsangebote. Unsere Doppelung der Termini entspricht dabei einer Doppelung der Funktion: Die Erzählung von der Geschichte, dem Sinn, der Bedeutung der Stadt, die kulturelle 'imago', das Stadt-Sinnbild – dies entsteht in der Stadt und für die Stadt, zielt auf städtische Identität und die Stadt als Heimat; aber zugleich benötigen die Städte im Zeitalter des Tourismus auch ein Image, das sie für die Besucher kenntlich macht. Innen- und Außenperspektive verschränken sich, können einander widerstreiten, können sich überblenden, miteinander verschmelzen. Ein eigentümliches Beispiel bietet die Stadt Prag, um 1900, eine moderne Großstadt, stolz auf wirtschaftliches Wachstum und industriellen Fortschritt, stolz auf Geschichte und Kultur, das „Goldene Prag" der aufstrebenden tschechischen Nation. Freilich wird der erbitterte Wettbewerb der deutschen und der tschechischen Bewohner um Dominanz und Deutungsmacht auch auf der Ebene der Bilder ausgetragen. Das „deutsche Prag" ist eine andere Stadt als jenes „goldene Prag" der Tschechen. In diesem Wettstreit der Bilder gewinnt eines eine besondere Prominenz, es ist das Bild vom mystischen Prag. Zwar wird das Bild vom mystischen Prag zunächst in Bestseller-Romanen wie dem „Golem" (1913/14) von *Gustav Meyrink* geprägt, aber wahrhaft eindringlich wird es erst durch Filme wie „Der Student von Prag" (1913) oder eben „Der Golem": „Urbaner Mythos und Wirklichkeit sind in Einklang gebracht – reiner Eskapismus, dem Kino wird die Stadt zum schönsten denkbaren Fluchtort" (o.V. 2005).

Für das internationale Publikum wird Prag, die moderne Großstadt, in der kulturellen Sinnlandschaft zum Ort des Mystischen, einer mit Schaudern gespürten Vergangenheit, die aus dem Stoff gemacht ist, aus dem die Filme sind. Deshalb hat *Egon Erwin Kisch*, damals noch wortgewandter journalistischer Sprecher der deutschen Minderheit, endlich einen Prager Film gefordert. Im Jahrhundert der Medien gewinnen die Stadtbilder ihren eigenen Anspruch auf Wirklichkeit. Und dies gilt gewiss nicht nur für Prag.

Die Städte existieren doppelt – einmal als gebaute Wirklichkeit, zum anderen als Bild in der Vorstellung. Wir wollen noch einmal auf den Effekt der Bilder, die uns die städtischen Grundtypen illustriert haben, verweisen. Sie alle stellen uns eine Vergangenheit vor Augen, die – wie etwa im Fall der Akropolis – von zwei Jahrtausenden Kontinuität europäischer Stadtgeschichte zeugt. Dies darf uns freilich nicht darüber hinwegtäuschen, dass sich auch die Vorstellung von der Stadt – das, was als ihr Bild gelten soll – im Lauf der Jahrhunderte gewandelt und dass in der Moderne erst sich unser heutiges Bildgedächtnis formiert hat. Und zwar gilt dies selbst dann, wenn das Bild archaisiert. Gemeinsam ist all diesen Bildern der Stadt, dass sie jene zentralen Ensembles, gleichsam die Wertzentren dessen abbilden, was unser städtisches Erbe in Europa ausmacht. Auch dies gehört zur Ästhetisierung und Musealisierung unserer heutigen Städte. Schon um 1900 beginnt das so genannte 'Disencumbering', das Freistellen der Bauwerke auf dem Serviertteller (vgl. Sitte 1889), um sie als Sinnträger und Bildspender zu präsentieren.

Die Geschichte der Stadt und ihre Traditionen, sind als gebaute Zeichen vorhanden. Die Bewohner der Städte leben mit diesen Zeichen. *Robert Ezra Park*, der Nestor der Chicagoer Schule der Stadtforschung, hat dies bereits 1925 formuliert, wenn er den Städten jeweils „eine spezifische Sinnesart, ein Ensemble von Gewohnheiten und Traditionen und von verfestigten Einstellungen und Gefühlen" zuschreibt, „die sich in den Gewohnheiten niederschlagen und über Traditionen weitergegeben werden" (Lindner 2004, S. 187) in Bauten – Denkmälern als „bewusste[n] Kristallisationspunkte[n] der kollektiven Stadterinnerung" (Stierle 1998, S. 45), in Spuren gelebten Lebens und in einem Geflecht zahlloser medialer Kommentare in Bild und Wort.

Medial verbreitete Bilder vor allem sichern heute die Kenntlichkeit der Stadt. Gerade, wo die Stadt nicht thematisch ist, sondern als atmosphärischer Raum der Handlung dient – in den vielfältigen Medienformaten der Unterhaltung, in Kriminalfilmserien wie im aufwendig inszenierten Stadtfilm – wird die Zirkulation solcher Bilder vorangetrieben, so dass die Stadt kenntlich und wiedererkennbar wird. Was im Film als 'establishing shot' dient, funktioniert so auch im Bewusstsein der Städtebewohner und -reisenden. Jener Dresdner Canaletto-Blick auf die Brühlsche Terrasse ist vor allem seit seiner Komplettierung durch den Wiederaufbau der Frauenkirche ein Musterbeispiel für die Umwandlung der traditionellen Vedute in ein medienwirksames Image. Und für den streng genommen als Simulation zu bezeichnenden Kirchenbau wird künftig, nun schon im Sinne der Postmoderne, die Balance zwischen Gotteshaus, „Eventkirche" und Baudenkmal noch zu finden sein. Ein medienwirksames Wahrzeichen Dresdens ist diese neue Frauenkirche allemal.

Solche indentitätsverbürgenden Bilder der Stadt konzentrieren sich freilich wie selbstverständlich auf die Innenstädte. Kaum jemand wird die Stadt als Heimat in ihren Randbezirken aufsuchen und lokalisieren wollen. Die Innenstadt vielmehr ist stets der Ort der Verdichtung für das urbane Leben. Sie garantiert die Sichtbarkeit der Stadt. Dabei wandeln sich die Ansichten in Erfahrungsräume, denn für die Bewohner der Stadt bedeuten deren Bauten eben nicht nur Zeichen der Geschichte, nicht nur Denkmäler der Kunst, sondern sie sind zugleich mit ihrem persönlichen Leben verbunden, speichern auch persönliche Erinnerung. So verbindet die Stadt anschauliche Geschichte, gebaute Funktion und städtische Biographien. Der Großstädter ist eben nicht nur der geschichtslose Empfänger ständig wechselnder Reize, nicht nur der Flaneur durch ein Panorama ständig wechselnder Bilder, sondern die Integration der Bilder in Lebensgeschichten bindet die Bewohner an ihre Stadt. Die Stadt definiert gleichsam einen Rahmen der Biographie. Was in der Stadt geschieht, betrifft ihre Bewohner, die Geschichte der Stadt wird von ihren Bewohnern miterlebt, aber die Stadt inszeniert sich auch immer wieder als ein solcher Rahmen durch Gedenktage, durch Riten der Gemeinsamkeit. Und die Innenstadt erweist sich, so betrachtet, auch als Bühne städtischer Identitätsbildung. Tatsächlich verbindet sie deshalb auch bauliche Verdichtung mit Offenheit, entwickelt sich aus dem Wechselspiel von Platz und Gebäude. Der Platz als „Bürgerforum" (Kostof 1993, S.

153) verwandelt sich gleichsam in ein Medium der besonderen Art, Medium für gemeinsames Wissen, Medium für eine potentielle – aber eben nicht virtuelle – Realität von Gemeinschaft. Die Stadt ist erlebbar, denn ihr Wesen ist gleichsam sichtbar. Die Stadt in diesem emphatischen Sinn bildet ein Ensemble von gebauten Zeichen, die für die Stadtbewohner Erinnerungszeichen an ihre je eigene Lebensgeschichte sind, die aber diese Lebensgeschichte in einem Erinnerungsraum verbinden mit dem größeren Zusammenhang der Geschichten von Stadtregion und Nation. Die europäische Stadt bildet gleichsam den Grundriss des Abendlandes selbst. Was Europa ausmacht, beginnt in der Stadt.

Abb. 11: Die künftige Riesenstadt Lingang

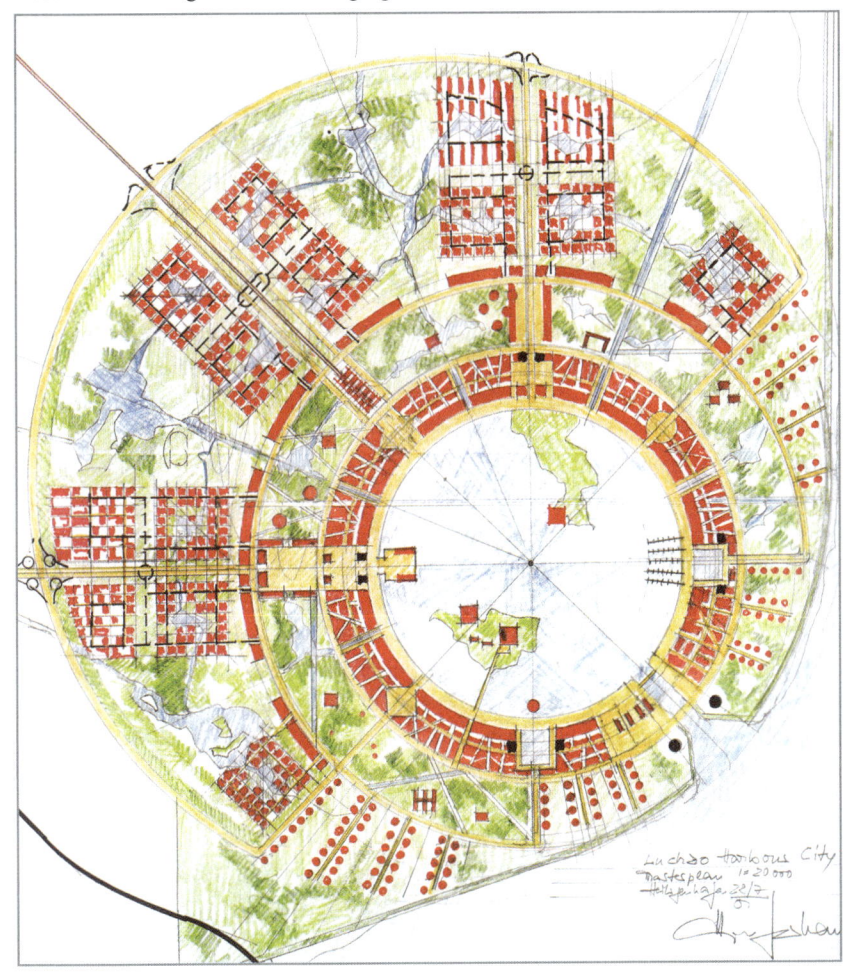

In Wahrheit ist allerdings heute die Mitte vieler Städte, wenn man sie vom Menschen her betrachtet, ein Vakuum. Die beiden Stadtplaner *Volkwin Marg* und *Meinhard von Gerkan* haben in China die Chance, ihre ideale Stadt zu entwerfen und vielleicht auch zu bauen (vgl. Abbildung 11).

Hier legen sie im Zentrum einen See an, „der nie zugeschüttet wird, stellen auf ein paar Inseln die Kulturbauten und schaffen am Ufer dieses Sees lauter erste Adressen" (Gerkan/Marg 2005, S. 12). Die Leere wird zum Zeichen des demokratischen Bürgersinns: Alle haben sie die gleiche Mitte, und alle schauen sie auf die Mitte, eine Mitte, die kollektiv ist. Freilich ist dies erst recht eine leere Mitte, denn die Kommunikation der Stadt wird auf diesem See nie stattfinden; die Bürger von Lingang werden als Bürgerschaft kein Forum haben.

Die gegenwärtige europäische Entwicklung vollzieht sich seit geraumer Zeit dagegen im Zeichen einer Postmoderne, die eine neue spielerische, auch ironische Balance der Antithesen sucht – Gegenwart/Vergangenheit/Urbanität/Natur. Die Geschichte der Stadt selbst wird in nochmals gesteigerter, vor der Folie der Moderne geradezu spöttischer Form zum Inszenierungsspiel. Eine „konservatorische Aufbereitung historischer Bauten war neben dem postmodernen Stadtdesign nur eine Maßnahme der Ästhetisierung öffentlicher Räume, daneben erhielt auch die Naturkunst ihren Ort im Stadtgefüge" (Hoormann 2000, S. 210).

Die Vielfalt der Entwicklungen kann hier nicht ausgefaltet werden. Festzuhalten ist aber, dass mehr als je zuvor die Stadtplanung als Anliegen der Bürger der Stadt selbst begriffen wird, freilich in einem komplexen Feld von professioneller Expertise der Architekten und Stadtplaner, Planungsansprüchen von Stadtregierung und -verwaltung und schwierig zu erfüllenden Wünschen und Bedürfnissen der Bürger. Die bisherigen politischen und medialen Kommunikationsforen und -mechanismen erweisen sich heute für solche Ansprüche als ziemlich grob. Doch ist etwa in einer Szenarioplanung für unerwartbare turbulente und komplexe Entwicklungen unter Einbeziehung von interaktiven Simulationsmodellen in den neuen Medien (vgl. Friedrich 2005) hier zum ersten Mal auch ein Kommunikationsraum Stadt geschaffen, der die Realität des innerstädtischen Forums um die Virtualität jener Orte im Internet ergänzt, die man mit einer bezeichnenden Metapher noch immer Forum nennt. Das neue Kapitel der Stadtplanung ist noch nicht geschrieben, aber zumindest die erste Seite wurde schon einmal umgeblättert. Die Zukunft der Innenstadt ist die Zukunft der Bürger der Stadt selbst.

Zusammenfassung

Über die Jahrhunderte hin bündelt die Stadt jene Funktionen, die den Menschen in Europa geformt haben: Religion, Macht und Verwaltung, Handel, Bildung und Wissen und Kultur. Sie ist ein Raumbild des europäischen Menschen. Mit der beschleunigten Urbanisierung in der Moderne gerät die traditionelle europäische Stadt zugleich in einen grundlegenden Wandlungsprozess, der – oft als Krise bezeichnet – jedoch auch als Chance begriffen werden muss. Der Vortrag skizziert die einzelnen Komponenten der Stadt als europäisches Erbe, kontrastiert sie mit anderen Modellen von 'global cities' und fragt nach den Chancen des urbanen Erbes für Europa heute.

Literatur

Banik-Schweitzer, R.: Die Großstädte im gesellschaftlichen Entwicklungsprozeß in der zweiten Hälfte des 19. Jahrhunderts, in: Melinz, G.; Zimmermann, S. (Hrsg.): Wien – Prag – Budapest: Blütezeit der Habsburgermetropolen: Urbanisierung, Kommunalpolitik, gesellschaftliche Konflikte (1867-1918), Wien 1996, S. 34-45.

Baudrillard, J.: Der Geist des Terrorismus, Wien 2003.

Bronger, D.: Metropolen – Megastädte – Global Cities: Die Metropolosierung der Erde, Darmstadt 2004.

Brühl, H.: Wohnen in der Innenstadt – eine Wiederentdeckung?, in: Difu-Berichte 1+2 (2005), S. 8-11.

Christmann, G.B.: Dresdens Glanz, Stolz der Dresdner: Lokale Kommunikation, Stadtkultur und städtische Identität, Wiesbaden 2004.

Davis, M.: Planet der Slums. Globale Urbanisierung, Bevölkerungswachstum, Armut, in: Lettre International LI 71 (2005), S.44-52.

Delfante, C.: Architekturgeschichte der Stadt: Von Babylon bis Brasilia, Darmstadt 1999.

Döblin, A.: Berlin Alexanderplatz: Die Geschichte von Franz Biberkopf, Olten 1961.

Eisenstadt, S. N. (Hrsg.): Kulturen der Achsenzeit, Bd. 2, Frankfurt am Main 1992.

Elias, N.: Über die Natur, in: Merkur: Deutsche Zeitschrift für europäisches Denken, 40. Jg. (1986), S. 469-481.

Fisch, S.: Stadtplanung im 19. Jahrhundert: Das Beispiel München bis zur Ära Theodor Fischer, München 1988.

Flusser, V.: Alte und neue Codes: São Paulo, in: Prigge, W. (Hrsg.): Städtische Intellektuelle: Urbane Milieus im 20. Jahrhundert, Frankfurt am Main 1992, S. 196-219.

Friedrich, K. (Hrsg.): Stadt spielt Stadt/Town plays Town: Experimente computer- und webgestützter Bürgerbeteiligung und Planung/Experimental Computer-aided and Web-supported Civil Participation and Urban Planning, Dresden 2005.

Frisch, M.: Achtung: Die Schweiz: Ein Gespräch über unsere Lage und ein Vorschlag zur Tat, in: Mayer, H.; Schmitz, W. (Hrsg.): Gesammelte Werke in zeitlicher Folge, Frankfurt am Main 1976, Bd. 3, S. 291-339.

Gerkan, M. v.; Marg, V.: Die Stadt der Zukunft: Die Architekten Meinhard von Gerkan und Volkwin Marg über historischen Gemeinsinn, verhunzte Gegenwartsbauten und ihre Pläne für eine chinesische Metropole mit einem kreisrunden See als Zentrum, in: Triumph der Stadt: Bühnen der Vergangenheit, Labore für die Zukunft, in DIE ZEITgeschichte Nr.3 (2005), S. 9-15.

Häussermann, H.: Urbanität, in: Brandner, B.; Mörth, I. (Hrsg.): Kulturerlebnis Stadt: Theoretische und praktische Aspekte der Stadtkultur, Wien 1994, S. 67-80.

Hoormann, A.: Der Wald als Ort der Kunst: Anmerkungen zu einer ökologisch engagierten Kunst in der Bundesrepublik der späten siebziger und frühen achtziger Jahre, in: Lehmann, A.; Schriwer, K. (Hrsg.): Der Wald – ein deutscher Mythos? Perspektiven eines Kulturthemas, Berlin 2000, S. 197-214.

Joas, H.: Die kulturellen Werte Europas: Eine Einleitung, in: Joas H.; Wiegandt, K. (Hrsg.): Die kulturellen Werte Europas, Frankfurt am Main 2005, S. 11-39.

Käppner, J.; Matzig, G.; Steinberger, P.: 100 Jahre Deutscher Städtetag: Erleben wir die Renaissance der Stadt? in: Süddeutsche Zeitung, 61. Jg. (2005), Nr. 273 (26./27.11.2005), S. 14.

Kaufmann, E.: Architecture in the Age of Reason: Baroque and Post-Baroque in England, Italy and France, 2. Aufl., New York 1968.

Kostof, S.: Die Anatomie der Stadt: Geschichte städtischer Strukturen, Frankfurt am Main, New York 1993.

Kruft, H.-W.: Städte in Utopia: Die Idealstadt vom 15. bis zum 18. Jahrhundert zwischen Staatsutopie und Wirklichkeit, München 1989.

Lindner, R.: Vorüberlegungen zu einer Anthropologie der Stadt, in: Volkskunde in Sachsen, 16. Jg. (2004), S. 177-188.

Matzig, G.: Formen des Zorns. Licht, Luft und Randale: Welche Verantwortung tragen Architekten und Stadtplaner für die exzessive Gewalt in den französischen Vorstädten?, in: Süddeutsche Zeitung, 61. Jg. (2005a), Nr. 261 (12./13.11.2005), S. 13.

Matzig, G.: Dichte und Wahrheit: Architekten, Stadtplaner und Soziologen stehen vor der größten Herausforderung der Zeit: Wie organisiert man die Städte der Zukunft?, in: Süddeutsche Zeitung, 61. Jg. (2005b), Nr. 273 (26./27.11.2005), S. 14.

Mehta, S.: Bombay, Maximum City, in: Lettre International LI 70 (2005), S. 56-65.

Moos, S. v.: Die Stadt als Maschine: Le Corbusiers „Plan Voisin", in : Monika Wagner (Hrsg.): Moderne Kunst: Das Funkkolleg zum Verständnis der Gegenwartskunst, Bd. 2, Reinbek bei Hamburg 1991, S.329-350.

Moser, J.: Dresden 1903: Georg Simmels Städte-Vortrag, die Gehe-Stiftung, die Deutsche Städteausstellung und der Erste Deutsche Städtetag, in: Volkskunde in Sachsen, 16. Jg. (2004), S. 189-229.

O.V.: Das Trauma Munich, in: Süddeutsche Zeitung, Nr.171 (27.7.2005), S. 11.

Petermann, T.: Vorbemerkung des Herausgebers, in: Jahrbuch der Gehe-Stiftung zu Dresden 9. Jg. (1903).

Schiller, F.: An die Freunde, in: Kurscheidt, G. v. (Hrsg.).: Werke und Briefe in zwölf Bänden, Bd. 1, Frankfurt a. Main 1992, S. 206f.

Schmitz, W.: Der „Turm zu Babel" - Baustelle Europas? in: Ostragehege, 5. Jg. (1998), H. 12, S. 45-47.

Schmitz, W.: Erinnerungsort Dresden: Die Kunst und die Schrecken des Krieges, in: Schmitz, W. (Hrsg.): Die Zerstörung Dresdens: Antworten der Künste, Dresden 2005, S. XI-LI.

Sitte, C.: Der Städtebau nach seinen künstlerischen Grundsätzen: Ein Beitrag zur Lösung modernster Fragen der Architektur und monumentalen Plastik unter besonderer Beziehung auf Wien, Wien 1889.

Steinberger, P.: Die große Hure Stadt: Troja, Palmyra, New Orleans: Phantasien vom Untergang, in: Süddeutsche Zeitung, 61. Jg. (2005a), Nr. 208 (9.9.2005), S. 13.

Steinberger, P.: Die Rückkehr der Unsichtbaren. Krieg den Städten, Krieg in den Städten: Warum Unruhen wie jetzt in der französischen Banlieu überall passieren können, in: Süddeutsche Zeitung, 61. Jg. (2005b), Nr. 257 (8.11.2005), S. 13.

Steinberger, P.: Ende der Vororte. Rückzug in die Wärme der Stadt: Suburbia geht ein, in: Süddeutsche Zeitung, 61. Jg. (2005c), Nr. 273 (26./27.11.2005), S. 14.

Stierle, K.: Der Mythos von Paris: Zeichen und Bewußtsein der Stadt, München/Wien 1998.

Vondung, K.: Die Apokalypse in Deutschland, München 1988.

City-Fans: Zielgruppe für die Erneuerung der Innenstadt

Prof. Dr. Stefan Müller

(Technische Universität Dresden, Lehrstuhl für Marketing)

1. Die Stadt im Wandel der Zeit 61
2. Die Stadt aus Sicht der Konsumenten 64
3. Das Merkmalsprofil der City-Fans 65
4. Konsequenzen der Zielgruppenorientierung 69
5. Perspektiven des Stadtmarketing 71
Literatur 72

1. Die Stadt im Wandel der Zeit

Allenfalls vom Standpunkt der Jetztzeit aus betrachtet erscheint „die Stadt" als ein relativ stabiles Gebilde. Tatsächlich aber war dieser Fixpunkt menschlicher Kultur immer schon dramatischen **Strukturveränderungen** ausgesetzt (vgl. Abbildung 1). Und wenn wir heute wieder an einem Scheideweg stehen, mit den Untergangsszenarien auf der einen und der Vision einer Renaissance der Stadt durch Reurbanisierung auf der anderen Seite, so kann das Bedrohungsszenario nur qualitativ gemeint sein. Denn rein quantitativ betrachtet erweist sich „die Stadt" als ein Erfolgsmodell: mehr als 50% der mittlerweile schon auf fast sieben Milliarden Menschen angewachsenen Weltbevölkerung leben in Städten.

Abb. 1: Phasen und Merkmale der Stadtentwicklung

Entwicklungsphase	Merkmale der Stadt	Historischer Hintergrund
1. Die antike Stadt	• Öffentliche Räume wie Foren, Basiliken, Theater, Arenen • Städtische Hygiene und Wasserver- und -entsorgung nach den Vorstellungen von Aristoteles	• Griechische Stadtstaaten ('poleis'), in denen das Zusammenleben per Verfassung oder durch eine Art Alleinherrschaft ('tyrannis') organisiert war • Gewaltsame Einigung Griechenlands durch Philipp II • Hellenismus: Sohn Alexander der Große erobert Asien; Durchdringung v.a. des Orients durch griechische Kultur; nach dem Tod von Alexander Zerfall in drei Großreiche (Diadochenreiche) • Römisches Reich: Zunächst republikanische Regierungsform (zwölf Tafelgesetze: erste zivil-, straf- und prozessrechtliche Normen; Senat, Magistratur und Volksversammlung als Machtorgane); aufgrund von inneren Unruhen und Bürgerkriegen Übergang zum Prinzipat (Monarchie mit republikanischer Fassade) und zum Kaiserreich; Eroberung von Italien, Griechenland usw. • Anerkennung des Christentums durch Konstantin I
2. Die Geburt der abendländischen Stadt (ab 5. Jh.)	• Undefinierter Raum • Mangel an Ordnung und Struktur (d.h. Rückschritt gegenüber der antiken Stadt) • Umgeben von großen Ländereien	• Zerfall des Römischen Reiches • Christianisierung • Errichtung eines feudalistischen Systems durch eine neue Oberschicht aus kirchlichen und weltlichen Herren • Sklavenähnliche Leibeigenschaft von Teilen der Landbewohner • Invasion barbarischer Stämme

3. Die mittelalterliche Stadt	• Kein Schutz der Stadt durch weltliche Zentralmacht wie im Römischen Reich, daher passive Sicherheit vor Überfällen durch natürliche Hindernisse, Palisaden oder Stadtmauern • Kirchturm als Symbol (Städte wachsen um Kirche herum), später auch Rathaus im Zentrum, darum herum gruppiert Wohn- und Geschäftshäuser; enge, verwinkelte Straßen (anfällig für Feuerbrünste); katastrophale hygienische Zustände • Städtebünde zum Schutz der Handelswege (z.B. Hanse) • Messen als Kristallisationspunkt des ökonom. Lebens (z.b. Frankfurt, Leipzig) • Stadt als Zufluchtsort bei Naturkatastrophen, Missernten und Krieg • Bauboom aufgrund von Vermögen, welches Pestopfer der Kirche überließen (insb. Universitäts- und Kirchenbauten)	• Stadt als Einnahmequelle der Grundherren (Erträge aus kommunalen Abgaben, Zöllen und Bußgeldern höher als Einnahmen, die aus der Landwirtschaft erzielt werden) • Wachsende ökonomische Bedeutung begründet zunehmende politische Macht der Städte. Ausgangspunkt von Konflikten zwischen Adel und Patriziern • Dreifelderwirtschaft, Pflug und Sense aus Eisen, Energiegewinnung aus Wasser- und Windkraft begründen ein gewisses Maß an Wohlstand • Bevölkerungsexplosion • Kreuzzüge begünstigen die Entwicklung von Fernhandelsstraßen und des Güterverkehrs • Pest in Europa: innerhalb eines Jahres stirbt ein Drittel der Bevölkerung
4. Die Bürgerstadt (ab ca. 12. Jh.)	• Städte erhalten hoheitliche Rechte wie Steuererhebung, Rechtsprechung, Wehrhoheit, Bündnisrecht • Aufstrebendes Bürgertum erhebt sich gegen die Obrigkeit (v.a. Klerus) und betreibt den Aufbau einer eigenen städtischen Gesellschaftsordnung (u.a. Wahl von Stadtrat und Bürgermeister) • Städtische Institutionen (z.B. Räte) werden nicht mehr durch das Bürgertum gewählt, sondern von der Obrigkeit eingesetzt • Verwahrlosung und Verödung ganzer Städte und Landstriche • Städtische Verwaltung unter Staatsaufsicht (Verlust der Selbständigkeit)	• „Heiliges Römisches Reich deutscher Nation" verkörpert keine kaiserliche Zentralgewalt, welche Fernverbindungen sichert, Bündnisse mit Handelspartner eingeht usw. • Städt. Obrigkeit (Rat bzw. Erzbischöfe) will Einfluss der Bürger gering zu halten • Dt. Städten wird im Edikt von Ravenna untersagt, Amtsträger einzusetzen • Höhepunkt der Oppositionsbewegung: 95 Thesen von Luther • Bauernkriege und anschließende Unterwerfung der Aufständischen • Zerstörung gewachsener Handelsbeziehungen und mittelalterlicher Werteordnung durch 30jährigen Krieg (30-35% Bevölkerungsverlust) = „Todesstoß für die mittelalterliche Stadt" • Schulden aus 30jährigem Krieg, brachliegender Handel, außer Kontrolle geratenes Steuer- und Münzsystem erzwingen Einordnung der Stadt in den Territorialstaat

5. Die industrialisierte Stadt (ab ca. 18. Jh.)	• Wohnungsnot und politische Unruhen, wachsende Mobilität • Unsichtbare Städte entstehen (d.h. Ver- und Entsorgungssysteme unter den Straßen), Ende der bakteriellen Verseuchung des Trinkwassers und damit verbundener Typhus- und Cholera-Epidemien • Bau von Werkswohnungen für Arbeiter durch in Teilen zunehmend sozial verantwortliche Unternehmer • Aufbau neuer Verkehrssysteme (Bahnhöfe, Straßen- und U-Bahn) • Überfüllte Stadtkerne zwingen zum Aufbau von Siedlungen bzw. neuer Industriestädte am Stadtrand • Errichtung von Trabantenstädten „auf grüner Wiese"; Massenwohnungsbau mit erschwinglichen Mieten wird staatlich gefördert • Flucht in das Umland: neue Wohnsiedlungen entlang der Verkehrsachsen • Inselartige Stadtlandschaften entstehen; bevorzugte Lebensräume mit Einkaufs-, Bildungs- und Freizeitzentren wachsen zusammen • Verlagerung von Produktions- und Dienstleistungsbetrieben ins Umland bzw. ins Ausland; alte Industriestandorte verbleiben in Städten als Brachflächen, ausrangierte Produktionsanlagen und verwaiste Lagerhallen • Ökonomische Basis der Städte erodiert: Soziale Verpflichtungen aufgrund von Abwanderung der Industrie z.T. nicht mehr finanzierbar • Verlust an Alleinstellungsmerkmalen im Wettbewerb um Investitionen und Arbeitsplätze	• Übergang von mechanischer Manufaktur zur maschinellen Massenproduktion; Basisinnovationen wie Dampfmaschine und dampfbetriebene Eisenbahn, später Elektrifizierung • Bevölkerungsexplosion • Verelendung des Proletariats und Stärkung der Opposition (Unterstützung durch Manifeste von Marx und Engels) • Reichsgründung und erste zentrale preußische Staatsregierung ermöglichen u.a. haftungsbeschränkte Rechtsformen, BGB, öffentliches Planungsrecht und Hygienevorschriften • Grundsätze der Stadtplanung in Charta von Athen festgelegt: Trennung unterschiedlicher Funktionen (Wohnen, Arbeiten, Einkaufen und Erholen) • Zweiter Weltkrieg und anschließende Flüchtlingsströme • Anstieg der Miet- und Bodenpreise • Abbau staatlicher Regulierung, Öffnung der Märkte, Zusammenbruch des Ostblocks, neue Kommunikationssysteme

Quelle: eigene Zusammenstellung auf Basis von Friedemann (2005).

2. Die Stadt aus Sicht der Konsumenten

Jahrhunderte an Erfahrung und logische Überlegungen sprechen dafür, dass zwischen Handels- und Stadtentwicklung eine symbiotische Beziehung besteht. Deshalb haben wir mit Hilfe einer **repräsentativen Befragung** in vier westdeutschen Großstädten (Düsseldorf, Hamburg, Köln und Stuttgart) ermittelt, was deutsche Konsumenten von der Institution Innenstadt halten. Dabei zeigte sich, dass deren Ansichten eindeutig dreigeteilt sind, wobei sich für die Anhänger eine klare Mehrheit abzeichnet. Von den insgesamt 1.018 Befragten nutzen eigenem Bekunden zufolge 392 die Innenstädte gern und häufig zum Einkaufen. Auch zur Gestaltung der Freizeit und des sozialen Lebens nutzen sie diesen Lebensraum intensiv (vgl. Abbildung 2). Von den **City-Fans** abzugrenzen sind 286 **City-Muffel**, welche diesem Standort kaum etwas abgewinnen können. Die Gruppe der Unentschiedenen macht 33,4% aus: 340 der Befragten klassifizierten wir als „Neutrale", da sie sich auf der von „lehne vollkommen ab" bis „stimme vollkommen zu" reichenden Einstellungsskalen zumeist für „weder/noch" entschieden.

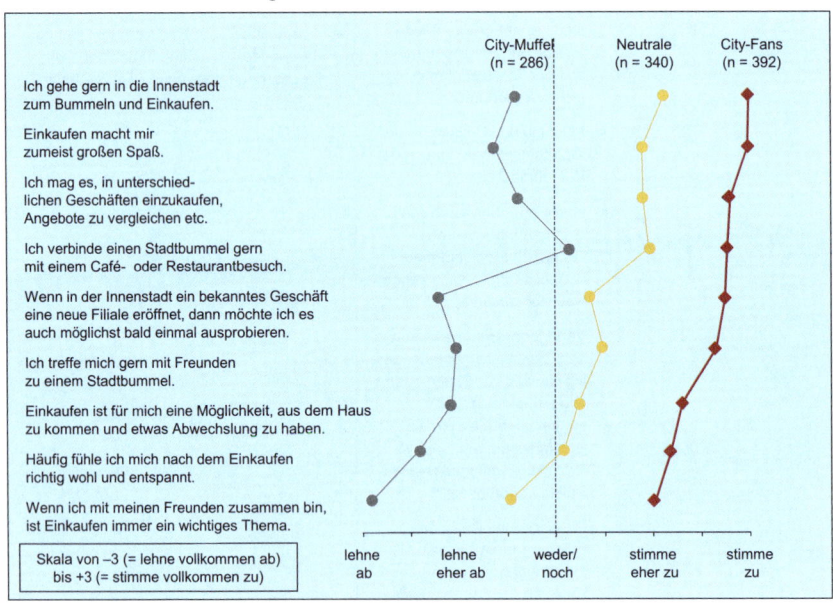

Abb. 2: Polarisierte Einstellungen

Wie ein Blick auf Abbildung 3 zeigt, unterscheiden sich beide Segmente vor allem darin, dass City-Fans eine ausgesprochen positive Einstellung zu den verschiedenen **sozialen Funktionen** haben, welche Einkaufen erfüllen kann, während die City-Muffel diesen Lebensbereich und Lebensraum weitgehend auf seine **Versorgungsfunktion** reduzieren. Für sie bedeutet

Einkaufen Stress, weshalb sie daraus kein soziales Ereignis machen wollen. Damit liegt auch auf der Hand, welchen Typus das **City-Management** primär vor Augen haben sollte, wenn es eine Revitalisierung und Inszenierung der Innenstadt mit Hilfe der ESSHAH-Regel anstrebt: Die City-Fans sind aufgrund ihrer positiven Einstellungen und ihres intensiven Kommunikationsverhaltens die natürliche **Zielgruppe** für ein solches Vorhaben.

Abb. 3: Funktionen des Einkaufens

Mittelwert der City-Muffel	Abweichung der City-Fans vom jeweiligen Mittelwert der City-Muffel	Aussage	Funktion
-1,22	+2,96	Wenn in der Innenstadt ein bekanntes Geschäft eine neue Filiale eröffnet, dann möchte ich es auch möglichst bald einmal ausprobieren.	Einkaufen als Anregung
-1,94	+2,94	Wenn ich mit Freunden zusammen bin, ist Einkaufen immer ein wichtiges Thema.	Einkaufen als Gesprächsthema
-1,04	+2,69	Ich treffe mich gern mit Freunden zu einem Stadtbummel.	Einkaufen als soziales Ereignis
-0,66	+2,62	Einkaufen macht mir zumeist großen Spaß.	Spaß beim Einkaufen
-1,43	+2,61	Häufig fühle ich mich nach dem Einkaufen richtig wohl und entspannt.	Einkaufen als Erholung

Skala von –3 (= lehne vollkommen ab) bis +3 (= stimme vollkommen zu)

3. Das Merkmalsprofil der City-Fans

Wodurch zeichnen sich die City-Fans im direkten Vergleich mit den City-Muffeln weiterhin aus? Zunächst ist zu beachten, dass Erstere nicht nur die **Innenstadt** signifikant häufiger aufsuchen als Letztere (91% vs. 36% mindestens einmal im Monat), sondern auch häufiger **einkaufen** gehen (3,0 mal pro Woche vs. 2,4 mal). Damit korrespondiert, dass die City-Fans mit dem Einkaufen eher angenehme Erfahrungen verbinden (durchschnittlich 1,7 auf einer von „-3 = sehr unangenehm" bis "+3 = sehr angenehm" reichenden Ratingskala), während diese Tätigkeit für City-Muffel eher etwas unangenehm ist (-0,2). 44% ihrer Einkäufe tätigen die City-Fans in der Innenstadt und jeweils 28% in Nachbarschaftsläden bzw. auf der „grünen Wiese", während City-Muffel Nachbarschaftsläden bevorzugen (vgl. Abbildung 4). Hingegen könnten 48% der City-Fans auf diese Vertriebsschiene und 42% auf Einkaufszentren auf der „grünen Wiese" verzichten.

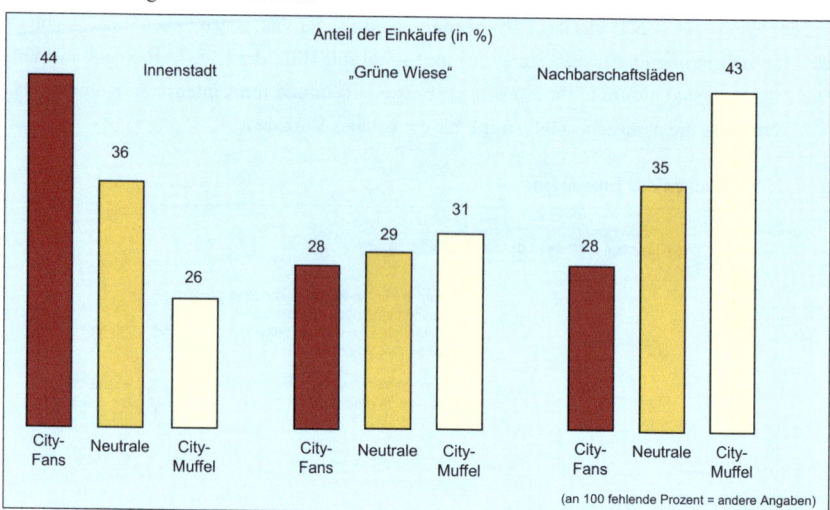

Abb. 4: bevorzugte Einkaufsstätten

Anteil der Einkäufe (in %)

	Innenstadt			„Grüne Wiese"			Nachbarschaftsläden	
City-Fans	Neutrale	City-Muffel	City-Fans	Neutrale	City-Muffel	City-Fans	Neutrale	City-Muffel
44	36	26	28	29	31	28	35	43

(an 100 fehlende Prozent = andere Angaben)

Eindeutig fällt auch der Befund aus, wenn man die jeweilige **Preis-/Qualitätsorientierung** analysiert: City-Fans sind signifikant stärker qualitätsbewusst, weniger preisfixiert und stärker erlebnisorientiert als City-Muffel (vgl. Abbildung 5).

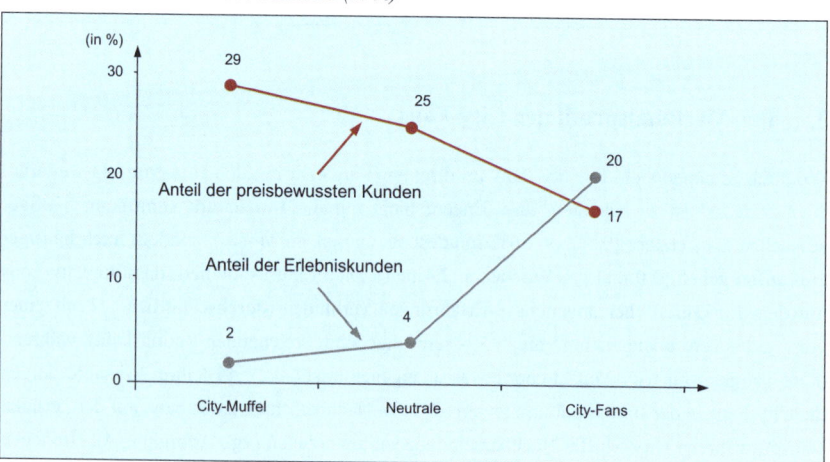

Abb. 5: Erlebnis- vs. Preisbewusstsein *(in %)*

	City-Muffel	Neutrale	City-Fans
Anteil der preisbewussten Kunden	29	25	17
Anteil der Erlebniskunden	2	4	20

Damit korrespondiert das markante **Qualitätsbewusstsein** dieser vorrangigen Zielgruppe des City-Managements: Der – zumindest gelegentliche – Anspruch auf Premiumqualität geht einher mit einer entsprechenden Zahlungsbereitschaft. Dabei ist dieses Segment nicht unempfänglich für die Verlockungen des **Smart-Shopping** (vgl. Abbildung 6). Mehr als andere achten sie auf Werbebeilagen und Sonderpreisaktionen in Tageszeitungen, falls dabei Markenartikel angeboten werden. Diesen billigen sie einen Qualitätsvorsprung zu, obwohl sie an dem Qualitätsniveau des gesamten Warenangebots insgesamt wenig zweifeln. Im Vergleich dazu betrachten die insgesamt weniger an Qualität interessierten City-Muffel den Markenartikel mit einer unübersehbaren Skepsis.

Abb. 6: Marken- und Qualitätsbewusstsein

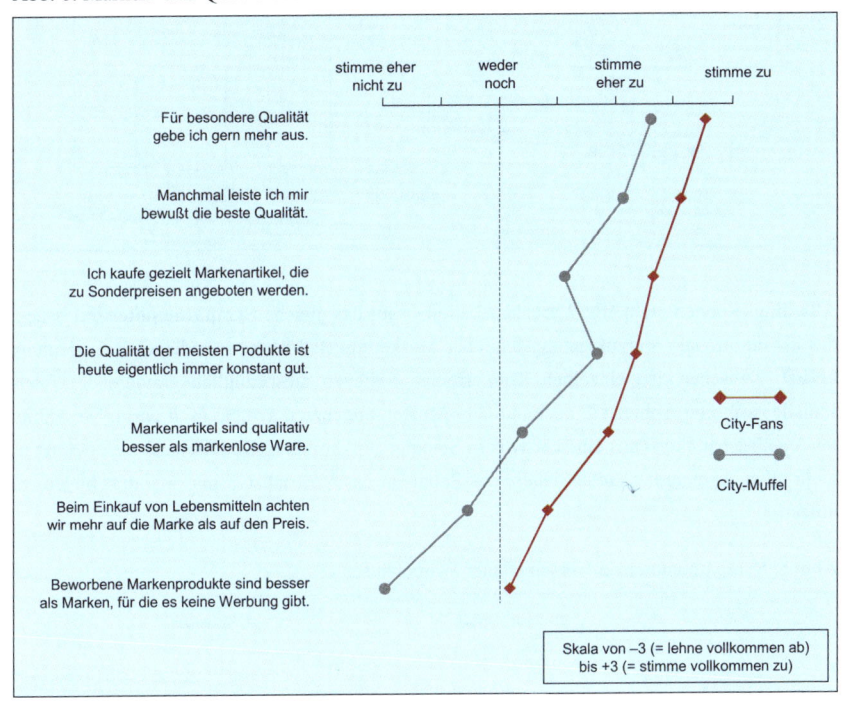

Die Auskunftspersonen sollten in diesem Zusammenhang auch die Funktion des **Warenhauses** für die Innenstadt beurteilen. Dabei trat eine erstaunlich breite Akzeptanz dieses von Kritikern offensichtlich etwas vorschnell abgeschriebenen Vertriebstypus ("Krise des Warenhauses") zu Tage. Dies gilt umso mehr, als nicht nur für die konsum- und erlebnisaffinen City-Fans, sondern auch für die Gesamtstichprobe „eine Innenstadt ohne Warenhaus wie ein Dorf ohne Kirche" ist (vgl. Abbildung 7). Was aus kulturkritischer Sicht blasphemisch klingen mag, kann auch als Indiz für eine Sakralisierung der Konsumwelt gewertet werden. Bemerkenswert ist an diesem Befund nicht zuletzt der außerordentlich hohe Anteil der Befragten, welche bei dieser Frage die Extremkategorie der Antwortskala (+3 = „stimme vollkommen zu") gewählt haben.

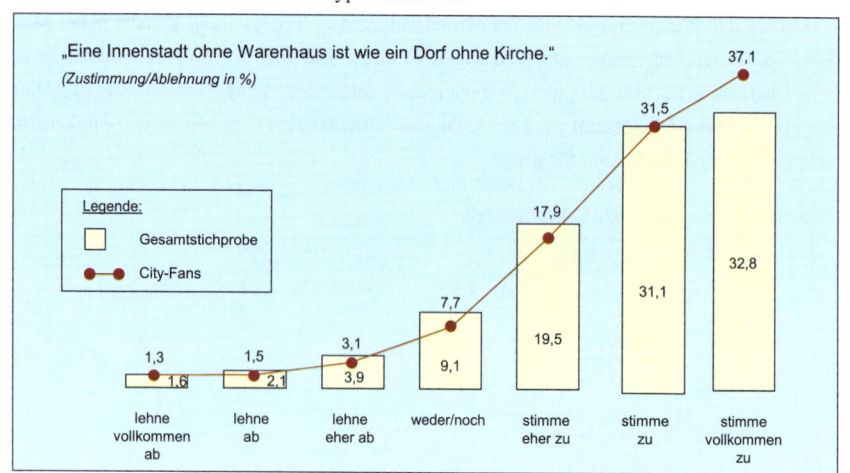

Abb. 7: Schlüsselrolle des Vertriebstyps Warenhaus

„Eine Innenstadt ohne Warenhaus ist wie ein Dorf ohne Kirche."
(Zustimmung/Ablehnung in %)

Legende:
- Gesamtstichprobe
- City-Fans

lehne vollkommen ab	lehne ab	lehne eher ab	weder/noch	stimme eher zu	stimme zu	stimme vollkommen zu
1,3 / 1,6	1,5 / 2,1	3,1 / 3,9	7,7 / 9,1	17,9 / 19,5	31,5 / 31,1	37,1 / 32,8

Allerdings können nicht alle Warenhausbetreiber auf das gleiche **Sympathiepotenzial** bauen, das als emotionale Voraussetzung jeglicher Marketing-Maßnahme grundlegende Bedeutung besitzt. Zwischen den einzelnen Konkurrenten bestehen diesbezüglich gravierende Unterschiede, während Anbieter E auch auf City-Muffel tendenziell sympathisch wirkt, hat Anbieter A selbst bei City-Fans einen schweren Stand (vgl. Abbildung 8). Offensichtlich gelingt es nicht allen Anbietern gleichermaßen, das Potenzial das Vertriebstyp und Standort bieten, zu nutzen.

Abb. 8: Sympathiepotenzial verschiedener Warenhäuser

Skala von –3 (= lehne vollkommen ab) bis +3 (= stimme vollkommen zu)

4. Konsequenzen der Zielgruppenorientierung

Was ist zu tun, um die äußerst attraktive **Zielgruppe** der City-Fans wieder stärker an den Innenstadthandel zu **binden** und nach Möglichkeit auszuweiten? Dass alle Akteure der Mission „Revitalisierung der Innenstadt" (vgl. Hollbach-Grönig u.a. 2005) dazu ihren Beitrag leisten müssen, ist natürlich eine Binsenweisheit. Was bedeutet dies jedoch konkret? Welche Zielsetzungen können bzw. sollen mit welchen Maßnahmen verfolgt werden?

Damit Stadtplanung, Handel, City-Management etc. konstruktiv und problemlösungsorientiert zusammenarbeiten können, müssen die verschiedenen Akteure banalerweise diese **Zielgruppe** und deren soziographisches Profil möglichst genau **kennen**. Von Bedeutung ist in diesem Zusammenhang bspw. der überproportionale Anteil, den in dieser Studie jüngerer Konsumenten am Segment der City-Fans haben, die dennoch häufiger (= 22,6%) als die City-Muffel (= 16,6%) und die Neutralen (= 18,4%) zu den „Besserverdienenden" zählen, d.h. ein Haushaltsnetto-Einkommen besitzen, das zwischen 2.800 und 4.500 € schwankt. Bemerkenswert ist auch der große Anteil von Frauen, die zu 76,5% City-Fans sind (vgl. Abbildung 9).

Abb. 9: Demographisches Profil der Zielgruppe

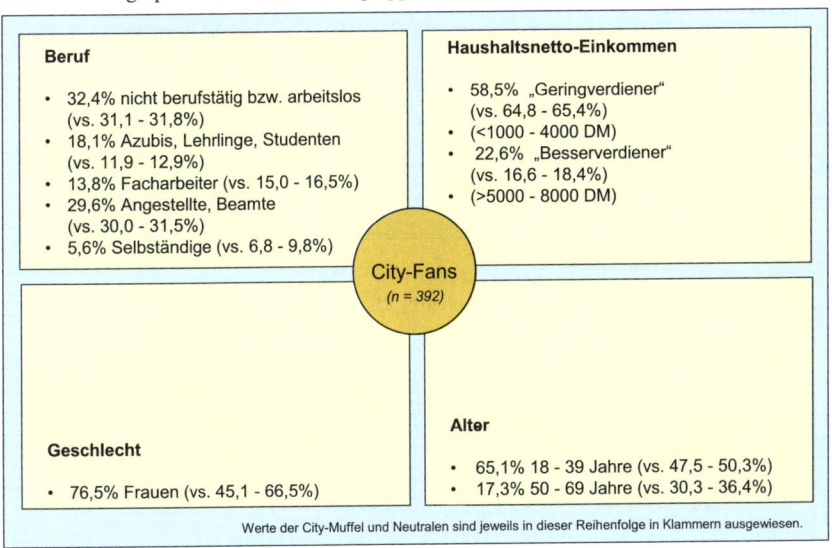

Beruf
- 32,4% nicht berufstätig bzw. arbeitslos (vs. 31,1 - 31,8%)
- 18,1% Azubis, Lehrlinge, Studenten (vs. 11,9 - 12,9%)
- 13,8% Facharbeiter (vs. 15,0 - 16,5%)
- 29,6% Angestellte, Beamte (vs. 30,0 - 31,5%)
- 5,6% Selbständige (vs. 6,8 - 9,8%)

Haushaltsnetto-Einkommen
- 58,5% „Geringverdiener" (vs. 64,8 - 65,4%)
- (<1000 - 4000 DM)
- 22,6% „Besserverdiener" (vs. 16,6 - 18,4%)
- (>5000 - 8000 DM)

City-Fans (n = 392)

Geschlecht
- 76,5% Frauen (vs. 45,1 - 66,5%)

Alter
- 65,1% 18 - 39 Jahre (vs. 47,5 - 50,3%)
- 17,3% 50 - 69 Jahre (vs. 30,3 - 36,4%)

Werte der City-Muffel und Neutralen sind jeweils in dieser Reihenfolge in Klammern ausgewiesen.

Weiterhin müssen die Akteure wissen, **warum** diese Personen die Innenstadt aufsuchen (vgl. Abbildung 10). Die Detailanalyse bestätigt nochmals, dass die City-Fans die Innenstadt zwar vorrangig zum Shopping und für Stadtbummel, aber auch als Gastronomieangebot nutzen. Auch bedarf es der Klärung, welche dieser **Motive** für die werbliche Ansprache genutzt werden können.

Abb. 10: Gründe für einen Innenstadtbesuch (in %)

	Shopping		Stadtbummel		Freunde & Bekannte treffen		Restaurants & Cafés besuchen	
	City-Fans	City-Muffel	City-Fans	City-Muffel	City-Fans	City-Muffel	City-Fans	City-Muffel
häufig	66	15	60	10	33	13	29	14
manchmal	26	41	33	31	45	27	52	37
selten	7	40	7	41	15	31	15	34
nie	1	4	0	12	7	20	4	15

Nicht zuletzt gilt es zu beachten, welche **kritischen Ereignisse** konkret bei einem Innenstadtbesuch erlebt werden (vgl. Abbildung 11). Bei einer genauen Betrachtung der von den Befragten genannten kritischen 'incidents' fällt auf, dass die positiv-kritischen Ereignisse primär mit Leistungen des **Handels** im Zusammenhang stehen (vor allem Reichhaltigkeit und Vielfalt des Angebots sowie Einkaufsatmosphäre), während sich die negativ-kritischen Ereignisse (z.b. Hektik und Gedränge) hauptsächlich auf das städtische Umfeld beziehen (vgl. Abbildung 11).

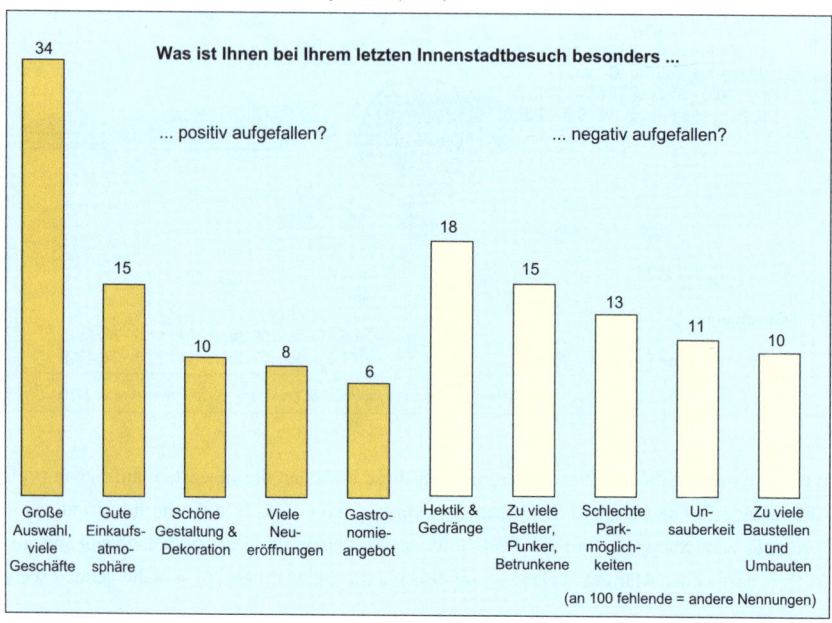

Abb. 11: Innenstadt im Urteil der City-Fans (in %)

Was ist Ihnen bei Ihrem letzten Innenstadtbesuch besonders ...

... positiv aufgefallen?

Große Auswahl, viele Geschäfte	Gute Einkaufsatmosphäre	Schöne Gestaltung & Dekoration	Viele Neueröffnungen	Gastronomieangebot
34	15	10	8	6

... negativ aufgefallen?

Hektik & Gedränge	Zu viele Bettler, Punker, Betrunkene	Schlechte Parkmöglichkeiten	Unsauberkeit	Zu viele Baustellen und Umbauten
18	15	13	11	10

(an 100 fehlende = andere Nennungen)

5. Perspektiven des Stadtmarketing

Am Beispiel des *City-Marketing Wiesbaden* soll abschließend ein Blick auf die **Handlungsmöglichkeiten** geworfen werden, welche die **Städte** selbst besitzen. Vogels (2006, S. 981) definiert Stadtmarketing „als umfassende und dauerhaft ausgelegte Strategie der Stadtentwicklung", ... welche „als Reaktion auf die Krise der Stadtinnenentwicklung und darüber hinaus auf die Abkehr von detaillierten und häufig nicht aufeinander abgestimmten Fachplanungen" verstanden werden kann. Initiiert wurde diese Bewegung durch verschiedene Modellvorhaben des *Bundesministeriums für Raumordnung, Bauwesen und Städtebau* zu Beginn der neunziger Jahre. Im weiteren Verlauf nahm sich vor allem Nordrhein-Westfalen dieser Thematik an und erprobte neue Instrumente. Und die von der *IHK Hannover* jährlich durchgeführte Stadtmarketing-Veranstaltung hat sich zur wichtigsten Plattform für diese Thematik entwickelt. Wenn dennoch, von Ausnahmen abgesehen, bislang weniger erreicht wurde als erhofft, so zeichnet sich dafür ein ganzes Bündel von **Problem-** und **Schwachstellen** verantwortlich: unterschiedliche Interessen, mangelndes Durchhaltevermögen, ungeklärte Finanzierung und Trägerschaft, Konzeptionslosigkeit, Aktionitis und ungenügende Abstimmung. Hinzu kommt die Trittbrettfahrer-Problematik: Allzu viele profitieren von der Stadtentwicklung, z.B. durch eine Aufwertung ihres Standorts, ohne sich dafür engagieren zu müssen (vgl. Vogels 2006, S. 978). Zahlreiche **positive Beispiele** sprechen indessen dafür, dass die Lage keinesfalls aussichtslos ist. Hierzu zählen Projekte in Coventry oder London ebenso wie in Marburg (*MarBID*) oder anderswo. Für sie ist charakteristisch, dass sie neuartige ganzheitliche Ansätze, wie Quartiersmanagement oder Business-Improvement-Districts, verfolgen (vgl. Mensing/Albers 2006, S. 990).

Aber auch traditionelle, weniger umfassende Konzepte können dank des Einsatzes moderner **Informations-** und **Kommunikationstechnologie** einen höheren Grad an Effizienz erreichen als zu früheren Zeiten. Die Stadt Wiesbaden bspw. hat mit einem Multipartnerbonusprogramm auf Basis der klassischen EC-Maestro-Karte diese zu einer *CityCard* aufgewertet, d.h. mit einer Bonifizierungsfunktion ausgestattet (vgl. Gohr 2006). Bezahlt der Innenstadtbesucher wie bisher mit seiner EC-Karte, erhält er automatisch Bonuspunkte gutgeschrieben (in Form von Lilien, entsprechend dem Wiesbadener Stadtwappen). Diese können dann gegen Prämien getauscht werden. Entscheidend für den Kunden ist daran, dass er ohne eine weitere Kundenkarte mit sich „herumschleppen" zu müssen beim Einkauf reale Vergünstigungen erhält. Ein weiterer Bestandteil dieses bislang einzigartigen CityCard-Programms ist der CityKey, ein personalisierter Schlüsselanhänger, welcher seine Besitzer emotional an ihre Stadt binden soll. Er ist gedacht als „Schlüssel zur Vorteilswelt Wiesbaden": zwei Artikel zum Preis von einem, freier bzw. ermäßigter Eintritt zu Veranstaltungen aller Art, Gratiszugaben etc. Gesammelte Lilien können die Teilnehmer dieses Programms gegen Sach-, Dienstleistungs- und Erlebnisprämien eintauschen, aber auch Vereinen bzw. wohltätigen Institutionen spenden und so etwas für ihre Stadt tun.

Ein dritter Baustein ist die selektive und zielgruppengenaue **Kommunikation**. Geeignete Instrumente sind hier Mailings, Couponhefte, Internet, Call-Center sowie Bürger- und Wohltätigkeitsveranstaltungen. Aufgrund der mit Hilfe der CityCard gesammelten Informationen über das Kaufverhalten des einzelnen Bürgers kann bedürfnisgerecht und individuell kommuniziert werden, was Streuverluste und damit Streukosten mindert. Diesem Ziel dient auch der Print-Shop, in dem jedes Partnerunternehmen im Internet seine eigenen Werbemittel gestalten kann: Selfmailer, Aufsteller, Kalender, Puzzle etc., jeweils im CityCard-Layout. Unterstützung bieten dabei in einer Datenbank hinterlegte Gestaltungsvorschläge und Bildmotive.

Literatur

Friedemann, J.: Die abendländische Stadt – vom frühen Mittelalter bis ins 21. Jahrhundert, in: Friedemann, J.; Wiechers, R. (Hrsg.): Städte und Menschen. Grundlagen und Visionen europäischer Stadtentwicklung, Frankfurt/Main 2005, S.5-35.

Gohr, S. (2006): Wie eine Stadt ihre Bürger emotional bindet, in: Direkt-Marketing, 2006, Nr. 4, S. 44-46, www.citycard-wiesbaden.de.

Hollbach-Grönig, B.; Grabow, B.; Birk, F.; Leppa, G.; Jelzel, G.: Stadtmarketing. Bestandsaufnahme und Entwicklungstrends, Deutsches Institut für Urbanistik (DIfU), Aktuelle Informationen März 2005.

Mensing, M.; Albers, M.: Umsetzungskonzepte für erfolgreiche Vitalisierungsstrategien. Public-Private-Partnership, Business-Improvement-Districts und Quartiersmanagement, in: Zentes, J. (Hrsg.): Handbuch Handel. Strategien-Perspektiven-Internationaler Wettbewerb, Wiesbaden 2006, S. 985-1005.

Vogels, P.: Konzepte des Stadt- und Citymarketing. Erfahrungen und Entwicklungstendenzen vor dem Hintergrund städtebaulicher und handelsstruktureller Entwicklungen, in: Zentes, J. (Hrsg.): Handbuch Handel. Strategien-Perspektiven-Internationaler Wettbewerb, Wiesbaden 2006, S. 965.

Die Stadt als Marke

PD Dr. Dr. Helmut Schneider

(Universität Münster, Marmara Universität Istanbul)

Kann auch eine Stadt eine Marke sein? Dieser Frage wollen wir uns in folgendem Beitrag widmen. Eine Marke ist weit mehr als ein einfaches Label. Sie wird auch nicht von Werbeagenturen erschaffen. Dort entwickeln kreative Köpfe allenfalls das Konzept oder die Markierung, also das Markenzeichen. Marken entstehen in erster Linie **im Bewusstsein** und **in der Fantasie** der Menschen. Mit *Nivea* oder *Braun* bspw. verbindet jeder bestimmte Bilder, Landschaften, Personen oder gar Düfte. Doch nicht nur Produkte können Marken sein, auch Dienstleistungen sind geeignet, werthaltige Assoziationen hervorzurufen, wenngleich dabei oft der Anbieter im Vordergrund steht. In meinem Forschungsgebiet widme ich mich der Marke in der Politik und weiß daher, dass auch Parteien starke Marken sein können. Jeder verbindet mit den großen Volksparteien *CDU* oder *SPD* ein bestimmtes Bild. Weitere Beispiele für starke Marken aus dem Bereich Organisationen sind *Greenpeace* oder das *Rote Kreuz*.

Zählen nun auch Städte zu Marken(produkten)? Lassen wir zunächst den bekannten Markenforscher *Keller (Tuck School of Business at Dartmouth)* zu Wort kommen, der ausführt: „Wie Produkte und Persönlichkeiten können auch geografische Destinationen Marken sein [...]. Die Macht der Marke steigert die Bekanntheit einer Destination und verknüpft diese mit positiven Assoziationen." Diese Definition vermengt meines Erachtens allerdings Ursache und Wirkung. So bedarf es zunächst einer Assoziation, um überhaupt von einer Marke sprechen zu können. Vorab sei vermerkt, dass mit Stadt nicht nur das Zentrum, also die Innenstadt, sondern die Stadt als Ganzes gemeint ist. Was verbinden viele Menschen bspw. mit Münster? Nun, zunächst einmal ist Münster eine schöne Stadt mit einem interessanten Stadtbild, vielen Fahrrädern und nicht zuletzt einer bekannten Universität. Kennt jemand die Stadt nicht, so kann er auch keine **Wissensstruktur**, keine Vorstellungen über die Marke Münster haben. Auf der anderen Seite assoziiert ein Dritter vielleicht ganz andere Dinge mit der westfälischen Universitätsstadt. Damit sind wir bereits beim zentralen Problem einer Stadtmarke: Sie ist viel komplexer als ein Konsumgut (bspw. eine Tagescreme). Das Schema einer Stadtmarke kann daher nicht so zentral und stringent geplant werden wie bei einem klassischen Markenartikel. Denn viele verschiedene Akteure prägen ihr Bild: Bürger, Pendler, Besucher aus anderen Städten und Ländern und nicht zuletzt die Medien und das Stadtmarketing. Nehmen wir das Beispiel Istanbul – meine Wahlheimat. Auch hier hat sicherlich jeder von Ihnen nicht nur Bilder, sondern auch Gerüche und Geräusche im Kopf: Sonne, Meer, die Kuppeln der Moscheen und die Minarette oder der Verkehrslärm auf der Bosporusbrücke.

Marken sind Vorstellungsbilder, unverwechselbar und verhaltensrelevant. Schauen wir uns einmal den viel zitierten *Coca-Cola/Pepsi*-**Geschmackstest** etwas näher an (vgl. Abbildung 1). Ein scheinbar homogenes Produkt wie Cola wird erst durch seine Markierung (i.w.S.) unverwechselbar. Ohne Kenntnis des Labels attestierte die Hälfte der Versuchspersonen der Marke A, bei der es sich tatsächlich um *Pepsi* handelte, einen besseren Geschmack, während etwas weniger Marke B bevorzugten. Im offenen Test mit den gleichen Probanden, d.h. bei Kenntnis der Marke, erwies sich hingegen *Coca-Cola* als eindeutiger Testsieger vor Konkurrent *Pepsi*. Dies verdeutlicht, dass die Vorrangstellung von *Coca-Cola* weniger auf realen denn auf imaginierten Geschmackspräferenzen beruht. In ähnlicher Weise funktioniert dieser Test auch bei politischen Parteien.

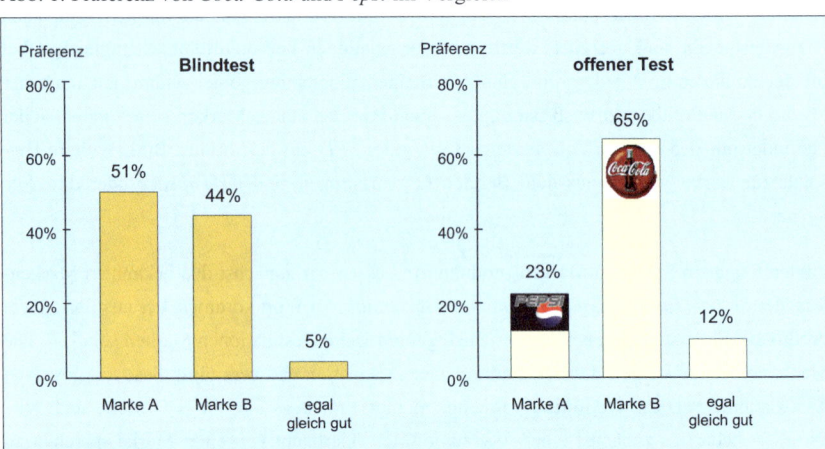

Abb. 1: Präferenz von *Coca-Cola* und *Pepsi* im Vergleich

Was lässt sich daraus ableiten? Marken differenzieren homogene Güter. Sie beeinflussen damit unsere Wahrnehmung und schließlich unser Handeln. Das *Marketing Centrum Münster (MCM)* hat in einem Forschungsprojekt eben diese Wirkung untersucht und die Verhaltensrelevanz von Marken auf drei Funktionen reduziert (vgl. Abbildung 2). Diese gelten sowohl für klassische Markenartikel als auch für Städte. Wir leben in einer **Informationsgesellschaft**. Jeder versucht, unsere Aufmerksamkeit zu erregen ('battle for attention'). Die dadurch überforderten Konsumenten müssen daher Strategien entwickeln, um der Flut von Informationen Herr zu werden. Sie können nicht ständig alle Eindrücke elaboriert verarbeiten. Marken helfen, die Informationskomplexität nachhaltig zu reduzieren. Denn Reize können effizienter und schneller verarbeitet werden, ordnet man sie einer bereits vorhandenen Wahrnehmungskategorie zu (z.B. der Marke Dresden).

Die zweite wichtige Funktion einer Marke ist das, woran viele zunächst denken: der **ideelle Nutzen**. Marken, wie bestimmte Automobile, können Statussymbole („*BMW*-Fahrer") oder Ausdruck eines Lebensstils (z.B. „*Smart*-Fahrer") sein. Gleichermaßen trifft dies auf bekannte Städte zu (z.b. „Skifahren in *St. Moritz*"). Marken wirken allerdings nicht nur nach außen, sondern auch nach innen und vermitteln einer sozialen Gruppe ein Gefühl von Gemeinschaftlichkeit und Identität (z.b. die „*Saab*-Community").

Abb. 2: Funktionen einer Marke

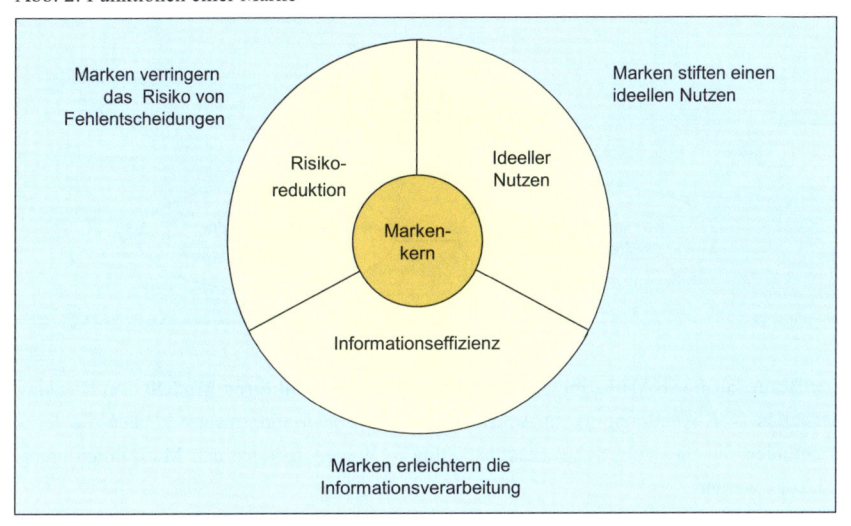

[Abbildung: Kreisdiagramm mit drei Segmenten um einen Markenkern: Risikoreduktion, Ideeller Nutzen, Informationseffizienz. Außen stehen die Erläuterungen: „Marken verringern das Risiko von Fehlentscheidungen", „Marken stiften einen ideellen Nutzen", „Marken erleichtern die Informationsverarbeitung".]

Drittens und Letztens: Marken schaffen **Vertrauen** und reduzieren das Risiko eines Fehlkaufs. Aus der Informationsökonomie ist bekannt, dass dem Konsumenten viele Informationen ex ante – also vor dem Kauf – nicht vorliegen. So weiß man vorab häufig nicht, ob sich die lange Anfahrt in eine Stadt lohnt, ob man dort wirklich die Dinge kaufen kann, die man sucht. Aus den ungleich verteilten Informationen erwächst ein wahrgenommenes Risiko. Dies wirft die Frage auf, wie der Mensch damit umgeht. Wahrgenommenes Risiko kann u.a. durch Empfehlungen von Freunden und Bekannten reduziert werden oder eben durch eine Marke, der man vertraut. Selbst Investitionsentscheidungen, wie die Wahl einer Stadt als Standort, unterliegen in den seltensten Fällen einem vollständig rationalen Entscheidungsprozess. Auch hier helfen Marken bei der Auswahl.

Modernes (Stadt-)Markenmanagement ruht auf drei Säulen (vgl. Abbildung 3). Zunächst verleihen Marken einem Produkt, einer Organisation oder einer Stadt ein Profil. Dieses kann bewusst kreiert werden. Ein Markenartikelhersteller sollte natürlich versuchen, sein Produkt assoziativ mit solchen Eigenschaften zu verbinden, die möglichst nahe an den Präferenzen der jeweiligen Zielgruppe liegen. Der zweite Schwerpunkt der Markenbildung ist die Differenzierung von anderen. So, wie sich *Coca-Cola* durch das Label und das damit verbundene Image von *Pepsi* differenziert, kann sich auch eine Stadt von anderen abheben. Drittens: Marken sollten koordiniert gestaltet werden. Die eingangs erwähnten Akteure (Stadtmarketing, Handel, Bürger, Verwaltung, Politik etc.) ordnen ihre Handlungen und Strategien im Idealfall einem Markenkonzept unter. Eine Marke gibt also nicht nur nach außen ein Leitbild vor, sondern weist auch nach innen die Richtung.

Abb. 3: Zentrale Wirkungen von Marken

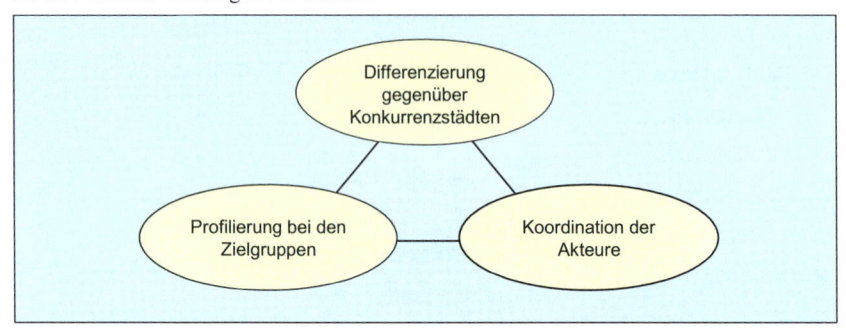

Der Bezug zur ESSHAH-Regel lässt sich mit Hilfe des **Zweifaktoren-Modells** von *Herzberg* herstellen (vgl. Abbildung 4). In Anlehnung an die Organisationstheorie können die sechs Richtlinien für ein erfolgreiches Stadtmarketing in Hygienefaktoren und Motivatoren unterschieden werden.

Abb. 4: ESSHAH-Regel als Zwei-Faktoren-Modell

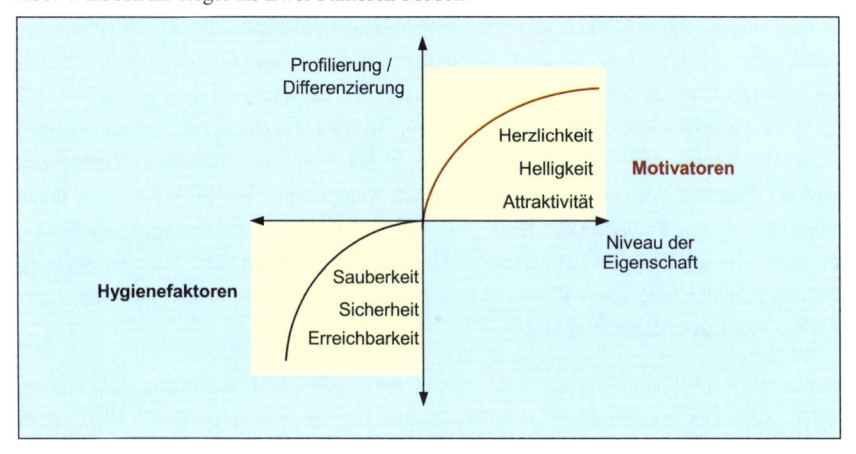

Erstere verhindern zwar Unzufriedenheit, lösen aber keine Begeisterung für eine Stadt aus. Dieser Gruppe von Standortfaktoren lassen sich Eigenschaften wie Sauberkeit, Sicherheit und Erreichbarkeit zuordnen. Sie sind notwendige Bedingungen für ein starkes Markenbild, machen aber für sich genommen eine Stadt nicht unverwechselbar. Denn derartige Eigenschaften setzen die Besucher und Bürger voraus. Hingegen sind die Parameter Herzlichkeit, Helligkeit und Attraktivität geeignet, Zufriedenheit auszulösen. Als so genannte Motivatoren tragen sie zur Markenbildung von Städten bei.

Zusammenfassend lässt sich festhalten: Städte können Marken sein. Aber sie sind komplexer als viele andere Marken und erfordern deshalb das koordiniert-zielgerichtete Handeln aller Akteure. Markenführung ist im Falle von Städten damit zwar ungleich schwerer als bei klassischen Produkten. Dennoch – und das ist wesentlich: Es ist machbar, Stadtmarken zu entwickeln und zu managen.

Impressionen des Tages

Tagungsraum im Hörsaalzentrum der
Technischen Universität Dresden

Wissenschaftler und Praktiker im Gespräch

ESSHAH-Regel als Leitmotiv

Erreichbarkeit

Erreichbarkeit in einer historischen Stadt: Eine zentrale Herausforderung der Stadtplanung

Dr. Hans Hoorn (Stadt Maastricht)

Für Maastricht, seit Jahrhunderten ein Knotenpunkt für Europas Handel, ist die Erreichbarkeit der Stadt durch Händler, Kaufleute und heute Touristen ein **immerwährendes Thema**. Dies gilt umso mehr, als die historische Innenstadt mit ihrem kompakten Stadtkern natürlich nicht den Ansprüchen des Verkehrs der Neuzeit genügt. Uns als Stadtplanern muss also der ständige Spagat zwischen Historie sowie Zugang für Bürger und Gäste gelingen.

Maastricht liegt im Dreiländereck zwischen Deutschland, Belgien und den Niederlanden. Mit ihren 122.000 Einwohnern ist die Stadt an der Maas zwar keine Metropole; aber dennoch besuchen uns jedes Jahr fast 14 Millionen Menschen. Maastricht wetteifert mit Nijmegen um den Titel „Älteste Stadt der Niederlande". Der Name stammt aus dem Lateinischen *Mosae Traiectum* (Maasübergang) und bezieht sich auf die von den Römern errichtete Brücke über den Fluss Maas. Da die historische Altstadt im Zweiten Weltkrieg verschont blieb, ist die Geschichte der Stadt noch heute lebendig.

Damit eine Stadt den vielfältigen Ansprüchen, die an sie gerichtet werden, genügen kann, müssen verschiedene Bedingungen erfüllt sein. So bedarf es zunächst einer integrierten **städtebaulichen Vision**, die auch die Infrastruktur einbezieht. Wir in Maastricht definieren unsere Ziele im Fünfjahreszyklus. Viele Städte in Deutschland versäumen diese aus unserer Sicht unerlässliche Maßnahme. Wie ein Sportteam benötigt auch eine Stadt einen Coach, der mit Bürgern und Kollegen kommuniziert, Stärken und Schwächen analysiert. Erst wenn man weiß, wo die Schwachpunkte liegen, können Lösungen gefunden werden. Wichtig für eine Stadt und damit auch für Maastricht sind Standortanforderungen wie Attraktivität, Aufenthaltsqualität für Bürger und Besucher, Erreichbarkeit, Sicherheit und natürlich eine intakte Umwelt.

Beim Blick auf Maastricht aus der Vogelperspektive wird deutlich, wie dicht bebaut die Innenstadt ist (vgl. Abbildung 1). Noch vor 25 Jahren konnte jeder mit dem Auto direkt in das Zentrum fahren; alle Straßen waren für den motorisierten Verkehr frei zugänglich. Heute gehören unsere Straßen verschiedenen Kategorien an. Einige können nur von Fußgängern betreten, andere auch von Autos befahren werden. Damit gelang es uns, den Verkehr in der Innenstadt spürbar zu entspannen.

Abb. 1: Der Stadtkern von Maastricht

Der westliche Teil der Altstadt ist für Touristen am attraktivsten. Die meisten Besucher Maastrichts kommen von Osten und fahren gen Westen. Durch das Zentrum fließt jedoch die Maas und erschwert als natürliche Barriere den Austausch zwischen beiden Stadtteilen. Unsere **Brücken** sind damit die wichtigsten Instrumente, um den Verkehr zu steuern. Früher waren vier der sechs Brücken von Autos befahrbar. Das reduzierten wir auf nunmehr zwei.

Um die Altstadt herum führt zudem eine Ringstraße. Möchten Besucher vom Ring in die Innenstadt abfahren, gelangen sie zunächst zu einer Tiefgarage, wo – und das ist wesentlich – geringere Gebühren anfallen als auf den Parkplätzen in der Innenstadt. Die Stadt Maastricht besitzt selbst zehn Tiefgaragen mit ungefähr 3.000 Parkplätzen. Diese vermieten wir an einen Privatinvestor. Jährlich erzielt der Stadthaushalt daraus Einnahmen in Höhe von ca. einer Million Euro.

Das Bild auf der rechten Seite von Abbildung 2 zeigt die städtebauliche Vision des Jahres 2000, die gemeinsam mit den Bürgern und der Stadtverwaltung entwickelt wurde. Links sind die problembehafteten Gebiete rot gekennzeichnet. Insgesamt 35 dieser kritischen Zonen gilt es zu verbessern. Mittels „**Archipunktur**" sollen diese Gebiete durch eine zielgerichtete „Injektion" gefördert werden.

Abb. 2: Maastrichts Zukunft aus städtebaulicher Sicht

Die Wortneuschöpfung setzt sich aus **Architektur** und **Akupunktur** zusammen. Punktuell entstehen neue Bauwerke, welche die Infrastruktur verbessern und das Stadtbild ergänzen sollen. Die 35 Schwachstellen sind für uns Aufgabe und Verpflichtung zugleich.

Quer durch die Niederlande und auch durch Maastricht führt die A2 von Amsterdam nach Genua. Maastricht wird durch diese Autobahn zweigeteilt. Zudem schädigen Autoabgase die Umwelt. Die Lösung: Ein Tunnel, der den Verkehr unter der Stadt hindurch leitet. Durch geschickte Öffentlichkeitsarbeit ist es uns schließlich gelungen, fast 300 Millionen Euro Subventionen der Landesregierung zu erhalten, um das Bauvorhaben zu beginnen. Um Maastricht noch weiter voran zu bringen, entwickelten wir einen **Masterplan** für den öffentlichen Raum. Reisen nach Brüssel oder Koblenz gaben Maastrichts Stadtverwaltung wertvolle Hinweise und waren hilfreich bei der Entwicklung kreativer Ideen. Und Kreativität ist dringend nötig, um einer Stadt ein unverwechselbares Gesicht zu geben.

Doch auch in Maastricht wurden Fehler begangen. So zeigt Abbildung 3 den Marktplatz im Jahr 1925, idyllisch eingeschlossen von Bürgerhäusern, als Zentrum einer lebendigen Stadt. Zehn Jahre später entschieden Stadtplaner, dass eine Brücke den Zugang zum Zentrum erleichtern sollte. Nun floss der Verkehr direkt durch die Innenstadt. Das traurige Finale wurde schließlich 2001 erreicht; nunmehr sehen wir den Marktplatz seiner eigentlichen Funktion beraubt und als Parkplatz missbraucht. Triste Architektur säumt zu beiden Seiten die Brücke.

Abb. 3: Maastrichts Stadtkern im Wandel der Zeit

Ähnliches geschah mit dem Kanal der Maas im Stadtzentrum (vgl. Abbildung 4). Einstmals wunderschön und idyllisch integriert in das Zentrum, entbehrt der zugeschüttete und als Schnellstraße genutzte Flusslauf heute jeglicher Anmut. Doch **Fehler sind revidierbar**. Wir veranstalteten einen Architekturwettbewerb, und heute fließt der Verkehr statt durch die laute, viel befahrene Kanalstraße durch einen Tunnel. Oberirdisch schufen wir eine begrünte Flaniermeile, terrassenförmig angelegt mit kleinen Geschäften und Cafés – ein Ort des Verweilens mitten im belebten Zentrum. Um dies Wirklichkeit werden zu lassen, war eine umfangreiche Planung notwendig. Verschiedene Bürogebäude mussten abgerissen und Tiefgaragen gebaut werden.

Abb. 4: Die Kanalstraße an der Maas

Trotz aller Kosten und Mühen wurde der Plan Wirklichkeit, und Maastricht gewann ein Stück Lebensqualität zurück. Dass derart weitreichende Projekte nicht von einer Stadt allein zu tragen sind, versteht sich von selbst. Dazu sind private Partner nötig, die sich innerhalb einer **Private Public Partnership** engagieren. Im Falle Maastrichts nehmen daran neben der Stadtverwaltung bspw. Immobilienunternehmen teil.

Enden möchte ich mit einem Ausspruch von *Erich Kästner*, den sich nicht nur Stadtplaner wieder und wieder vor Augen führen sollten:

„Es gibt nichts Gutes, außer man tut es."

Sauberkeit

Grundlage der Attraktivität einer Stadt

Dr. Claus-Theo Merkel (DSM, Frankfurt am Main)

Städte verschönern, das ist die Corporate Mission der *Deutsche Städte Medien GmbH (DSM)*. **Individuelle Stadtmöblierung** sowie **Außenwerbung**, sachkundig eingesetzt, können sich dabei als unentbehrliche Instrumente erweisen. Natürlich sollte die Möblierung der Stadt möglichst wenig auffallen und dennoch ihren Zweck erfüllen. Unerlässlich ist weiterhin ein attraktives Design. Haltestellen, Schilder und Fahrkartenautomaten müssen nicht nur Wind und Wetter trotzen, sondern auch gefallen. Abbildung 1 zeigt Beispiele, wie sie bereits in Frankfurt und anderen Städten verwirklicht wurden. Andere existieren bislang nur auf den Reißbrettern von Architekten und Planern. Auffällig ist, dass in allen dargestellten Beispielen integrierte Plakatvitrinen eine wichtige Rolle spielen. Werbetreibende finanzieren auf diese Weise die für eine Stadt notwendigen Anlagen.

Abb. 1: Wartehallen-Variationen

Abbildung 2 zeigt, wie **Hinweisschilder** stilvoll im öffentlichen Bereich angebracht werden können. Wegweiser im Stadtzentrum müssen viele Funktionen erfüllen. Zunächst gilt es, sich in die gewachsene Struktur einer Stadt einzufügen, d.h. wirksam und doch attraktiv auf Nebenstraßen, Verzweigungen und Plätze zu verweisen, ohne das Stadtbild zu beschädigen. Beschilderungen sollen Handel und Wandel anregen. Vor allem für Besucher ist eine vernünftige und ansprechende Beschilderung maßgeblich dafür, ob ihnen die zu erkundende Stadt ge- oder missfällt.

Viele Städte haben bereits in Wartehallen und anderen öffentlichen Einrichtungen **Informationsterminals** installiert, mit deren Hilfe sich Ortsunkundige über die Stadt, ihre Sehenswürdigkeiten, Veranstaltungen sowie das öffentliche Verkehrsnetz informieren können. Aus Kundensicht unerlässlich ist dabei natürlich das Kriterium leichte Bedienbarkeit. Aus Sicht der Stadtverwaltung müssen derartige Einrichtungen in erster Linie leicht zu pflegen und zu reinigen sein.

Abb. 2: Beschilderung in der Innenstadt

Die *DSM* besorgt für Vertragspartner nicht nur die Stadtmöblierung sowie die Gestaltung der Außenwerbung; wir engagieren uns auch nachhaltig bei der **Stadtentwicklung**. So begleiten wir die *Kieler Woche* oder die *World Games 2005* in Duisburg, weil wir überzeugt sind, dass die Städte im innerstädtischen Wettbewerb zu unterstützen ein Gebot der Stunde ist.

Sauberkeit ist eine unverständlicherweise häufig gering geschätzte, aber für den Erfolg einer Stadt notwendige Bedingung. Abbildung 3 zeigt am Beispiel **wilder Plakatierung**, wie trostlos die Realität vielfach noch sein kann.

Abb. 3: Plakatierung in der Innenstadt: einige Negativbeispiele

Abbildung 4 verdeutlicht, was eine Großstadt wie Hamburg gegen derartigen Wildwuchs unternahm. Die Androhung von Strafen zeigt bei wildem Plakatieren bekanntlich allzu oft keine signifikante Wirkung. Deshalb muss die Stadtverwaltung einen Weg finden, das **Bewusstsein** der **Bürger** zu beeinflussen. Mit Plakatkampagnen warb die Kommune für gezieltes und sinnvolles Anbringen von Werbung. Als Positivbeispiel dieser Strategie sei ein Schaltkasten, den *Sixt* mit einem Plakatrahmen beispielgebend nutzt, vorgeführt.

Ähnlich verhält es sich mit der **Beschilderung**. Einige Beispiele aus unserem Archiv verdeutlichen, wie unübersichtlich und unkoordiniert Richtungen häufig ausgewiesen werden, während die rechte Seite von Abbildung 5 ein vereinheitlichtes Beschriftungssystem vorstellt.

Abb. 4: Neue Formen der Plakatierung

Abb. 5: Beschilderungskonzepte im Vergleich

Man muss nur einmal die Leserzuschriften in der Lokalpresse analysieren, um zu erkennen, dass Sauberkeit in der Stadt für eine breite Öffentlichkeit ein zentrales Thema ist. Die *DSM* unterstützt Städte daher auch bei ihrer **Pressearbeit**. Folgende Beispiele zeigen, wie man auf Missstände dezent und durchaus humorvoll hinweisen kann (vgl. Abbildung 6). Strafen helfen auch hier nur bedingt. Erst wenn es den Bürgern wichtig ist, in einer sauberen Stadt zu leben, werden wir hierbei dauerhafte und spürbare Erfolge erzielen.

Als sehr erfolgreich erwiesen sich in diesem Zusammenhang **Mitmachaktionen** in Hamburg und Frankfurt. So sammelten in der Hansestadt über 40.000 Schüler mehr als 360 Tonnen Müll. Derartige Aktionen helfen nicht nur, unsere Städte sauber zu halten, sie fördern auch das so dringend benötigte Wir-Gefühl. Wer seine Stadt als sein Wohnzimmer begreift, verhält sich entsprechend.

Abb. 6: Werbung für eine saubere Stadt

Sicherheit

Sicherheitsmodelle im New Yorker BID Times Square

Tim Tompkins (Times Square Alliance, New York)

Die Kreuzung 42. Straße, Ecke Broadway gehört wohl zu den **bekanntesten Adressen** der amerikanischen Metropole (vgl. Abbildung 1). Wer kennt nicht das legendäre Neujahrsfest auf dem Times Square, zu dem jährlich mehr als Hunderttausend Menschen strömen, um den Jahreswechsel zu feiern? Von der Namensgeberin *New York Times* bis hin zu *Morgan Stanley* und *Reuters*: Die *Times Square Alliance* vereint nahezu alle Unternehmen, die an diesem berühmten Straßenzug residieren.

Abb. 1: Times Square New York City

Quelle: Declan McCullagh

Für viele versinnbildlicht er das Zentrum New Yorks. Dabei galt der Bezirk um den Times Square bis in die siebziger Jahre hinein als **sozialer Brennpunkt**. Prostitution, Gewalt und Kriminalität waren an der Tagesordnung. Das damals zweifelhafte Image des Platzes schadete letztlich dem Ansehen der ganzen Stadt. Noch 1993 registrierte eine traurige Statistik dort ca.

4.000 Verbrechen pro Jahr, 1.200 davon mit gewalttätigem Hintergrund. Bereits elf Jahre später konnte diese Zahl mit Hilfe der New Yorker Polizei, aber auch dank unseres Engagements auf 1.200 reduziert werden. Insb. die Gewaltverbrechen sanken um 88% auf 141. Über Gründe dieser positiven Entwicklung des Times Square möchte ich Ihnen heute einen kurzen Abriss geben.

Zunächst versuchte die Stadtverwaltung, **neue Investoren** für den Times Square zu gewinnen. Ein überarbeiteter Flächennutzungsplan erlaubte bspw. die Vermietung größerer Parzellen und damit auch den Bau anspruchsvoller und vielseitig nutzbarer Gebäude. Zudem gewährte die Stadt New York Bauherren und Unternehmen steuerliche Anreize. Der erste wichtige Interessent, der daraufhin für den Times Square gewonnen werden konnte, war das *Marriott Hotel*. Doch nicht nur Hotels, Theater und andere Einrichtungen der Unterhaltungsbranche befreiten den Times Square in der Folge von seinem Negativimage. Ziel der Planer war es auch, Konzerne dazu zu bewegen, ihre Repräsentationen an den Times Square zu verlegen. Die Stadt unterstützte diese Bemühungen bspw. dadurch, dass sie **günstige Kredite** offerierte. Denn selbst für ein Blue Chip-Unternehmen war es damals riskant, an den Times Square zu gehen. *Bertelsmann* wagte diesen Schritt. Andere Unternehmen folgten und verdrängten Gewalt und Kriminalität. Die Strategie ging auf.

Die **Anwohner** reagierten auf die Veränderungen höchst unterschiedlich. Neben vielen Befürwortern meldeten sich auch Kritiker zu Wort, die um den „Charme" und den besonderen „Charakter" des Viertels bangten. Große Werbetafeln und Lichter prägen bekanntlich das Gesicht des Times Square. Und tatsächlich drohten Flächenreform und Neubebauung, die historische Bausubstanz zu verdrängen. Für den Bau des *Marriott Hotels* bspw. mussten zwei der geschichtsträchtigen Theater weichen. Aber noch immer zeugen zahlreiche Broadway-Theater von der wechselhaften und bunten Geschichte des Showbusiness in New York. Heute stehen viele der alten Gebäude unter Denkmalschutz, und Neubauten müssen Auflagen erfüllen, die dem Stil des berühmten Platzes gerecht werden und ihn bewahren.

Um eine verstärkte Ansammlung kleiner, zweifelhafter Läden zu verhindern, entwickelte die Stadt kreative Ideen. So kaufte sie Flächen auf, um diese einer erwünschten Nutzung zuzuführen. Die dazu benötigen Fonds wurden zu einem geringeren Teil aus Steuereinnahmen finanziert. Weitaus häufiger investierten private Unternehmen, welche später das Vorzugsrecht für die Erschließung und die Bebauung der Grundstücke erhielten. Im Rahmen dieser Aktionen wurde 1992 die *Times Square Alliance – Business Improvement District (BID)* gegründet. Das **Leitbild** unserer Gesellschaft ist ein sicherer und sauberer Times Square. Wir versuchen, Dinge im Kleinen zu bewegen. So sind 52 der 125 Mitarbeiter Sanitär- und Reinigungskräfte, die helfen, den öffentlichen Raum sauber zu halten. Weitere 50 Mitarbeiter sind 'security officers'. Zusätzlich befassen wir uns mit Fragen der Flächenneuordnung und -nutzung. Mit der gezielten Ansiedlung von seriösem Gewerbe sollen das Rotlichtmilieu verdrängt und die damit verbundene Kriminalität bekämpft werden.

Als schließlich der *Disney*-Konzern beschloss, in eines der ältesten Theater an der 42. Straße zu investieren, war dies Signal und Aufruf zugleich. Allein die Nachricht, dass *Disney* an den Times Square geht, veränderte die Wahrnehmung der Menschen. *Disney* erwies sich dann als **Vorreiter** für viele weitere Unternehmen: *Morgan Stanley*, *Lehman Brothers*, *Viacom* und andere folgten. Heute ist der Times Square wieder der repräsentative Boulevard von einst. Natürlich bedurfte es auch hierzu gewisser Anreize. So gewährte die Stadt *Disney* zinsgünstige Kredite in Höhe von bis zu 30 Millionen Dollar. Doch die Investition zahlte sich aus.

Wir unterstützen die positive Entwicklung des Times Square mit zahlreichen kleinen, aber nicht weniger wirkungsvollen **Maßnahmen**, wodurch sich das Gesicht des Platzes Schritt für Schritt wandelt. Dazu zählen die Entfernung von Graffiti oder das Pflanzen von Blumen. Alle Beteiligten verfolgen das Ziel, den Times Square den New Yorkern wie auch den Touristen als Erlebnisraum zurückzugeben.

Natürlich wäre es fatal, wenn wir uns nun auf dem Erreichten ausruhen wollten. Darum beobachten wir Verbrechensstatistiken, um frühzeitig einer etwaigen negativen Entwicklung Einhalt gebieten zu können. Es ist uns zwar noch nicht gelungen, alle Delikte zu verhindern, doch die Art der Kriminalität hat sich grundlegend verändert. Waren früher Gewaltverbrechen an der Tagesordnung, so muss sich die Polizei heute primär mit Handtaschendieben auseinandersetzen. Wie das Beispiel der *Times Square Alliance* zeigt, kann das professionelle Engagement einer Organisation wie der unseren in **Zusammenarbeit** mit der **Stadtverwaltung** und privaten **Partnern** vieles bewirken.

Helligkeit

Das Beleuchtungskonzept Frankfurt Mainufer

Mario Bloem (d-plan, Hamburg)

Licht und Architektur: zwei Elemente, die untrennbar miteinander verbunden sind. Dabei geht es weniger um das bloße Erleuchten von Gebäuden oder Straßen, sondern um die Inszenierung komplexer, virtueller **Lichtwelten**, welche bedeutsame Gebäude und Straßen auf bislang ungekannte Weise in Szene setzen. Gerade die veränderte Wahrnehmung von Architektur durch und mit Licht, Schein, Schatten und Strukturen kann Atmosphäre schaffen und damit Wohlbefinden.

Ich möchte diese **Symbiose** von **Licht** und **Architektur** an einem praktischen Beispiel aufzeigen; gemeint ist das Lichtkonzept *Frankfurt Mainufer*. Die Stadt Frankfurt beauftragte unser Unternehmen, ein übergreifendes Beleuchtungskonzept für das gesamte Flussufer im Innenstadtbereich zu entwickeln. Rein quantitativ betrachtet, d.h. in seinen Ausmaßen, ist dieses Projekt das derzeit umfangreichste in Europa. Wie bei anderen Beleuchtungsprojekten, so galt es auch hier, von den vorhandenen Lichtern und Leuchtmitteln auszugehen. Jede Stadt, jede Straße und jedes Ufer ist bereits in irgendeiner Art und Weise beleuchtet. Um ein neues Bild zu schaffen, muss deshalb zunächst die bestehende Lichtkonzeption überdacht werden.

In der Frankfurter Innenstadt führen sieben **Brücken** über den Main. Ein **Fluss** hat für die Stadt von jeher eine zentrale Bedeutung. Fließende Gewässer verheißen Mobilität und damit Handel, Kommunikation und wirtschaftliches Wachstum. Die Brücken über den Main sind das Herz der Stadt – die Schokoladenseite, wenn man so will, mit der Skyline von „Mainhattan" im Hintergrund. Einerseits, d.h. architektonisch gesehen, handelt es sich dabei um recht unspektakuläre Bauwerke; andererseits, d.h. funktional gesehen, schaffen sie wichtige Nord-Süd-Verbindungen in der Stadt und prägen überdies das Stadtbild.

Um festzustellen, welche Objekte am Ufer hervorgehoben werden sollten, fotografierten wir abschnittsweise das gleiche Motiv bei Tag und bei Nacht. Am Tag lässt sich feststellen, welche Elemente wichtig sind, und bei Nacht erkennt man, was aufgrund diffuser Lichtquellen noch sichtbar ist und was in der Dunkelheit verschwindet. Erstaunlich, wie unterschiedlich ein und derselbe Ort im **Sonnenlicht** und bei **Dunkelheit** wirken kann. Von der Untermainbrücke sieht man am Tag den herrlichen Sandsteinsockel; in der Nacht verschwindet dessen Schönheit, und lediglich die Fahrschilder der Flussschifffahrt sind zu erkennen. Das Beispiel zeigt, dass zahlreiche attraktive Elemente einer Stadt in der Dunkelheit verblassen, es sei denn, sie werden besonders hervorgehoben, bspw. durch eine geschickte Beleuchtung. Es galt, die fünf Kilometer lange Uferzone des Mains in zwölf Uferabschnitten mit 38 verschiedenen Leuchttypen zu analysieren. Tausend Leuchten mit einer Leistung von mehr als 190.000 Watt sind bereits installiert. Das war die **Ausgangslage**.

Wir entschieden uns, zunächst alle vorhandenen Lichtquellen zu entfernen. Das Frankfurter Mainufer lag nun wieder im Dunkeln. Doch welche Lichter sollten wo platziert werden und wie weit leuchten? Es gibt zwei Erscheinungsformen einer Stadt von zentraler Bedeutung. Alle stetigen Strukturen, wie Gebäude, Wahrzeichen, Brunnen, Raumkanten und Kaimauern, aber auch besonders markante Bäume sind Bestandteile der **beständigen Stadt**. Diese Elemente sind zwar unersetzbar, aber sie machen eine Stadt noch nicht aus. Dazu bedarf es zusätzlich der **lebendigen Stadt**: Menschen, Fahrzeuge, öffentlicher Verkehr, eben alles was sich bewegt und damit der Stadt Lebendigkeit und Vitalität verleiht. Im weiteren Verlauf war es wichtig, Kernelemente, welche der Innenstadt bei Tag ihr Gesicht geben, zu identifizieren. Das können prominente Gebäude sein, die es in Szene zu setzen gilt, oder aber Brücken und belebte Plätze. Allerdings ist es nicht sinnvoll, alles auszuleuchten. Denn gerade das Spiel mit Licht und Schatten gibt dem Betrachter die Möglichkeit, Strukturen imaginativ selbst zu vervollständigen.

Wir entwickelten Lichtkonzepte sowohl für Brücken als auch für die Baumreihen am Ufer und für die Fußgängerbereiche. Unser Ziel war es, gerade die Passanten ins rechte Licht zu rücken. Fußwege sind ein zentraler Ort; denn Menschen, die zu Fuß unterwegs sind, können sich im Gegensatz zu Autos, Motorrädern und Fahrradfahrern nicht mit Hilfe einer eigenen Lichtquelle orientieren. Für sie muss Licht geschaffen werden, damit sie sich bei Nacht genauso sicher bewegen können wie am Tag. Die beständigen Straßen beleuchten wir daher nur so viel wie nötig ist, um die Verkehrssicherheit nicht zu gefährden. Darin unterscheidet sich unser **Beleuchtungskonzept** radikal von anderen. Verkehrsplaner etwa denken aus der Sicht des motorisierten Verkehrs und installieren Leuchten deshalb in acht bis zwölf Meter Höhe. Doch wie soll ein historisches Gebäude dann noch respektvoll in Szene gesetzt werden? Wir wählen den umgekehrten Ansatz. Lichtpunkte sollen nach unten verlagert und seitlich angebracht werden, damit die Fassaden frei werden und sich den Fußgängern hell erleuchtete Wege öffnen. Der Raum über den Straßenlampen ist damit frei und kann wirkungsvoll durch eine entsprechende Lichtgestaltung inszeniert werden.

Wendet man diese Überlegungen auf das nunmehr dunkle Frankfurt an, so füllt sich der (licht)leere Raum. Stück für Stück wird die **beständige Stadt** erhellt, Raumkanten kommen hinzu. Das Mainufer baut sich langsam auf, Kaimauern erscheinen, und langsam erkennt man die Stadt auch im Dunkeln wieder. Die Grünflächen sind beleuchtet, und auch die **lebendige Stadt** taucht aus dem Dunkel auf. Erst dann, wenn alle Elemente eingesetzt sind, sieht man das Ufer. In der wundervollen finalen Phase beginnt das Mainufer zu leuchten. Und nunmehr wird deutlich, dass man den Fluss nicht mehr zusätzlich in Szene setzen muss. Er spiegelt die beständige und lebendige Stadt wider und erzielt auf natürliche Weise genau die Wirkung, die wir in den Nachtstunden erreichen wollen.

Unser Lichtkonzept trägt aber nicht nur den dominanten Gebäuden und Bauwerken Rechnung. Nachts kann etwas, was bei Tageslicht unscheinbar und peripher wirkt, besondere Bedeutung erlangen. So genügt bisweilen ein einfacher Bodenstrahler, um einen Baum neben einer Parkbank zu faszinierendem Leben zu erwecken.

Wie viel **Zeit** beansprucht ein solches Projekt? Jetzt, nach nunmehr fünf Jahren der Analyse und Konzeption, stehen wir endlich vor der Installation. Gemessen an den üblichen **Phasen** der Stadtentwicklung ist das allerdings nicht viel; denn immerhin erhält die Innenstadt bei Nacht eine völlig neue Gestalt. Am 6. Dezember, und hierfür lade ich Sie alle ein, wird der Lichtschalter umgelegt.

Am Frankfurter Beispiel lassen sich die wenigen, aber maßgeblichen **Richtlinien**, die bei der Stadtillumination unbedingt beachtet werden sollten, verdeutlichen. Zunächst empfehlen wir niedrige Lichtpunkte (unter 4½m). Verkehrswissenschaftler wird das zunächst erstaunen; aber es funktioniert, wie das Beispiel zeigt. Für unser Lichtkonzept verwendeten wir 2.600 Leuchten, die durchschnittlich 65 Watt verbrauchen. Dies wiederum, d.h. der Umstand, mit wie wenig Energie man eine Großstadt erleuchten kann, mag den privaten Verbraucher verwundern.

Ein großes Projekt wie das Mainufer, mit einem Volumen von mehr als sechs Millionen Euro, bedarf natürlich einer entsprechenden **Finanzierung**. Eine Möglichkeit, die auch in Frankfurt genutzt wurde, eröffnet die **Brückenpatenschaft**. Private Sponsoren finanzieren die Beleuchtung einzelner Brücken und unterstützen damit die Stadt.

Unser Projekt fand insb. in der Presse große Resonanz und Anerkennung. Dennoch sollen **Probleme**, die bei derartigen Vorhaben nahezu zwangsläufig auftreten, nicht verschwiegen werden. Gerade die Trennung von Straßen- und Gebäudebeleuchtung bedurfte eines grundlegenden Umdenkens. Davon war nicht nur die Umsetzung betroffen, sondern auch die Wartung, die völlig neu organisiert werden musste. Zu Beginn der Entwicklung und Realisierung eines Beleuchtungskonzepts ist es wichtig zu wissen, dass die Dinge plötzlich ganz anders wahrgenommen werden. So können sich Mängel offenbaren, die vorher im Dunkel verborgen blieben. Das ist zumeist aber weniger ein Problem der Beleuchtung als der Organisation. Im Zweifelsfall muss eben zunächst die Stadtreinigung aktiv werden, ehe große Scheinwerfer zum Einsatz kommen. Abschließend und als **Fazit** darf ich noch eines sagen: Stadtbeleuchtung, so wie wir sie verstehen, unterstützt das Stadtmarketing und damit auch die Marke Innenstadt nachhaltig.

Der Zufall will es, dass diese Thematik für den Veranstaltungsort höchst aktuell ist. Die **Stadt Dresden** bemüht sich derzeit um ein einheitliches Lichtkonzept für die historische Innenstadt, welches auch die wieder errichtete Frauenkirche angemessen einbindet und bisherige Schwerpunkte, wie die Kunstakademie, etwas zurücknimmt. In einem Beitrag der Sächsischen Zeitung wurden im April 2006 'status quo' und die Vision in Bildern vorgestellt: Oben das Altstädter Elbufer, d.h. der berühmte Canaletto Blick, wie er heute zu sehen ist (Abbildung 1), unten die angestrebte Veränderung (Abbildung 2, Fotomontage).

Abb. 1: Der Caneletto-Blick auf Dresden: Das bisherige Beleuchtungskonzept

Quelle: Sächsische Zeitung/Jürgen Lösel

Abb. 2: Die Beleuchtungsvision

Quelle: Sächsische Zeitung/Jürgen Lösel

Attraktivität

Möglichkeiten der Attraktivitätssteigerung durch das Citymanagement: Das Beispiel Malmö

Björn Bergman (Trade and Industry Agency Malmö)

Malmö ist nach Stockholm und Göteborg die drittgrößte Stadt Schwedens. Sie liegt an der Südspitze des Landes in der aufstrebenden Öresund-Region. Viele der 270.000 Einwohner leben in Schweden und arbeiten im nur 30 Minuten entfernten Dänemark. Der Bau der Öresund-Brücke rückte Kopenhagen und Malmö noch enger zusammen. Heute leben, arbeiten und studieren mehr als **165 Nationalitäten** in der schwedischen Stadt. Über 50% der Einwohner sind Studenten und stammen aus anderen Teilen Schwedens, aber auch aus der ganzen Welt. Man spürt, dass in Malmö viele Kulturen aufeinander treffen. Dies eröffnet naturgemäß große Chancen, bereitet aber auch Probleme. Deshalb bedarf es der Integration der unterschiedlichen Kulturen. Malmö, eine Stadt im Wandel, stellt sich diesen **Herausforderungen**.

In der einstigen Industriestadt, die vor allem durch den Schiffbau über die Grenzen Schwedens hinaus bekannt wurde, gibt es nur noch wenige traditionelle Betriebe. Heute beschäftigt ein durchschnittliches Malmöer Unternehmen nur fünf Mitarbeiter. Kleine und mittlere Betriebe dominieren den Großraum Malmö. Dies war nicht immer so. Aber durch den Rückgang der Schiffbauindustrie ging Anfang der neunziger Jahre fast jeder vierte Arbeitsplatz verloren. Die Region befindet sich noch heute in der **Übergangsphase** von der Schwerindustrie hin zur Wissensgesellschaft.

Um die Krise zu bewältigen, begann die Stadtverwaltung, in den **Ausbau** der **Infrastruktur** zu investieren. Als dann am 1. Juli 2001 die Öresund-Brücke, die Schweden mit Dänemark verbindet, eingeweiht wurde, stand nicht nur eine physische Verbindung zwischen beiden Ländern zur Verfügung, sondern, noch bedeutsamer, eine **mentale Brücke**. Malmö wurde plötzlich Zentrum der aufstrebenden Öresund-Region. Verkehrsknotenpunkte wie der *Kopenhagen Airport* sind nun sozusagen ein Teil von Malmö. 20 Minuten etwa braucht ein Pendler vom Malmöer Bahnhof zum Flughafen. Der City-Tunnel, ein Eisenbahntunnel, welcher direkt unter der Stadt verläuft, soll 2011 fertig gestellt werden und maßgeblich zur Revitalisierung der Stadt beitragen.

Abb. 1: America Cup in Malmö

Die Gründung der Universität im Jahre 1998 beschleunigte Malmös Wandel von einer **Arbeiterstadt** hin zur **Wissensgesellschaft**. Heute studieren etwa 21.000 junge Menschen an der *Malmö Högskolan*. Eine enge Partnerschaft mit der traditionsreichen Universität in Lund sowie weiteren 13 Universitäten fördert den Transfer von Wissen und den Austausch von Kompetenzen. Es gibt nichts, was ein Unternehmen von diesem **geistigen Netzwerk** nicht fordern kann.

Ein vielfältiges Angebot an **kulturellen** und **sportlichen Veranstaltungen** sorgt während des ganzen Jahres dafür, dass Einwohner und Besucher die Stadt als attraktiv erleben. Im August 2005 etwa konnten wir sogar den Qualifikationslauf des *America Cup*, eine der ältesten und renommiertesten Segelregatten der Welt, in Malmö verfolgen (vgl. Abbildung 1). Tourismus, Handel, Transport und Sicherheit sind die Branchen, welche in den letzten Jahren am meisten von dieser Entwicklung profitierten.

Malmö wird auf diese Weise zu einer aufregenden Stadt, in der ständig etwas passiert. Zusammen mit anderen Standortfaktoren sorgt dies dafür, dass die Menschen hier gerne wohnen und arbeiten.

Abb. 2: Malmö: City Centre of the Year

Eine wachsende Region muss seinen neuen Einwohnern nicht zuletzt angemessenen Wohnraum bieten. Bei ihrer Standortentscheidung berücksichtigen Unternehmen heute auch und gerade die **Wohn- und Lebensmöglichkeiten**, welche ihre Mitarbeiter dort vorfinden. Lebensqualität ist dabei keine Worthülse. Malmös Stadtverwaltung erkannte den Trend rechtzeitig und baute neue Wohnungen, um den Bedürfnissen einer wachsenden Bevölkerung gerecht zu werden. All diese Maßnahmen, die wir seit 1993 mit Nachdruck verfolgen, zahlten sich in beeindruckender Weise aus. In den Jahren 2000 sowie 2005 erhielt die Stadt den *City Centre of the Year-Award* Schwedens (vgl. Abbildung 2). Wer hätte es vor 15 Jahren für möglich gehalten, dass das eher unscheinbare Malmö einmal zur attraktivsten Stadt Schwedens nominiert – ja sogar gewählt werden würde?

Aber letztlich liegt das **Erfolgsrezept** – enge **Kooperation** von Stadt, Handel und Bürgern – auf der Hand. Bereits 1993 entstand das *City Environment Programm*. Dazu wurden zunächst die Bürgerinnen und Bürger gefragt, wie sie ihre Stadt nutzen, was ihnen gefällt und was sie verbessern würden. Bis heute wird dieses Programm fortgeführt. Es ermöglicht uns, die Stadt ständig zu verändern und zu verbessern. Leitlinie sind dabei jeweils die Vorstellungen der Menschen, die darin leben.

1995 gründete die Stadtverwaltung Malmös zusammen mit Immobilieneigentümern und Handel schließlich eine **Private Public Partnership**: die *Malmö City Centre Partnership*. Finanziert wird das Gemeinschaftsprojekt durch die drei Partner zu gleichen Teilen. Der entscheidende Vorteil dieser Kooperation, die gestern ihr zehnjähriges Bestehen feiern konnte, ist die Tatsache, dass die eher bescheidenen Mittel, welche die drei Partner bereitstellen, nur die administrativen Kosten decken müssen. Konkrete Vorhaben zur Verbesserung der Lebensqualität und Infrastruktur der Stadt aber werden von interessierten Partnern finanziert.

Die historische Innenstadt Malmös ist nach wie vor Zentrum des sozialen Lebens, Mittelpunkt einer vitalen Stadt und Handelsstandort. Bevor bspw. ein Einkaufszentrum in der näheren Umgegend errichtet wird, sind deshalb auch die möglichen Konsequenzen für die Innenstadt zu bedenken. Sehr leicht könnten langfristige Nachteile die kurzfristig erzielbaren Mehreinnahmen überwiegen. Was also muss eine Stadt tun, um Besucher in die Innenstadt zu ziehen? Zunächst sollte sie sich der veränderten Bedürfnisse der Bürger bewusst werden. Menschen konsumieren, weil sie es mögen und Spaß daran haben. Die **Innenstadt** muss diesem **veränderten Konsumentenverhalten** Rechnung tragen, sie neugierig machen auf neue Angebote und sie mit einer inszenierten Gestaltung der Einkaufsstätten unterhalten.

Als ehemaliger Leiter des *Syd Einkaufszentrums* lag es für mich nahe, Ideen und Anregungen aus meiner jahrelangen Center-Erfahrung auf die Malmöer Innenstadt zu übertragen. Während sich ein City Manager um alle möglichen Belange in seiner Stadt kümmern muss, kann sich ein Einkaufszentrenleiter ganz auf die Bedürfnisse der Kunden einstellen. Ein Stadtplaner denkt u.a. an Straßenbau, ein Center Manager dagegen ist in erster Linie darum bemüht, seinen Kunden lange Wege und Wartezeiten zu ersparen. Ein weiteres Beispiel sind die Öffnungszeiten. Im Stadtzentrum findet man auch heute noch Geschäfte, die am Wochenende nur bis Mittags für ihre Kunden da sind, andere öffnen bis 15.00 Uhr, während wieder andere gar geschlossen haben. In einem Einkaufszentrum halten sich alle Mieter an die zentral geregelten Öffnungszeiten. Meiner Erfahrung und Überzeugung zufolge sollte auch ein Stadtzentrum den Bürgern gegenüber **einheitlich auftreten**. Dies gilt gleichfalls für zahlreiche weitere Entscheidungsfelder, weshalb wir zusammenfassen können: Think Convinience, Think Trade Mark: Vermarkte und positioniere die Innenstadt wie ein Einkaufszentrum!

Die *Trade and Industry Agency*, deren Direktor zu sein ich die Ehre habe, bearbeitet verschiedene **Projektfelder**: Sauberkeit, Sicherheit, Zugänglichkeit, Marketing, Networking, Umwelt und Events. Das ist zunächst nichts Ungewöhnliches. Neu hingegen ist, dass die Stadt kein Geld für diese Projekte ausgibt. Stattdessen lädt sie **interessierte Partner** ein, die letztlich die Umsetzung finanzieren. Wir koordinieren lediglich mögliche Ideen. So stellte die Stadt, ähnlich wie in Einkaufszentren, Besucherzähler auf. An insgesamt neun Messpunkten wird erfasst, wie bestimmte Ereignisse die Besucherströme lenken und was bezüglich Sicherheit, Sauberkeit und Einkaufsstättenstruktur verbessert werden könnte. *City Academy*, Stadtbeleuchtung und Events sind einige weitere Beispiele. Die kostenlosen Kurse an der *City Academy* bspw. fördern die Händler und deren Mitarbeiter gleichermaßen. Sprachtraining, Marketing und Dekoration sowie Managementkurse stehen Interessierten offen. Dieses Projekt wird von der *Europäischen Union* mit 1,2 Millionen Euro für einen Zeitraum von zwei Jahren gefördert.

Was sind die Erfolgsfaktoren? Nun, das Ganze ist ein **Win-Win-Projekt**. Für den Handel ist es sinnvoll, gemeinsam aufzutreten; denn so können Aufwendungen für das Marketing von allen getragen werden. Auch die Bürger Malmös profitieren von der gestiegenen Attraktivität ihrer Stadt, allen voran die Immobilienbesitzer.

Herzlichkeit

Das „König Kunde-Konzept"

Udo Kalweit (EHV Südbaden, Freiburg)

Die Initiative „König Kunde", die ich Ihnen heute vorstellen möchte, besteht seit nunmehr sechs Jahren. Entstanden ist sie als Gemeinschaftsprojekt des *Einzelhandelsverbandes Südbaden (EHV)*, des *dsc (Die Service Company)* und der *Serviceakademie*. Bis zu diesem Zeitpunkt gab es in Deutschland kein vergleichbares Instrument, das es erlaubt, die Qualität einer Dienstleistung zu beurteilen. Viele Unternehmen nehmen zwar das Attribut **Serviceorientierung** für sich in Anspruch; aber nur wenige verhalten sich entsprechend. Für uns war dies der entscheidende Ansporn, eine Initiative ins Leben zu rufen. Bereits 2001 startete ein Pilotprojekt. Dessen positive Resonanz spiegelt sich seither in Anfragen vieler Städte, Gemeinden und Unternehmen wider.

Der Begriff **Dienstleistungsqualität** ist zwar in aller Munde; allerdings versteht jeder etwas anderes darunter. Vor allem die Diskrepanz zwischen Kundenperspektive und Unternehmersicht ist oft groß. Einen wichtigen Beitrag zu dem Bemühen, diese Lücke zu schließen, leisten die jährlich stattfindenden Treffen der Service-Scouts (Service-Verantwortliche in zertifizierten Unternehmen). Bereits heute zeichnet sich ab, dass dies und der damit verbundene Erfahrungsaustausch ein wesentlicher Erfolgsfaktor des Projektes ist. Dazu trägt u.a. bei, dass in der Service-Scout-Ausbildung mit Ergebnissen aktueller Kundenumfragen gearbeitet wird. Diese machen deutlich, dass der primäre Grund, warum Kunden abwandern, seltener als Unternehmer annehmen die Unzufriedenheit mit dem Produkt (44%) ist. Auch günstigere Angebote der Konkurrenten (9%) spielen eine eher untergeordnete Rolle. Vielmehr steht gemäß dieser Befragung, in der Mehrfachnennungen möglich waren, für 68% der Kunden mangelnder Service an erster Stelle. Unfreundliches Personal stört den deutschen Verbraucher gewöhnlich sogar mehr als der Preis. Da die Mehrzahl der Unternehmen diese Fakten nach wie vor ignorieren, werden allzu oft falsche Konsequenzen gezogen.

Eine mit dem deutschen **Kundenzufriedenheitsbarometer** vergleichbare Umfrage des *Allensbacher Institutes* zeigt, dass sich die wahrgenommene Dienstleistungsqualität in Deutschland von 1997 bis 2002 verschlechtert hat. Zwar weist eine Neuauflage des Kundenzufriedenheitsbarometers (2005) eine leichte Verbesserung aus; dies kann aber (noch) nicht als Entwarnung gewertet werden.

„König Kunde" richtet sich nicht nur an den **externen**, sondern auch an den so genannten **internen Kunden**. Nur motivierte und zufriedene Mitarbeiter können so für die Kunden da sein, wie diese es erwarten. Der Blick eines Unternehmens muss sich demnach nicht nur nach außen, sondern auch und vor allem nach innen richten. Lassen Sie mich folgende provokative These formulieren. „In zehn Jahren gibt es nur noch zwei Sorten von Unternehmen: Solche, die Pleite sind, und solche, die einen perfekten Kunden-Service bieten".

Nachfolgende Grafik verdeutlicht, dass es wirtschaftlicher ist, Kunden zufrieden zu stellen und damit an das Unternehmen zu binden, als neue Kunden zu akquirieren (vgl. Abbildung 1). Wie das zweite Beispiel, der Fall eines deutschen Baumarktes zeigt, lohnt es sich für ein Unternehmen auch unmittelbar monetär, seine Kunden zufrieden zu stellen. Denn zwischen **Kundenzufriedenheit** und **Flächenproduktivität** besteht ein nachweisbar positiver Zusammenhang.

Abb. 1: Beispiele aus der Praxis

600%	teurer ist es, neue Kunden zu gewinnen, als Vorhandene zu halten
300%	größer ist die Wahrscheinlichkeit bei sehr zufriedenen Kunden, dass sie nachbestellen, als bei nur zufriedenen Kunden
fast 100%	ist die Wahrscheinlichkeit, dass sehr zufriedene Kunden zu den besten Werbeträgern des Unternehmens werden
95%	der verärgerten Kunden bleiben dem Unternehmen treu, wenn das Problem innerhalb von fünf Tagen gelöst wird
75%	der zu Wettbewerbern wechselnden Kunden stören sich an mangelnder Servicequalität

Die genannten Beispiele und Zahlen zeigen, wie nötig ein Service-Gütesiegel sowohl aus Kundensicht als auch für Unternehmer ist. Ähnlich der Sternenrangfolge, die wir vom Hotelgewerbe her kennen, soll das **Siegel „König Kunde"** den Konsumenten signalisieren, dass sie in diesem Unternehmen an erster Stelle stehen.

Die **Zertifizierung** eines Unternehmens als ein „König Kunde-Unternehmen" läuft in sechs Schritten ab (vgl. Abbildung 2). Zunächst werden die (100 bis maximal 400) Teilnehmer für das Thema Service und Kundenzufriedenheit sensibilisiert. Zwei Schulungsblöcke schließen sich an, wobei anfangs klassische Verkaufsthemen, bspw. Umgang mit Beschwerden und kritischen Kunden, behandelt werden. Sodann bilden wir die so genannten Service-Scouts aus. Hierzu wird pro Unternehmen ein Mitarbeiter ausgewählt und geschult, der für alle Fragen des Kundenservice zuständig ist. Die Ausbildung zum Service-Verantwortlichen dauert zwei Tage. In Phase drei findet das so genannte Service-Monitoring statt. Hier unterstützen und beraten Mitarbeiter der „König Kunde-Initiative" die zu zertifizierenden Unternehmen.

Dieser Schritt dient vor allem dazu, die Teilnehmer auf die eigentliche Prüfung vorzubereiten. Um zertifiziert zu werden, testen einer unserer Mitarbeiter und ein „normaler" Kunde verdeckt die Qualität der Dienstleistungen ('mystery shopping'). Zusätzlich hat der Service-Scout die Aufgabe zu lösen, Standards und Richtlinien für das Unternehmen festzulegen. Erhält ein Unternehmen 70% der maximal erreichbaren Punkte, wird das Gütesiegel „König Kunde" verliehen. Doch nicht nur einzelne Unternehmen werden zertifiziert; auch Gemeinden oder Städte können sich auszeichnen lassen. Hierbei ist der Anteil erfolgreich teilnehmender Unternehmen das Kriterium.

Abb. 2: Sechs-Stufen-Modell der Zertifizierung

1	Sensibilisierung aller Teilnehmer
2	Qualifizierungsmaßnahmen
3	Einzelberatung / B-Note
4	Anonyme Tests
5	Zertifizierung und Ergebnisbericht
6	Begleitung

Mittlerweile betreuen wir in 22 Städten 25 Projekte mit 325 beteiligten Unternehmen. Beispiele für den **Erfolg** der Initiative finden sich branchenübergreifend. So konnte ein Optiker seinen Umsatz um 5-7% steigern – und zwar entgegen dem Branchentrend. Doch nicht allein das Gütesiegel zeigt seine Wirkung, sondern auch die zahlreichen Maßnahmen, die davon ausgehend initiiert werden. In Lörrach bspw. fand im April 2005 eine Regenschirmverleih-Aktion statt. Kunden konnten in jedem beliebigen zertifizierten Geschäft einen Schirm ausleihen, ihn einem anderen zurückgeben und so dem launischen Aprilwetter trotzen.

„König Kunde" erweist sich demnach nicht nur für die **Kunden** als Glücksfall, da sie mehr Aufmerksamkeit erfahren als üblicherweise und sich rundum wohler fühlen. Die beteiligten **Händler** können das Gütesiegel nutzen, um sich von ihren Wettbewerbern abzugrenzen und die Kunden enger an sich zu binden. Und **Städte** bzw. **Kommunen** erfahren durch die gemeinsamen Aktionen der Händler eine Steigerung des Zusammengehörigkeitsgefühls in der Stadt (vgl. Abbildung 3).

Abb. 3: Vorteile des „König Kunde-Projekts"

Kunden	Unternehmen	Einkaufsstadt
• Motiviertes Verkaufspersonal • Korrekte Bedarfsermittlung • Beschwerdemöglichkeit • Verlässliche Servicequalität • Höhere Aufmerksamkeit • Stärkerer Wohlfühleffekt	• Höherer Durchschnittsbon • Kundenempfehlungen • Erhöhung der Kundenfrequenz • Alleinstellungsmerkmal • Service & Servicekontrolle • Schulungen vor Ort	• Service-Scouts = Kreativpool • Gegenseitige Empfehlungen • Offenheit für Kundenkritik • Neues Zusammengehörigkeitsgefühl • Verbessertes Serviceempfinden der Kunden

Teil II

Podiumsdiskussion

Garanten der Zukunft der Innenstadt

Perspektiven und Handlungskonsequenzen

Mario Bloem, Dr. Claus-Theo Merkel, Dr. Hans Hoorn, Elke Frauns, Udo Kalweit, Prof. Dr. Dr. h.c. mult. Erich Greipl, PD Dr. Dr. Helmut Schneider (v.l.n.r.)

Elke Frauns

Das Leitthema, das diese Veranstaltung begleitet, deutete es bereits an: Im Mittelpunkt des 7. Otto Beisheim Kolloquiums stand die Zukunft unserer Innenstädte. Herr Professor Greipl, auf den Punkt gebracht: Welche Vorraussetzungen müssen erfüllt sein, damit unsere Innenstädte eine Perspektive haben und auch zukünftig ihre Funktionen erfüllen können?

Prof. Dr. Dr. h.c. mult. Erich Greipl

Meine Damen und Herren, nur wenn wir folgenden vier Bedingungen Rechnung tragen, können sich unsere Städte so entwickeln und wir die Innenstadtbereiche so inszenieren, wie es erforderlich ist. Als erstes möchte ich die Bewusstseinsbildung nennen. Das betrifft die Kommunen, die Stadtverwaltung, die Unternehmer, die Bürger – uns alle. In welcher Art von Stadt wollen wir leben? Diese Frage ist eng verknüpft mit der Suche nach Leitbildern. Wenn wir nicht wissen, wo wir hinwollen, können wir auch nicht den richtigen Weg einschlagen. Zweitens müssen wir das Engagement aller relevanten Gruppierungen aktivieren. Niemand darf nur zuschauen. Alle müssen mitarbeiten, müssen ihre Kenntnisse, Erfahrungen und Eindrücke einbringen. Die dritte Voraussetzung betrifft die Verbesserung der Informationsbasis. Wie uns heute an zahlreichen Beispielen vor Augen geführt wurde, bedarf es zunächst der Analyse, um Schwachstellen zu identifizieren. Den vierten Gesichtspunkt haben wir heute mehrfach betont, die Integration aller Planungsaktivitäten. Nur wenn dieser ganzheitliche Ansatz gelingt, wird eine Stadt sich so entwickeln, wie sie sein muss: lebens- und liebenswert.

Elke Frauns

Herr Professor Greipl, die ESSHAH-Regel wurde uns heute Nachmittag in zahlreichen Vorträgen plastisch nahe gebracht. Welche Konsequenzen müssen wir ziehen, damit unsere Städte bürgernah, kundennah und attraktiv bleiben bzw. werden?

Prof. Dr. Dr. h.c. mult. Erich Greipl

Meinen Damen und Herren, ich habe es bereits kurz angesprochen: Wir brauchen Leitbilder. Wenn wir glauben, darauf verzichten zu können, werden wir nicht wissen, was es bedeutet, eine Stadt zu inszenieren. Bei der Entwicklung eines Leitbildes stellen sich folgende Grundfragen:

Erstens: Was geschieht mit der Wirtschaft und inwieweit betrifft das die Standorte? Konkret müssen wir uns fragen: Wo sollen Menschen arbeiten, wohnen und einkaufen – kurz: Wo befinden sich die zentralen Funktionen einer Stadt? In welcher Hierarchie stehen die Zentren und wie sind sie in der Region vernetzt? Diese scheinbar simplen Fragen sind von außerordentlicher Brisanz. Denn unserer Bauplanung wohnt ein systematischer Fehler inne. Laut Bauplanungsgesetz müssen wir noch immer objektbezogen planen. Daher können wir nur versuchen, bei jedem Einzelprojekt zu überlegen, ob und inwiefern es der Nahversorgung schadet. Wenn das der Fall ist, muss es integriert, reduziert oder in letzter Konsequenz ganz aufgegeben werden. Zweitens: Schadet das Projekt der Zentrenqualität unserer Stadt? Ist dies der Fall und wollen wir Qualität sowie Funktionalität des Zentrums stärken, müssen wir uns darüber unterhalten, wie wir ein neues Gebäude einbinden können. Nicht zuletzt müssen Planer bedenken, ob ein Vorhaben der hierarchischen Position des Zentrums schadet. Die Grundaussage von Paragraph 2 Baugesetzbuch muss anders interpretiert werden. Wenn wir, und davon bin ich zutiefst überzeugt, in der interregionalen Vernetzung intensiver zusammenarbeiten wollen, wird uns dies nur gelingen, wenn wir uns auf Gutachter verständigen und einen Zertifizierungsprozess initiieren. Nur so werden wir unsere Ziele erreichen.

Elke Frauns

Ein Stichwort, das heute öfter gefallen ist, lautet: Unverwechselbarkeit. Herr Professor Greipl, was macht aus Ihrer Sicht die Einzigartigkeit einer Stadt aus?

Prof. Dr. Dr. h.c. mult. Erich Greipl

Wir müssen unseren Städten eine Identität geben. Die Unverwechselbarkeit beginnt mit dem Verständnis dafür, was eine Stadt eigentlich sein will. Meine Damen und Herren, ich glaube, keinem zu Nahe zu treten, wenn ich Sie darum bitte, auf einer Seite kurz zu notieren, was die Identität Ihrer Stadt ausmacht. Ich bin mir sicher, dass wir einerseits ziemlich viele leere bzw. nur teilweise gefüllte Blätter zurückbekommen werden und andererseits solche mit einem Übermaß an Informationen. Herr Greiner hat vorhin zu Recht noch einmal auf das von mir im Eröffnungsreferat erwähnte Dominanzprinzip der Positionierung hingewiesen. Es ist zwingend erforderlich, die Qualität des Profilierungsmarketing neu zu erfassen, d.h. sich differenzierend im Wettbewerb der Gemeinden untereinander zu positionieren, das „Soll-Profil" einfach und klar zu definieren sowie dieses dann auch stringent umzusetzen. Für Zentren, Standortgemeinschaften und Städte gilt dies in besonderem Maße. Ehe ich über Identität nachdenken kann, muss ich mir darüber klar werden, was ich eigentlich sein will. Nur wenn ich das weiß, werde ich auch die ESSHAH-Regel erfolgreich umsetzen und die darin angesprochenen Ziele erreichen können: unverwechselbar, identitätsstark, bürgernah und kundenfreundlich sein.

Elke Frauns

Herr Professor Greipl, an Sie einen herzlichen Dank. Nun möchte ich gern die Diskussionsrunde für das Auditorium öffnen. Sie können Ihre Fragen zu Licht, Werbung, Stadtgestaltung, Erreichbarkeit, König Kunde oder Markenzeichen an alle unsere Gäste richten – und natürlich auch an Herrn Professor Greipl.

Prof. Dr. Martin Fassnacht

Eine kurze Frage. Herr Professor Greipl hat eindringlich die Bedeutung von Leitbildern hervorgehoben. Woran liegt es, dass viele Städte Probleme haben, ein prägnantes Leitbild zu formulieren? Zum einen vielleicht, weil ein klares Leitbild scheinbar Handlungsfreiheit nimmt? Kann es zum anderen aber auch daran liegen, dass sich einige zuviel vornehmen?

Elke Frauns

Vielleicht darf ich die Frage zuerst an Herrn Dr. Schneider weiterleiten. Sie haben in Münster diesen Prozess begleitet. Warum ist es für Städte so schwer, Markenzeichen oder Leitbilder zu entwickeln?

PD Dr. Dr. Helmut Schneider

Herr Fassnacht hat völlig Recht; vermutlich spricht er aus Erfahrung. Ich stimme dem vollkommen zu, was Professor Greipl eben sagte. Wir haben in Münster den Prozess der Formulierung eines Leitbildes initiiert. Aber eine Stadt ist eben kein Unternehmen, das man managen kann. Zwei Dinge sind mir noch wichtig. Erstens löst die Frage, was ich denn sein will, oft Erstaunen aus. Denn dann muss man sich auch vor Augen führen, was ich nicht sein will und vielleicht auch nicht sein kann. Maastricht liegt eben nicht an der Nordsee. Herr Hoorn, Sie haben völlig Recht. Man mag sich wundern, warum es dort auf einmal Strände gibt. Zweitens, ein Hinweis aus eigener Erfahrung: Es braucht eine klare politische Führung. Sie benötigen eine Galionsfigur, die mit entsprechender Fachkompetenz überzeugt und mitreißt, um solch einen Prozess steuern zu können.

Elke Frauns

Herr Dr. Schneider, vielen Dank. Herr Dr. Merkel möchte gern ergänzen.

Dr. Claus-Theo Merkel

Wir sprechen in sehr vielen Städten über das Thema Stadt und Identität. Meine Antwort auf Ihre Frage lautet ganz einfach: Vielfach fehlt der Mut, Fehlentwicklungen einzugestehen. Stadtplaner haben Angst vor Überforderung und Angst vor den Wünschen der Bürger. Sie befürchten, benotet und bewertet zu werden. Zudem gibt es eine gewisse Trägheit, weil jeder weiß, dass Aktionen eine Eigendynamik entfalten und Ausstrahlungseffekte haben können. Eine Stadt ist ein amorphes Wesen, bestehend aus Verwaltung und politischen Fraktionen. Es ist deshalb sehr schwierig, Veränderungen anzustoßen. Ich darf mich Herrn Dr. Schneider in der Endaussage anschließen. Man braucht eine starke Persönlichkeit oder eine Gruppe von Machern. Hier in Dresden bietet die Frauenkirche ein gutes Beispiel für ein solches Projekt. Ins Leben gerufen wurde es von einer Gruppe überzeugter und überzeugender Dresdner Bürger. Solange es nur demokratisches Abwarten gibt, passiert nichts.

Elke Frauns

Herr Dr. Merkel, danke schön. Herr Fassnacht, ich hoffe, Ihre Fragen sind damit beantwortet. Mut war das Stichwort.

Prof. Dr. Dr. h.c. mult. Erich Greipl

Lassen sie mich noch einen Satz dazu sagen, Herr Fassnacht. Ich glaube, entscheidend ist, dass wir Stadtfunktionen derzeit als Verwaltungs- und nicht als Managementfunktionen verstehen. Wenn Städte nun allmählich ihre Gestaltungsaufgabe begreifen und nicht versuchen, sich durch Plebiszite Alibis zu verschaffen, wenn sie Experten zu Rate ziehen, Workshops veranstalten und Arbeitsgruppen ins Leben rufen, dann werden sich die Dinge auch ändern. Doch dazu gehört auch der Mut, Unwesentliches wegzulassen, um in Koordination mit anderen Städten Fortschritte zu erzielen. Dann, meine Damen und Herren, wird es uns sicherlich auch gelingen, prägnante Leitbilder zu formulieren. Management – nicht Verwaltung – heißt die Maxime.

Elke Frauns

Klare Worte. Gibt es noch weitere Hinweise, Anregungen oder Fragen?

Wolfgang Schutt (Geschäftsführer der Intec Strategic Advice in Berlin)

Wie kann der Handel zur Revitalisierung der Städte beitragen? Wir haben heute gehört – und das ist ein Trend, den jeder Bürger spürt – dass wir einen Rückgang des klassischen Fachhandels und eine Zunahme von Filialkonzepten verzeichnen. Hinzu kommt, dass wir vielfach ein relativ gleichförmiges, regional wenig differenziertes Warenangebot haben, weil viele Produkte, die es früher nur in einer Region gab, mittlerweile überall erhältlich sind. Was kann der Handel angesichts dieser Entwicklung leisten, um vitale Innenstädte zu schaffen? Die angesprochenen Tendenzen erschweren ja zunächst einmal die Herausbildung eines differenzierten Erscheinungsbildes. Meine Frage zielt noch einmal auf den Beitrag, den der Handel leisten kann, wenn es gilt, differenzierte Stadtmarken zu schaffen.

Elke Frauns

Herr Schutt, diese Frage würde ich gern an zwei Personen weiterleiten. Einmal an die Stadt Maastricht, weil sich Herr Hoorn als Stadtplaner natürlich auch mit dem Thema beschäftigt. Wie kann der Handel paradoxerweise zur Identitätsbildung beitragen, wenn er doch eigentlich austauschbar ist? Und natürlich auch an Professor Greipl; denn er ist ja ein Händler, wenn ich das so sagen darf, der in den Innenstädten präsent ist.

Dr. Hans Hoorn

Es ist sehr wichtig, der Verwaltung zu vertrauen. Ich besuche oft deutsche Städte. Dabei fällt mir auf, dass es in vielen Städten genau daran mangelt. Die Frage nach der Identität wird überhaupt nicht gestellt. Vor kurzem war ich in Mönchengladbach. Die Stadt ist zweimal so groß wie Maastricht und beschäftigt etwa 75 Mitarbeiter im Stadtentwicklungsamt. Bei uns sind es ungefähr 225. Das zeigt, welchen Stellenwert wir der Stadtentwicklung beimessen. Politiker haben oft kein Verständnis für Architektur oder Städtebau. Wer aber selbst kein Verständnis dafür hat, braucht Berater. Diese Berater müssen nicht eigens engagiert und bezahlt werden. Es gibt sie bereits in jeder Stadt im Stadtentwicklungsamt. Sie sehen, es ist ein Kreislauf: Kein Bedürfnis, keine Mitarbeiter, keine Identität – schlussendlich verliert die Stadt an Bedeutung.

Nun zu Ihrer Frage. Wenn man bestrebt ist, die Innenstadt grundsätzlich qualitativ hochwertig zu entwickeln, schafft man ein Paradoxon. Die Stadt wird interessant und attraktiv, aber auch teuer. In Maastricht bezahlt man jetzt ungefähr 1.200 Euro pro Quadratmeter Miete pro Jahr. Damit liegen wir an zweiter Stelle hinter Amsterdam. Die Folge: Große Handelsketten kaufen Ladenfläche, und am Ende gleicht eine Stadt der anderen. Um das zu verhindern, muss man kreativ sein. Konkret bedeutet dies, dass wir mit den Eigentümern über diese wahrhaft existenzielle Gefahr sprechen. So überzeugten wir einen Inhaber, seine Ladenfläche nicht wieder an einen Jeansshop zu vermieten, weil wir davon bereits genug haben. Besser sei es, andere Branchen, die noch unterrepräsentiert sind, zu fördern (bspw. einen Juwelier oder eine Bücherei). An diese vermieten wir dann zu günstigeren Konditionen. Mehrere Eigentümer unterstützen uns bereits bei unseren Bemühungen. In manchen Fällen koppeln wir die Höhe der Miete an den Umsatz oder kaufen strategisch wichtige Immobilien selbst und vermieten sie gezielt.

Elke Frauns

Herr Dr. Hoorn, herzlichen Dank. Vielleicht darf ich Sie an dieser Stelle ein bisschen beruhigen. Verwaltungen und Hauseigentümer sind auch in Deutschland nicht ganz so schlimm. Auch bei uns gibt es schon „Business Improvement Districts". In Nordrhein-Westfalen heißen sie „Immobilien- und Standortgemeinschaften". Ich möchte das Wort aber noch einmal an Professor Greipl weitergeben.

Prof. Dr. Dr. h.c. mult. Erich Greipl

Selbstverständlich registrieren wir, dass die Kunden immer mobiler und volatiler werden. Und es ist gut, dass sie flexibel sind und dort Leistung nachfragen, wo sie am besten ist. Allerdings kann kaum ein Kunde in einem kurzen Zeitraum in Flensburg, Bad Reichenhall, Stuttgart und München einkaufen. Unternehmensmarken sind, wie Markenartikel, auch Leistungselemente und Leistungsversprechen. Wir müssen diese Corporate Brands in die Städte integrieren. Wenn Sie sich das Stadtbild einer so unverwechselbaren Stadt wie Wien ansehen, dann werden Sie auch dort die bekannten Designermarken und Geschäfte finden. Denn Präsenz in einer solchen Stadt ist für diese Anbieter unerlässlich, wenn sie ihre Leistungsfähigkeit demonstrieren wollen. Wir sollten uns aber nicht hinter dem Argument, dass die Filialisierung die Gesichter aller Städte gleich macht und die Fassaden sich alle ähneln, verstecken. Wie uns heute am Beispiel der Illumination gezeigt wurde, ist es allein mit Licht möglich, Fassaden, Konturen, Erscheinungsbilder zu verändern. Auf einmal sehen wir Frankfurt in einer noch liebenswerteren Erscheinung als bisher, in einer Form, die Identität schafft. Wir haben gesehen, was alles möglich ist. Südbaden, Malmö, Maastricht und Frankfurt zeigen uns, was nötig ist: Zunächst und vor allem die Inszenierung des öffentlichen Raumes. Sie versetzt uns in die Lage, identitätsstiftende Stadtbilder und Stadtgesichter zu gestalten. Und ich unterstreiche nochmals: Wenn wir die ESSHAH-Regel auch nur in Ansätzen befolgen, werden wir das Stadtbild im Allgemeinen und Zugänglichkeit sowie Attraktivität unserer Zentren im Besonderen deutlich verbessern. Hier eröffnen sich uns ungeahnte Möglichkeiten, welche die unstrittigen Nachteile der Filialisierung und Uniformierung mehr als aufwiegen.

PD Dr. Dr. Helmut Schneider

Ein bisschen provokativ könnte man sagen: Es ist nicht die Aufgabe von Handelsunternehmen oder des Handels überhaupt, einer Stadt ein Gesicht zu verleihen. Das müssen schon andere besorgen. Vielmehr gibt es einen Wettbewerb zwischen den Handelsmarken und der Marke einer Stadt. Sie haben nach dem Beitrag des Handels zur Revitalisierung gefragt, und ich habe mir 'traffic' notiert. Gemeint sind Menschen, die in die Städte strömen, um dort einzukaufen. Geht man von den Zahlen aus, die wir heute Morgen gehört haben, ist das aber längst keine Selbstverständlichkeit mehr.

Elke Frauns

Herzlichen Dank. Gibt es noch weitere Fragen oder Anmerkungen aus der Runde?

Dr. Rainer P. Lademann (Geschäftsführer Dr. Lademann & Partner in Hamburg)

Viele der heute angesprochenen Themen werfen eine Reihe von neuen Fragen auf. Ein Teil der Dezentralisierungskräfte erwächst auch daraus, dass wir etwa seit 1970 im Rahmen der Einkommenssteuerzuweisung an die Gemeinden das Wohnamtsprinzip haben und damit erhebliche Dezentralisierungskräfte im Rahmen der Siedlungsstrukturentwicklung. Das möchte ich aber gar nicht weiter vertiefen. Meine Frage richtet sich an Herrn Professor Greipl und an Herrn Schneider. Ich stelle fest, dass in vielen Stadtmarketing-Initiativen die Energie der Händler und anderer Beteiligter, auch teilweise der Grundstückseigentümer, nach einiger Zeit erodiert. Das liegt wohl daran, dass es schwer ist, sich neben dem Tagesgeschäft auch noch für solche Vorhaben einzusetzen. Auf der anderen Seite fehlt es an der Ertragskraft. Stadtmarketingprojekte sind oft unterfinanziert. Ich habe das Gefühl, dass Ihre Vision der Konzentrationsentwicklung, Professor Greipl, noch nicht weit genug geht. Wir müssen Mittel und Wege finden, um der Zersplitterung im Bereich des Handels Herr zu werden. Meine Frage lautet nun: Welche Vorraussetzungen müssen strukturell gegeben sein, damit Stadtmarketing mehr als eine Alibiveranstaltung ist?

Spiegelbildlich gestaltet sich die Problematik im politischen Raum. Hier leiden wir unter der Zersplitterung von Planungskompetenzen. Denken Sie nur an die kommunale Planungshoheit, die auf Gemeindeebene teilweise kleinste Einheiten autonom agieren lässt und kaum Anlass dazu gibt, sich mit den Nachbargemeinden abzustimmen. Wir alle kennen abschreckende Beispiele aus vielen Gemeinden, Städten und Regionen. Wie können wir diese Kirchturmpolitik überwinden und regional koordiniert agieren? Wie lässt sich die Zersplitterung auf diesen zwei Ebenen überwinden?

Elke Frauns

Herr Dr. Lademann, herzlichen Dank.

Prof. Dr. Dr. h.c. mult. Erich Greipl

Als Antwort auf den ersten Teil Ihrer Frage möchte ich Ihnen ein Beispiel aus München vorstellen. Dort haben wir gerade *City Partner e.V.* gegründet, eine Kooperation aller Innenstadtakteure, von Händlern bis zu Dienstleistern, von Hauseigentümern bis zu Kommunen. Unser Büro ist nicht zufällig im Münchner Rathaus untergebracht. Getreu der Private-Public-Partnership-Philosophie wollen wir alle Unternehmen, ob Kaufhof oder kleine Fachgeschäfte, für eine Mitarbeit gewinnen. Alle sollen mitarbeiten, sich aktiv an den Prozessen, den Workshops und den einzelnen Marksteinen der ESSHAH-Regel beteiligen. Wie dringend notwendig und zugleich wie schwierig dies ist, möchte ich an einem scheinbar simplen Beispiel verdeutlichen. Alle mögen in der Weihnachtszeit eine schöne Beleuchtung, aber niemand fühlt sich dafür zuständig. PPP ist ein Instrument, um solche Aktivitäten zu ermöglichen – in München, wie auch in allen anderen Städten. Nur wenn alle Beteiligten kooperieren, lässt sich etwas bewegen. PPP ist Auftrag und Chance zugleich.

Zum zweiten Punkt: Der Zersplitterung in der Planung werden wir nur dann ein Ende bereiten können, wenn wir das Bauplanungsgesetz reformieren. Das, was heute noch projektbezogen abläuft, muss im Raum, in der Region geplant werden. Es finden sich genügend Beispiele dafür, dass Großstädte Stadtteile der Nachbarstadt zurechnen, um dort ein Shoppingcenter oder einen großen Fachmarkt bauen zu können. Im Sinne der Theorie der zentralen Orte ist das abstrus. Da uns derzeit aber nichts Besseres zur Verfügung steht, müssen wir weiter nach dem Konzept der Zentrenplanung vorgehen. Sobald wir eine Alternative finden, sind wir alle gerne bereit, diese aufzugreifen und zu sagen: Dann lasst uns diesen Weg gehen. Da es diese Alternative derzeit jedoch nicht gibt, müssen wir wohl oder übel versuchen, die Zersplitterung in der Einzelprojektbewertung zu überwinden und regional koordiniert bewerten und planen.

Elke Frauns

Es gibt noch zwei weitere Reaktionen auf Herrn Dr. Lademanns Wortmeldung.

Mario Bloem

Ich wollte gleichfalls ganz kurz das Stichwort PPP ansprechen. Im Verlauf meines Vortrags habe ich vermerkt, dass beim Frankfurter Projekt Sponsoren stark eingebunden wurden. Es war uns von Beginn an klar, dass die Beteiligung des Privaten Sektors für das Gelingen des Projektes unerlässlich ist. Letztlich haben private Investoren fast 50% der Gesamtsumme aufgebracht.

PD Dr. Dr. Helmut Schneider

Eine kurze Anmerkung zu Ihrer Befürchtung, Herr Dr. Lademann, viele Händler könnten sich nach anfänglichem Bemühen wieder zurückziehen. Dies lässt sich tatsächlich häufig beobachten. Die Frage nach dem Warum ist nicht einfach zu beantworten. Ein möglicher Grund erwächst aus dem eigentümlichen Spannungsfeld zwischen der notwendigen Langfristigkeit einerseits und kurzfristigen Aktionen, die für solche Projekte charakteristisch sind, andererseits. Professor Greipl hat von Leitbildern gesprochen. Sie helfen in der Tat, wichtige Weichen richtig zu stellen. Zugleich ist es jedoch unerlässlich, kurzfristig Erfolge zu erzielen. Nur so kann man die Beteiligten motivieren und ihnen immer wieder verdeutlichen, dass sie auf dem richtigen Weg sind.

Dr. Hartmut Fest (ehemals Bundeswirtschaftsministerium)

Mir ist aufgefallen, dass sehr wenig von der Qualifikation des Personals im Handel die Rede ist. Ich komme aus Berlin. Wenn ich wirklich sachkundige Informationen benötige, dann gehe ich nach Kreuzberg zu einem kleinen „Krauter". Das Personal dort kennt sich seit 30 Jahren mit der Entwicklung und Technik aus. Dort bekomme ich Antworten auf meine Fragen und keine Ausflüchte oder Phrasen. Ich erinnere an eine Diskussion, die im Handel mit dem Ziel geführt wurde, die Ausbildung zur Fachverkäuferin auf zwei Jahre zu verkürzen. Ich bin aber nicht bereit, in die Innenstadt zu fahren, wenn ich dort keine qualifizierte Beratung bekomme. In meiner früheren Heimatstadt Bonn war es bekanntermaßen ratsam, Hertie aufzusuchen, wenn man Stoff kaufen wollte. Die Fachverkäuferinnen dort waren ältere Damen, die sich auskannten. Wo finden Sie heute ein Äquivalent? Welche Initiativen gibt es, um hier eine Trendwende einzuleiten? Mir wurde das hier zu wenig beleuchtet.

Prof. Dr. Dr. h.c. mult. Erich Greipl

Herr Dr. Fest, ich möchte auf Ihre Frage gerne antworten. Zunächst müssen wir bedenken, dass jede Vertriebsform ihr eigenes Konzept hat. Servicesparende Vertriebsformen etwa setzen andere Schwerpunkte als bspw. ein Fachhändler. Metro ist eine Großhandelsvertriebsform. Wer diese erfolgreich betreiben will, muss Personal teilweise durch Verkaufsfläche, durch geeignete Präsentationsformen, durch Visual Merchandising und anderes ersetzen. Aber das widerspricht nicht der Forderung nach Qualifizierung und Qualität, der sich alle Vertriebsformen stellen müssen. In unserer ESSHAH-Regel steht dafür Attraktivität – und das betrifft nicht nur die Sortimente sowie die Vertriebsformen, sondern auch die von Ihnen zu Recht geforderte Qualität des Personals. Herr Kalweit hat gerade in seinem Referat dargestellt, wie wir Freundlichkeit und Kompetenz gewährleisten können. Im Übrigen sind wir dabei, den Einzelhandelskaufmann in dreijähriger Ausbildung und den Verkäufer in zweijähriger Ausbildung anforderungsgerecht auszubilden.

Elke Frauns

Herzlichen Dank. Meine Damen und Herren, ich eröffne die Schlussrunde. Damit wir alle noch einige Empfehlungen mit nach Hause nehmen können, möchte ich unsere Referenten, jeweils um eine Aussage zur „Zukunft der Innenstadt" bitten. Beginnen wir mit Mario Bloem.

Mario Bloem

Ich wünsche Ihnen Mut, Neues zu wagen und neue Wege zu gehen. So wird eine Stadt ihr eigenes Profil entwickeln können.

Dr. Claus-Theo Merkel

Ich glaube, dass die Konzepte, um die es hier geht, Markenbildung und Markenstabilisierung, kommunikativ vorbereitet und begleitet werden müssen. Deswegen stoßen wir überall Prozesse an, in der Hoffnung, dass wir dann auch die Metathemen, über die wir heute gesprochen haben, beleuchten und einbeziehen können. Unerlässlich erscheint mir, dass die Stadtverwaltung zusammen mit ihren Bürgern eine klassische SWOT-Analyse durchführt.

Elke Frauns

Herr Dr. Merkel, herzlichen Dank. Herr Dr. Hoorn, wir hören so gern auf die Niederländer. Welche Empfehlung geben Sie uns?

Dr. Hans Hoorn

Ich hoffe, dass die deutsche Politik transparenter wird. Investoren sollten nicht zuerst mit Politikern, sondern mit der Verwaltung reden. Nur so kann eine Zweiteilung der deutschen Städte verhindert werden.

Elke Frauns

Herr Dr. Hoorn, herzlichen Dank. Herr Kalweit, einen Tipp auch für die Händler hier unter uns?

Udo Kalweit

Gemeinschaftlichkeit. Es ist schon mehrfach angesprochen worden, aber für mich ist ein Mentalitätswechsel das Wesentliche. Wie auch in anderen Bereichen, so klagen wir hier auf hohem Niveau. Schuld sind immer die anderen. Doch wir alle müssen zusammen stehen und konsequent an einem Konzept arbeiten. Mit einer Beteiligung von nur 30% aller relevanten Städte wird man sicher nichts erreichen können.

Elke Frauns

Herr Dr. Schneider, vorhin waren sie der Erste, jetzt sind Sie der Letzte in dieser Runde. Es ist ein bisschen schwierig, auch dann noch etwas Neues zu sagen.

PD Dr. Dr. Helmut Schneider

Stadt braucht Handel, aber braucht der Handel wirklich die Stadt? Wir brauchen Mut und Realitätssinn und müssen den Tatsachen ins Auge sehen. Das ist meine Botschaft.

Elke Frauns

Herzlichen Dank. Herr Professor Greipl, von Ihnen möchte ich jetzt keine Empfehlung mehr hören. Sie sind bekanntermaßen ein unermüdlicher Kämpfer für unsere Innenstädte. Sie glauben an die Zukunft der europäischen Stadt und nehmen diese Aufgabe sowie die damit verbundenen Herausforderungen mit Begeisterung an. Lassen Sie uns an Ihrer Stadtvision teilhaben.

Prof. Dr. Dr. h.c. mult. Erich Greipl

Frau Frauns, ich kann das auf folgenden Nenner bringen. Wie ich es heute bereits in meinem Referat ausgedrückt habe, wünsche ich uns viel Fantasie, Fantasie, die erforderlich ist, um Visionen zu entwickeln, um das, was die Kollegen heute in so beeindruckender Weise hier präsentiert haben, über die historische Stadt, über die kulturträchtige Stadt, integriert und kooperativ umzusetzen. Eine Stadt, die sich in Verwaltung erschöpft, ist eine tote Stadt. Eine Stadt, die keinen lebendigen, urbanen Handel hat und keine Durchmischung der Funktionen, wird nicht zukunftsfähig sein. Deshalb lautet meine Aufforderung an Sie alle, sich mit Engagement einzubringen, um eine lebendige Stadt zu schaffen. Wie Herr Dr. Fest es angesprochen hat, umfasst diese sowohl den Innenstadtbereich mit Qualität, mit Hygiene, mit Licht und Freundlichkeit, aber auch die modernen Angebotsformen an peripheren Standorten. Das ist mein Wunsch und das ist meine Vorstellung. Möge die Politik mutig genug sein und das heiße Eisen, das Herr Lademann angesprochen hat, anfassen: Nämlich mitzuhelfen, im Raum, in der Region zu planen und nicht wie bisher an Verwaltungsgrenzen Halt zu machen. Dann wird unsere Stadt eine lebensfähige Stadt sein und meine Vision Realität werden: Die Stadt als liebenswerte, als urbane, als europäische Stadt.

Meine Damen und Herren, da ich das Schlusswort habe, will ich es auch gerne nutzen, um mich zunächst bei den Referenten ganz herzlich für ihren Einsatz zu bedanken. Meine Herren, Sie haben mit Ihren Referaten dazu beigetragen, dass wir die Stadt nicht als theoretisches Konstrukt gesehen haben und uns nicht nur in Anforderungen ergangen sind. Vielmehr haben

Sie an konkreten Beispielen gezeigt, wie wir vorgehen können, um mit dem vielfach beschworenen Mut unsere Städte voranzubringen.

Nicht minder danken will ich Ihnen, meine Damen und Herren, die Sie so lange ausgehalten haben, so diszipliniert auch nach den Pausen wieder zurückgekommen sind, um das mitzuerleben. Mit Ihrer Präsenz haben Sie ganz wesentlich zum Erfolg dieser Veranstaltung beigetragen. Ich wünsche mir, dass Sie diesen Tag so wie ich in Erinnerung behalten werden. Als einen Tag, der uns inspiriert hat, der uns neue Ideen gegeben und mit Mut zur Fantasie beseelt hat.

Dank gebührt unseren Helfern und Helferinnen. Ich darf sie alle nach vorne bitten, um sich hier auf dem Podium noch einmal zu zeigen. Ohne die Dienste dieser jungen Damen und Herren wäre das alles nicht möglich gewesen. Wenn Sie, liebe Gäste, mit dem Service und mit der Organisation zufrieden waren, so waren es vor allem diese Studenten, die hier ihre Alma Mater in Kooperation mit der Wirtschaft bestens repräsentiert haben. Ich bedanke mich.

Ich bedanke mich natürlich auch bei meinen Mitarbeitern und Mitarbeiterinnen, die mitgeholfen haben, diese Veranstaltung auf so erfrischende Weise umzusetzen. Ich bedanke mich bei Herrn Imorde, der alles unternommen hat, um dieses fantastische Ambiente und die Vielfalt der Referenten zu ermöglichen. Ich bedanke mich bei Professor Müller und seinem Team ganz herzlich für all die Arbeit. Und ich kann ihnen sagen, meine Damen und Herren, es ist nicht die Arbeit von einigen Tagen und Wochen. Es bedurfte einer langen Vorbereitungszeit, um dieses Symposium zu planen. Insofern all den Beteiligten ganz herzlichen Dank.

Zuletzt, meine Damen und Herren, und das ist nicht der letzte Dank, sondern der wichtigste: Wir durften heute eine unwahrscheinlich charmante und dennoch konsequente Führung und Moderation durch diese Veranstaltung erleben. Frau Frauns, ich bedanke mich bei Ihnen ganz herzlich dafür.

Ihnen allen wünsche ich ein gutes Nachhausekommen. Ich freue mich, wenn wir uns in etwa zwei Jahren zu einem neuen Thema hier wieder sehen. Herzlichen Dank. Alles Gute und eine gute Heimreise.

Teil III

Otto Beisheim Förderpreis 2005

Laudationes

Prof. Dr. Stefan Müller

(Inhaber des Lehrstuhls für Marketing, Technische Universität Dresden und Mitglied im Kuratorium des Prof. Otto Beisheim Förderpreises)

Sehr geehrte Damen und Herren,

den Otto Beisheim Förderpreis erhalten dieses Jahr in drei Kategorien insgesamt fünf Wissenschaftler bzw. Absolventen unserer Fakultät.

Ich darf mit Frau Dr. Besemer beginnen, die an der Universität des Saarlandes von den Kollegen Weinberg und Zentes promoviert wurde. Das Kuratorium war von Ihrer Arbeit

Shopping-Center der Zukunft

beeindruckt und stufte sie als die beste der eingereichten **Dissertationen** ein. In einer mehrjährigen, äußerst aufwändigen Studie in verschiedenen Ländern hat die Preisträgerin empirisch erarbeitet, wie Shopping-Center künftig geplant und gestaltet werden sollten, damit sowohl unternehmensstrategische Kriterien erfüllt als auch die Wünsche, Bedürfnisse und Verhaltensgewohnheiten der Kunden berücksichtigt sind. Ich beglückwünsche Sie, sehr geehrte Frau Besemer, zu Ihrer lesenswerten Arbeit und darf Ihnen zu dieser Auszeichnung im Namen des Kuratoriums gratulieren.

In der Kategorie „**Wissenschaftliches Lehrbuch**" hat uns

Internet-Marketing und Electronic Commerce

am meisten überzeugt. Verfasst hat es Professor Wolfgang Fritz, der an der Technischen Universität Braunschweig und an der Universität Wien lehrt. Was waren die Gründe, weshalb wir uns für dieses Werk entschieden haben? Nicht zuletzt sein Markterfolg: Denn als eines von wenigen hat dieses Lehrbuch den harten Verdrängungswettbewerb überlebt, der in den vergangenen Jahren parallel zur Krise der Internet-Ökonomie unter den anfangs zahlreichen Internet-Marketing-Lehrbüchern geherrscht hat. Dies ist umso erstaunlicher, als Wolfgang Fritz gegen zahlreiche vermeintliche „Erfolgsrezepte" verstößt, nach denen nicht wenige Lehrbücher zusammengeschustert werden.

- Er begnügt sich bspw. nicht mit den üblichen matrix-gestützten Strategieüberlegungen, sondern behandelt in dem erforderlichen Maße auch die funktionalen und institutionellen Aspekte der Thematik.

- Das Lehrbuch beschränkt sich nicht darauf, intuitiv möglicherweise plausible, aber wissenschaftlich nicht verifizierbare so genannte Erfolgsfaktoren des Internet-Marketing aufzulisten. Vielmehr legt der Autor allergrößten Wert darauf, jeweils auf der Basis aktueller empirischer Forschungsergebnisse zu argumentieren. Dies wiederum versetzt ihn in die Lage, mit einigen weit verbreiteten Irrtümern über das Verhalten von Internet-Nutzern aufzuräumen.

- Schließlich gibt er sich nicht damit zufrieden, nur den in deutschsprachigen Fachzeitschriften dokumentierten Wissensstand aufzuarbeiten und dem Leser zugänglich zu machen, sondern bezieht gleichrangig die häufig gehaltvollere englischsprachige Forschung ein.

Trotz dieser und weiterer Verstöße gegen das Fast-Food-Lehrbuchprinzip ist es Ihnen, sehr geehrter Herr Kollege Fritz, gelungen, ein praxisnahes und auch von Studenten gut zu verdauendes Lehrbuch zu verfassen. Dazu gratuliere ich Ihnen sehr herzlich.

Von den im vergangenen Jahr an der Fakultät verfassten zahlreichen **Diplomarbeiten** wollen wir heute insgesamt drei auszeichnen. Zunächst Herrn Ralf Berger, der sich am „Lehrstuhl für Finanzwirtschaft und Finanzdienstleistungen" mit der Zukunft der Landesbanken befasst hat. Der Titel seiner Arbeit lautet:

Deutsche Landesbanken: Status Quo und Strategien
vor dem Hintergrund des Wegfalls der Staatsgarantien

Auf den Verlust ihres öffentlichen Auftrages haben die Institute auf unterschiedliche Weise reagiert: Einige positionieren sich stärker als bislang als Regionalbank und andere vermehrt als internationale Spezialbank, die Nischenmärkte bearbeitet. Leider können wir Herrn Berger dazu nicht persönlich beglückwünschen, da er aus beruflichen Gründen unabkömmlich ist und heute zu einer Schulung in Frankreich weilt. Stellvertretend wird der Betreuer seiner ausgezeichneten Diplomarbeit, Herr Dr. Berge, den Preis entgegennehmen.

Herrn Martin Hartebrodt ist mit seiner am Lehrstuhl für Betriebliches Rechnungswesen/ Controlling verfassten Arbeit ein aus wissenschaftlicher Sicht äußerst kühnes Vorhaben gelungen.

Es lautet:

*Das Rendite-Risiko-Paradoxon
bei Berücksichtigung des Entscheidungsverhaltens unter Risiko*

Indem Herr Hartebrodt das individuelle Entscheidungsverhalten unter Risiko differenzierter als bislang üblich erfasst, gelingt ihm der Nachweis, dass die Prospect Theorie nur einen begrenzten Teil des realen Entscheidungsverhaltens zu erklären vermag. Er schlägt nicht weniger vor als, diese renommierte Theorie zu reformulieren bzw. durch eine bessere Theorie zu ersetzen. Für diese kühne Tat haben Sie unsere Anerkennung und unseren Applaus verdient. Herzlichen Glückwunsch!

Schließlich befand das Kuratorium die von Frau Katja Wittig verfasste Diplomarbeit für preiswürdig. Ihr Thema lautet:

Der Einfluss des Selbst auf das Beschwerde-Paradoxon

Wie lässt sich erklären, dass Kunden, die sich von einem Unternehmen schlecht behandelt fühlen und sich daraufhin beschweren, nach erfolgreichem Beschwerdemanagement häufig in ganz besonderem Maße mit diesem Unternehmen zufrieden sind? Häufig sogar zufriedener als solche Kunden, die sich jederzeit korrekt behandelt fühlten und somit keinen Anlass zur Beschwerde hatten? Die Wissenschaft geht davon aus, dass es den Beschwerdeführern dabei zumeist weniger um die konkrete Reklamation als um ihr Selbstbild im Allgemeinen und die Erhöhung ihres Selbstwertes im Besonderen geht. Um dies empirisch überprüfen zu können, entwickelte Frau Wittig erstmals kausalanalytisch ein Messmodell, das den zwischen den Konstrukten „Selbstwert", „Selbstkenntnis", „Selbstkonzeptkongruenz" und „Selbstaufmerksamkeit" bestehenden Zusammenhang valide erfasst.

Auch Ihnen ist damit ein wesentlicher Erkenntnisbeitrag gelungen, wofür Sie heute ausgezeichnet werden.

Zukunft der Shopping-Center

Planung und Gestaltung von Shopping-Centern

Dr. Simone Kathrin Besemer

1. Ausgangssituation und Problemstellung 125
2. Zielsetzungen der Forschungsarbeit 127
3. Grundlagen der Studien: Untersuchungsdesign und Forschungsmethodik 129
4. Darstellung und Bewertung zentraler Ergebnisse der Arbeit 132

    4.1. Zentrale Erkenntnisse zur Planung, Gestaltung und Projektentwicklung von Shopping-Centern 132

    4.2. Zentrale Erkenntnisse zu Entscheidungs-, Interaktions- und Konfliktsituationen im Rahmen der Shopping-Center-Projektentwicklung 139

5. Zusammenfassende Bewertung und Ausblick 142

    5.1. Ansatzpunkte für die Shopping-Center-Forschung 142

    5.2. Anregungen für die Shopping-Center-Praxis 145

Literatur 148

1. Ausgangssituation und Problemstellung

Die Betriebsform des Shopping-Centers ist seit geraumer Zeit einem gravierenden Veränderungsprozess unterworfen. Dabei beschränkt sich diese Entwicklung nicht nur, wie in der Vergangenheit üblich, auf den traditionell von Shopping-Centern dominierten nordamerikanischen Einzelhandelsmarkt (vgl. Hahn 2002, S. 30ff.), sondern muss vielmehr als ein paneuropäisches oder gar globales Phänomen erachtet werden. So lässt sich in jüngster Vergangenheit sowohl in der asiatischen als auch in der westeuropäischen Hemisphäre ein wahrer **Shopping-Center-Boom** konstatieren (vgl. Weinberg/Besemer 2002, S. 132f; Bastian 1999, S. 4). Mit gewissen Einschränkungen gilt diese boomartige Entwicklung mittlerweile auch für eine Vielzahl von osteuropäischen Shopping-Center-Märkten, wobei hier vor allem umfangreiche Immobilieninvestitionen und Projektentwicklungsinitiativen in Polen, Ungarn, Tschechien sowie in der Türkei festzustellen sind.

Betrachtet man speziell den aktuellen Stand der Entwicklung des nationalen Shopping-Center-Marktes, so zeichnet sich ab, dass diese Angebotsform in Deutschland mittlerweile bereits über 13% der Gesamtverkaufsfläche des Handels ausmacht und damit im europäischen Vergleich hinter den beiden Spitzenreitern Frankreich und Großbritannien auf Platz drei in Europa rangiert. Neben diesem rein quantitativen Bedeutungszuwachs zeichnen sich darüber hinaus, nicht zuletzt aufgrund von verschärften Wettbewerbsbedingungen sowie eines verstärkten Engagements ausländischer Investoren und Projektentwickler infolge der Deregulierung und Liberalisierung des Einzelhandels- und Immobilienmarktes, seit geraumer Zeit auch gravierende qualitative Veränderungen ab. In diesem Zusammenhang ist einerseits zu erkennen, dass zunehmend **differenzierte, innovative** und stärker **zielgruppenspezifisch** ausgerichtete **Shopping-Center-Konzepte** auf den deutschen Markt drängen, deren Entwicklung aufgrund fehlender Erfahrungswerte und des in der Regel von der (Handels-) Immobilienpraxis vorgenommenen Transfers ausländischer (Erfolgs-) Konzepte auf deutsche Verhältnisse bislang jedoch als **wenig erfolgreich** zu erachten ist. Nicht zuletzt deshalb, weil aufgrund einer Reihe von Fehlplanungen und übersteigerten Renditeerwartungen neuartiger Planungskonzeptionen wiederholt unter Beweis gestellt wurde, dass eine unreflektierte, unkritische Adaption vorwiegend nordamerikanischer Nutzungskonzepte aufgrund der unterschiedlichen Markt- und Wettbewerbsbedingungen sowie der Vielzahl und Heterogenität kulturspezifischer Einflussfaktoren, wie insb. das Konsum- und Freizeitverhalten, höchst fraglich erscheint. Eine derartige Vorgehensweise wird auch in der Literatur in Frage gestellt oder problematisiert (vgl. Mösel 2002; Hassenpflug 1999; Hassenpflug 1999; Reiff 1998).

Andererseits muss mit Blick auf eine Vielzahl bestehender Shopping-Center kritisch angemerkt werden, dass diese bereits seit geraumer Zeit realisierten Planungskonzepte in den letzten Jahren zwar einem kontinuierlichen Veränderungs- und Reifeprozess unterworfen waren, die meisten Shopping-Center-Objekte und gängigen Planungskonzepte jedoch weder aus städtebaulicher, noch aus funktionaler oder gestalterischer Hinsicht nachhaltig zu überzeugen vermochten. In diesem Kontext dominieren immer häufiger negativ behaftete Schlagworte wie „stereotype Shopping-Center-Gestaltung", „sterile Verkaufsmaschinen" oder „austauschbarer Branchen- und Mietermix" etc. den öffentlichen Diskurs (vgl. Beyerle 2001, S. 209).

Darüber hinaus lässt sich in der Zusammenarbeit zwischen Investoren, Projektentwicklern und Architekten andererseits ein zunehmender Vertrauensverlust bis hin zu massiven **Beziehungsstörungen** im Rahmen von Projektentwicklungsaktivitäten konstatieren (vgl. Siegele 1999, S. 3). So gestaltet sich die Zusammenarbeit zwischen den verschiedenen Entscheidungsträgern immer häufiger als problembelastet, wobei die Qualität der Beziehung infolge von gegenseitigen Vorwürfen und Unterstellungen als zunehmend negativ bezeichnet werden muss. Während die in der Zusammenarbeit evolvierenden Probleme seitens der Architekten primär auf unzureichende Fachkompetenzen sowie auf das einseitig renditeorientierte Handeln zurückgeführt werden, kritisieren die Bauherren neben einer unzureichenden ökonomischen Orientierung der Architekten vor allem deren fehlende Bereitschaft, sich mit den Aspekten einer zuverlässigen Prozess-, Termin- und Kostenplanung auseinander zu setzen. Verstärkt wird diese kritische Haltung der Investoren und Projektentwickler durch die Reglementierungen, denen sie sich in der Zusammenarbeit mit dem Berufsstand der Architekten ausgesetzt sehen. Dies begründet sich u.a. darauf, dass die Honorierung des Architekten bei anrechenbaren Baukosten bis zu einer Größenordnung von 25 Million Euro durch eine standesrechtlich geregelte Honorarordnung vorgeschrieben ist, die folglich das Leistungsentgelt des Architekten mit zunehmenden Baukosten steigen lässt. Zwar übersteigen eine Reihe von (Groß-)Projekten diese Größenordnung, so dass diese Regelung außer Kraft tritt, für die überwiegende Mehrzahl kleiner dimensionierter Shopping-Center, wie insb. Galerien und Passagen, trifft jedoch der Sachverhalt zu, dass der Architekt infolge der Höhe der Baukosten sein Honorar entscheidend beeinflussen kann und somit gegenüber dem Bauherren in Widerspruch zu seiner Treuhänderfunktion gerät (vgl. Schulz-Eickhorst 2002, S. 2).

Hier werden bereits erste Anzeichen einer starken Zieldivergenz zwischen den beteiligten Entscheidungsträgern im Rahmen des Shopping-Center-Projektentwicklungsprozesses sichtbar. Während Investoren und Projektentwickler Probleme in Verbindung mit den Architekten primär in deren mangelndem Kostenbewusstsein sehen, führen die Architekten den Ursprung der Konflikte gerade auf die einseitige Renditeorientierung der Bauherren zurück. Dergestalt lassen sich Planungs- und Gestaltungsprozesse von Shopping-Centern generell durch das Vorhandensein erheblicher **Interessens- und Zieldivergenzen** charakterisieren. Die diesbezüglich bestehenden Probleme der Zusammenarbeit senken zugleich die Bereitschaft der Investoren zur Umsetzung innovativ gestalteter architektonischer Planungskonzepte und verringern dadurch die Gestaltungsvielfalt, der von ihnen geschaffenen Immobilienobjekte.

Die vielfache Wiederholung derselben stereotypen Gestaltungsmuster sowie die mangelnde Nutzung des vorhandenen kreativen Potenzials stellen sowohl für die Handelspraxis als auch aus Konsumentensicht eine höchst unbefriedigende Situation dar.

In Anbetracht der rasanten quantitativen Entwicklung, die neben dem Entstehen neuer Typen als negative Begleiterscheinungen auch bereits Tendenzen einer Übersättigung von Shopping-Center-Flächen und einen zunehmenden Verdrängungswettbewerb innerhalb der Branche mit sich bringt (vgl. Germelmann 2003, S. 5), ist jedoch davon auszugehen, dass in Zukunft auch hierzulande ein **gesteigertes Anspruchsniveau** und **höhere Erwartungen** an die **Objektqualität** bestehender Shopping-Center aus Konsumentensicht gestellt werden. Dies impliziert gleichsam, dass sich vormals noch verkraftbare standörtliche, baulich-gestalterische und besatztechnische Unzulänglichkeiten mittelfristig in gravierende Wettbewerbsnachteile ummünzen, wie dies mit Blick auf eine Reihe ausländischer Shopping-Center-Märkte schon geschehen ist. Unlängst vielerorts um sich greifende Vermietungsschwierigkeiten, Leerstände und Nachnutzungsprobleme belegen den Gehalt dieser Aussage (vgl. Weinberg/Besemer 2001, S. 531).

Eine besondere Herausforderung bei der Konzeptionierung, Revitalisierung und Positionierung von Shopping-Centern liegt darin begründet, dass verschiedene Entscheidungsträger mit z.T. erheblich divergierenden Einzelinteressen im Rahmen der einzelnen Lebenszyklusphasen (Planungs-, Gestaltungs- und Managementphasen) involviert sind und es sich grundsätzlich um eine räumliche Akkumulation von differenzierten, partiell sehr heterogenen sowie unterschiedlichen zeitlichen Lebenszyklen unterworfenen Einzelhandels-, Gastronomie-, Freizeit-, Unterhaltungs- und/oder Entertainmentanbietern im Kontext einer Großimmobilie handelt. Deshalb gestaltet sich die strategische Ausrichtung und operative Umsetzung der jeweiligen Planungs-, Gestaltungs-, Positionierungs- und Marketingmaßnahmen wesentlich komplexer und schwieriger, als dies bei herkömmlichen Handelsbetriebsformen der Fall ist.

2. Zielsetzungen der Forschungsarbeit

Gemäß der Problemstellung sowie den in der Literatur identifizierten Forschungsdefiziten bestand eine Zielsetzung der Dissertation darin, einen umfassenden Beitrag zur Entwicklung einer wissenschaftlich-empirisch **fundierten Konzeption** für den Planungs- und Gestaltungsprozess der **Shopping-Center-Projektentwicklung** zu leisten, wobei hier gleichsam Aspekte einer angebots- als auch einer nachfrageorientierten Perspektive berücksichtigt wurden. Zur Bearbeitung des Themas erschien eine interdisziplinäre Vorgehensweise erforderlich, so dass insgesamt sehr unterschiedliche theoretische Ansätze und modelltheoretische Konzepte zur Explikation herangezogen wurden. So wurde zunächst im Rahmen der Erörterung der strategischen Projektplanung eine umfassende Abbildung und Erklärung der Entscheidungsrealität des Projektentwicklungsprozesses durch die Integration der wichtigsten Entscheidungsträger der Planung und Gestaltung von Shopping-Centern vorgenommen. Hierbei konzentrierte sich das Erkenntnisinteresse vor allem auf die Analyse von Interaktions- und Entscheidungsstrukturen sowie potenzielle Konfliktursachen im Hinblick auf eine suboptimale Objektqualität von Shopping-Centern. Ein zentrales Augenmerk galt hierbei der Gesamtheit und Integriertheit der einzelnen relevanten Planungsbereiche, um angesichts der Komplexität sowie der zahlreichen Einflussfaktoren und Interdependenzen der zu untersuchenden Problemstellung den Blickwinkel nicht nur auf einige wenige Teilbereiche zu beschränken, sondern ein möglichst tiefgreifendes Verständnis zu erlangen. Hierzu wurde neben strategischen Ansätzen des Handels- und Immobilienmanagements auch auf neuere Erkenntnisse der Organisations- und Sozialpsychologie, wie insb. der Konflikt- und Interaktionstheorie zurückgegriffen (vgl. Adloff 2002; Fischer/Wiswede 2002; Köhler 2002; Picot et al. 2002; Rössel 2002; Collins 2000; Williamson 2000; Habermas 1999; Luhmann 1999; Oakes et al. 1998; Williamson 1996; Foerster 1995; Helm 1995; Watzlawick 1995; Etzioni 1994; Parsons 1991; Tajfel/Turner 1986; Arrow 1971).

Weiterhin wurde eine auf empirischen Befunden basierende **Wirkungsbeurteilung** relevanter **architektonischer** und **atmosphärischer Gestaltungsparameter** von Einkaufszentren angestrebt, um dergestalt sozialtechnisch fundierte Handlungsempfehlungen für die Shopping-Center-Praxis zu entwickeln. Um dem verhaltenswissenschaftlichen Ansatz, der der Bearbeitung der Problemstellung zugrunde liegt, angemessen Rechnung tragen zu können, wurde eine interdisziplinäre Vorgehensweise gewählt, wobei vorrangig Erkenntnisse der Umwelt-, Gestalt- und Architekturpsychologie (vgl. Germelmann 2003; Gröppel-Klein/Germelmann 2002; Weinberg/Besemer 2002; Dieckmann/Schuemer 1998; Weinberg/Diehl 1998; Führer/Grief 1997; Grosspeter 1997; Bell et al. 1996; Sundstrom et al. 1996; Veitch/Arkkelin 1995; Brittinger 1992; Mehrabian 1987; Donovan/Rossiter 1982; Mehrabian/Rusell 1974) sowie der Aktivierungstheorie (vgl. Kroeber-Riel/Weinberg 2003; Engel et al. 2001; Crowley 1993) zur Erklärung des Besuchs- und Kundenverhaltens in Shopping-Centern herangezogen wurden.

Als eine weitere Zielsetzung wurde eine **vergleichenden Analyse** des **US-amerikanischen**, **britischen** und **deutschen Shopping-Center-Marktes** im Hinblick auf zentrale Entscheidungsparameter des Planungs- und Gestaltungsprozesses erachtet, um nationale Spezifika, übergeordnete Trends sowie Konvergenzen und Divergenzen der jeweiligen Shopping-Center-Märkte und Entscheidungsstrukturen herausarbeiten zu können.

3. Grundlagen der Studien: Untersuchungsdesign und Forschungsmethodik

Die Forschungsarbeit weist sowohl deskriptiven, konzeptionell explorativen als auch explikativen Charakter auf. Aus der vornehmlich explorativen Natur der Arbeit ergab sich die Notwendigkeit, die theoretisch postulierten Zusammenhänge und auf Plausibilitätsüberlegungen basierenden Behauptungen auf ihre empirische Gültigkeit und Wirklichkeitsnähe in einem geeigneten Untersuchungskontext zu überprüfen. Wie Abbildung 1 veranschaulicht, kann die Forschungsmethodik in vier verschiedene Untersuchungsbereiche gegliedert werden, wobei drei Studien in einen (primär) qualitativen Bezugsrahmen eingebettet sind und somit einen stark hypothesengenerierenden bzw. explorativen Charakter aufweisen und sich eine Studie zur Erkenntnisgewinnung quantitativer Methoden der empirischen Sozialforschung bedient, insofern also stärker hypothesentestender Natur ist.

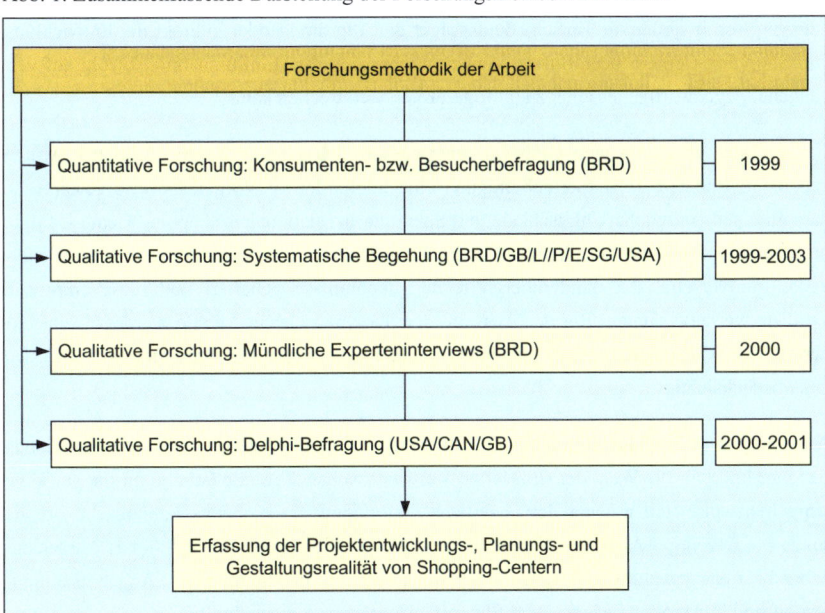

Abb. 1: Zusammenfassende Darstellung der Forschungsmethodik der Arbeit

```
┌─────────────────────────────────────────────────────────────────────┐
│                                                                     │
│                    ┌──────────────────────────────┐                 │
│                    │ Forschungsmethodik der Arbeit│                 │
│                    └──────────────┬───────────────┘                 │
│                                   │                                 │
│  ┌──────────────────────────────────────────────────┐  ┌────────┐   │
│ ►│ Quantitative Forschung: Konsumenten- bzw. Besucherbefragung (BRD)│─│ 1999   │   │
│  └──────────────────────────────────────────────────┘  └────────┘   │
│                                                                     │
│  ┌──────────────────────────────────────────────────┐  ┌──────────┐ │
│ ►│ Qualitative Forschung: Systematische Begehung (BRD/GB/L//P/E/SG/USA)│─│1999-2003│ │
│  └──────────────────────────────────────────────────┘  └──────────┘ │
│                                                                     │
│  ┌──────────────────────────────────────────────────┐  ┌────────┐   │
│ ►│ Qualitative Forschung: Mündliche Experteninterviews (BRD)        │─│ 2000   │   │
│  └──────────────────────────────────────────────────┘  └────────┘   │
│                                                                     │
│  ┌──────────────────────────────────────────────────┐  ┌──────────┐ │
│ ►│ Qualitative Forschung: Delphi-Befragung (USA/CAN/GB)             │─│2000-2001│ │
│  └──────────────────────────────────────────────────┘  └──────────┘ │
│                                   │                                 │
│              ┌────────────────────▼──────────────────────┐          │
│              │ Erfassung der Projektentwicklungs-, Planungs- und │  │
│              │ Gestaltungsrealität von Shopping-Centern  │          │
│              └───────────────────────────────────────────┘          │
└─────────────────────────────────────────────────────────────────────┘
```

Im Rahmen der Arbeit wurde die Methode der **Fotografie** zur Generierung sozialwissenschaftlicher Daten angewendet, indem ausgewählte Fotos von Shopping-Center-Objekten; dem theoretischen Bezugsrahmen der Arbeit folgend; thematisch integriert wurden. Die Fotografien wurden mittels systematischer Objektbegehungen von Shopping-Centern in Deutschland, Großbritannien, Spanien, Portugal, Luxemburg, Singapur sowie den USA aufgenommen sowie einem der spezifischen Forschungsthematik entsprechenden Kategorisierungssystem gesichtet, dokumentiert und ausgewertet. Hierbei wurden rund 100 (inter-)nationale Shopping-Center in **persönlichen Augenschein** genommen und mehr als 1.000 Aufnahmen getätigt. Ferner wurden Fotografien aus verschiedenen **Sekundärquellen**, wie insb. Shopping-Center-Design-Bildbänden, systematisch gesichtet und zur weiteren Exemplifikation herangezogen.

Da die Problemstellung aus einer dualen, d.h. sowohl aus einer anbieter- als auch aus einer nachfrageorientierten Perspektive erörtert werden sollte, wurde ferner eine Vorgehensweise gewählt, die sowohl Center-Besucher als auch Experten der Shopping-Center-Planung und – Gestaltung in das Untersuchungsdesign einbezog. Entsprechend den Zielsetzungen wurden jene Berufsgruppen als **Experten** definiert, die als **Architekten, Projektentwickler, Investoren** und **Betreiber** im Rahmen des Planungs-, Gestaltungs- und Managementprozesses maßgeblich Einfluss auf die Planung und/oder die konkrete Ausgestaltung von Shopping-Centern nehmen. Somit stellen sie Entscheidungsträger dar, die direkt oder indirekt die Entwicklung von Shopping-Centern beeinflussen können, wobei sich ihre Einflussnahme sowohl auf vergangene, gegenwärtige als auch zukünftige Projekte erstrecken kann.

Um den sich abzeichnenden Globalisierungstendenzen Rechnung tragen zu können, wurde zudem im Rahmen der Expertenbefragung eine internationale Vorgehensweise gewählt, so dass einerseits mögliche Unterschiede und Spezifika der nationalen Shopping-Center-Märkte im internationalen Kontext aufgezeigt und andererseits im Sinne einer größeren Generalisierbarkeit universelle, d.h. länderübergreifende Erkenntnisse generiert und diese empirisch validiert werden konnten. Bei der Auswahl der Shopping-Center-Märkte wurden neben Experten aus Deutschland zudem relevante Entscheidungsträger aus Großbritannien und den USA berücksichtigt.

Abbildung 2 veranschaulicht die jeweiligen Untersuchungsmethoden sowie die wesentlichen Beweggründe für die Wahl der skizzierten Vorgehensweise. Zentrale Gründe für die gewählte Vorgehensweise stellen neben den jeweiligen Zielsetzungen, forschungsökonomische Gründe sowie die jeweiligen Vor- und Nachteile der einzelnen Forschungsmethoden dar. Ausschlaggebend für das gewählte Forschungsdesign war in erster Linie die Intention, Angebotskomponenten und Nutzendimensionen von Shopping-Centern aus einer **dualen** (d.h. angebots- und nachfrageorientierten) **Perspektive** zu bewerten, so dass hier sowohl mit einer großzahligen, statistisch auswertbaren Konsumentenbefragung gearbeitet werden musste als auch mit einer individuumszentrierten Forschungsperspektive, welche eine detaillierte Auseinandersetzung mit singulären Stichprobeneinheiten erforderte. Letzteres gilt in analoger Weise für die Erkenntnisgewinnung in Bezug auf die Erfassung der Entscheidungsrealität und Analyse potenzieller Konfliktdeterminanten der Shopping-Center-Projektentwicklung. Somit kann der gewählte Ansatz insgesamt als semi-explorativ bezeichnet werden.

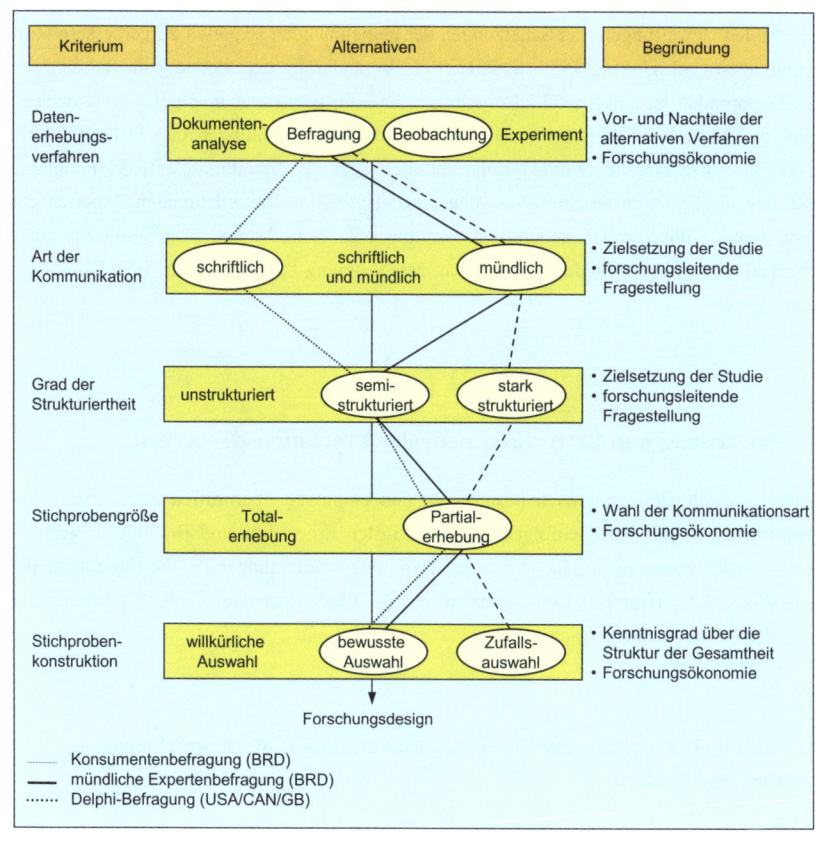

Abb. 2: Darstellung des Untersuchungsdesigns der Arbeit

Kriterium	Alternativen				Begründung
Datenerhebungsverfahren	Dokumentenanalyse	Befragung	Beobachtung	Experiment	• Vor- und Nachteile der alternativen Verfahren • Forschungsökonomie
Art der Kommunikation	schriftlich	schriftlich und mündlich		mündlich	• Zielsetzung der Studie • forschungsleitende Fragestellung
Grad der Strukturiertheit	unstrukturiert	semi-strukturiert		stark strukturiert	• Zielsetzung der Studie • forschungsleitende Fragestellung
Stichprobengröße	Totalerhebung		Partialerhebung		• Wahl der Kommunikationsart • Forschungsökonomie
Stichprobenkonstruktion	willkürliche Auswahl	bewusste Auswahl		Zufallsauswahl	• Kenntnisgrad über die Struktur der Gesamtheit • Forschungsökonomie

Forschungsdesign

······· Konsumentenbefragung (BRD)
——— mündliche Expertenbefragung (BRD)
········ Delphi-Befragung (USA/CAN/GB)

Die **Auswahl** der **Entscheidungsträger** erfolgte auf Basis einer Internet- und Literaturrecherche sowie im Hinblick auf aktuelle Buchpublikationen, Veröffentlichungen in einschlägigen Praktikerzeitschriften und Vorträgen auf nationalen Fachkongressen der Shopping-Center-Community. Diese Urliste wurde im Laufe der Vorbereitungen der Untersuchung regelmäßig aktualisiert und modifiziert. Die Zusammensetzung der Stichprobe erfolgte im Hinblick auf den Typus der Expertenart dergestalt, dass jeweils 15 Architekten bzw. Projektentwickler (28,8%), 19 Personen, die gleichzeitig als Projektentwickler und Betreiber von Shopping-Centern fungierten (36,5%) sowie drei Experten, die sich ausschließlich der Kategorie Betreiber zuordneten (5,9%), ausgewählt wurden.

Neben den mündlichen Experteninterviews fand auch die Forschungsmethode der **Delphi-Befragung** Anwendung. Hier handelt es sich um eine Methode der strukturierten und stärker formalisierten Expertenbefragung. Wesentliches Charakteristikum der Delphi-Methodik sind „Wiederholungsrunden", die die Zielsetzung verfolgen, in einer Art „iterativem Prozess" die individuellen Bewertungen und Schätzungen der teilnehmenden Experten zu verbessern bzw. zu optimieren (vgl. Hüttner 1986, S. 221). Eine Veränderung der Meinung im Rahmen der Befragungsrunden ist somit explizit erwünscht, da eine gewisse Konvergenz der einzelnen Expertenmeinungen durch stattfindende Informations-Rückkopplungen erzielt werden soll. Bei der Delphi-Befragung wurden Entscheidungsträger der Shopping-Center-Planung und Gestaltung als Experten erachtet. Von den 100 ausgewählten internationalen Experten der Urliste konnten über zwei Erhebungswellen hinweg 21 britische und 22 US-amerikanische Probanden zu den verschiedenen Aspekten der Shopping-Center-Planung und Gestaltung befragt werden.

4. Darstellung und Bewertung zentraler Ergebnisse der Arbeit

Aus der Vielzahl der theoretisch postulierten und empirisch überprüften Erkenntnisse der Promotionsschrift werden nachfolgend die wichtigsten Ergebnisse und Befunde vorgestellt. Hierbei werden vorrangig Implikationen und Handlungsempfehlungen für die Unternehmenspraxis skizziert, wohingegen Konsequenzen und Anknüpfungspunkte für die Forschung nur stichwortartig aufgezeigt werden.

4.1. Zentrale Erkenntnisse zur Planung, Gestaltung und Projektentwicklung von Shopping-Centern

Eine wesentliche Zielsetzung der Forschungsarbeit bestand darin, planungs-, gestaltungs- und positionierungsrelevante Fragestellungen, die im Zusammenhang mit der Betriebsform Shopping-Center bislang keiner bzw. lediglich einer theoretischen Explikation unterzogen wurden, einer empirischen Überprüfung zu unterziehen. So wurde eine **länderübergreifende Experteneinschätzung** des deutschen, britischen und US-amerikanischen Shopping-Center-Marktes in Gestalt einer differenzierten Bewertung aus quantitativer und qualitativer Perspektive vorgenommen. Hierbei zeugten die jeweiligen Expertenbewertungen von einer grundsätzlich eher negativen bis verhaltenen Einschätzung. Während der britische Shopping-Center-Markt im internationalen Vergleich generell am besten beurteilt wurde, erzielte der deutsche Markt, im Hinblick auf die qualitative Entwicklung, mit Abstand die schlechteste Bewertung. Wenngleich die Fremdeinschätzung der deutschen Marktstrukturen von Seiten der ausländischen

Experten wesentlich pessimistischer und kritischer ausfiel als die von Seiten der deutschen Probanden vorgenommene Selbsteinschätzung, so bezogen sich die Kritikpunkte in erster Linie übereinstimmend auf die mangelnde Architektur-, Aufenthalts- und Gestaltqualität sowie das einheitlich stereotype Erscheinungsbild bestehender Shopping-Center-Objekte. Zudem wurde länderübergreifend ein dringender Handlungsbedarf für eine strategische Neuorientierung, wettbewerbsdifferenzierende Positionierung und die Entwicklung stärker standortspezifischer und nachhaltig funktionierender Nutzungskonzepte artikuliert.

Hinsichtlich der Fragestellung, welche Rahmenbedingungen und Trends von den Probanden mittel- bis langfristig als planungsrelevant erachtet werden, kristallisierte sich bis auf zwei Determinanten länderübergreifend ein weitgehend konsistentes Meinungsbild heraus. Zudem wurde den jeweiligen Rahmenbedingungen grundsätzlich ein hoher bis sehr hoher Einflussgrad zugesprochen. Für den **deutschen Shopping-Center-Markt** wurden in der Reihenfolge ihrer Bedeutsamkeit zunächst immobilienwirtschaftliche und ökonomische Einflussparameter, jeweils dicht gefolgt von politisch-rechtlichen, soziokulturellen und (sozio-)demographischen Rahmenbedingungen angeführt. Von elementarer, jedoch nachgelagerter Bedeutung scheinen technologische Einflussparameter zu sein. Signifikante Unterschiede zwischen Deutschland sowie den USA und Großbritannien andererseits ergaben sich bzgl. politisch-rechtlicher Rahmenbedingungen. Während von den ausländischen Befragten zwar auch für den anglo-amerikanischen Shopping-Center-Markt Restriktionen und Regelungen von politischer und planungsrechtlicher Seite angeführt wurden, scheinen diese im Vergleich zu ihren deutschen Kollegen als weitaus weniger einschränkend und/oder bedeutsam für die Projektentwicklungspraxis angesehen zu werden als dies hierzulande der Fall ist. Des Weiteren zeichneten sich hinsichtlich der Evaluation technologischer Einflussfaktoren signifikante Unterschiede zwischen den Ländern ab. Aufgrund der unterschiedlichen zeitlichen Entwicklungsstadien der drei nationalen Shopping-Center-Märkte ist zu vermuten, dass technologieinduzierte Risiken und Herausforderungen für die Betriebsform Shopping-Center (wie geänderte Flächenzuschnitte, Sortimentsverlagerungen, steigender Inter-Betriebsformenwettbewerb durch Angebotsformen des 'non-store-retailing' etc.) hierzulande als eine größere Bedrohung empfunden werden als in den USA und Großbritannien, die sich schon seit geraumer Zeit mit derartigen Faktoren inhaltlich auseinander setzen müssen.

Eine weitere Fragestellung zielte darauf ab, von welchen Akteuren in Zukunft ein verstärktes Engagement bezüglich der Projektentwicklung zu erwarten ist und ob sich hierdurch mittel- bis langfristig Marktveränderungen prognostizieren lassen. Wie die Mittelwerte der beiden Expertenbewertungen vor Augen führen, zeichneten sich insgesamt sehr ausgeprägte länderspezifische Strukturen heraus und untermauern die Annahme, dass die jeweiligen Shopping-Center-Märkte nicht nur bezüglich des aktuellen Status quo differieren, sondern auch in Zukunft erhebliche nationale bzw. kulturspezifische Besonderheiten aufweisen dürften. Bemerkenswert erscheint ferner, dass von Seiten der deutschen Probanden vor allem im Hinblick auf die Akteursgruppe ausländischer Investoren und Projektentwickler eine sehr optimistische Einschätzung in Bezug auf den Aktivitätsgrad zukünftiger Engagements vorgenommen wurde. So verbindet sich mit der Einschätzung zugleich implizit der Wunsch nach einer tiefgreifenden Veränderung bestehender Marktstrukturen und die Hoffnung, durch eine verstärkte Expansion ausländischer Akteure, qualitativ höherwertige und weniger stereotyp gestaltete Shopping-Center, eine Bewusstseinsänderung hinsichtlich bestehender Planungspraktiken sowie veränderte Kapitalmarktstrukturen zugunsten einer höheren Disponibilität von Investitions- und Risikokapital zu erzielen.

Gleichsam zeigte sich, dass die **ausländischen Marktakteure** im umgekehrten Falle insgesamt nur in einem geringen Maße Projektentwicklungs- und Investitionsbestrebungen artikulierten. Zentrale Gründe, die gegen ein derartiges Engagement sprechen, stellen vor allem ein Mangel an geeigneten Standorten, teure Grundstückspreise, hohe Baukosten, Markteintrittskosten und Markteintrittsbarrieren, starke nationale Differenzen bezüglich des Freizeit- und Konsumverhaltens sowie die Komplexität und die Besonderheiten des deutschen Shopping-Center-Marktes dar. Ferner sprechen die Vielzahl politischer Bestimmungen und planungsrechtlicher Restriktionen sowie die mangelnde Kooperationsbereitschaft von Seiten der Kommune, aber auch die geringe Risikoneigung und fehlende Innovationsbereitschaft deutscher Projektpartner gegen ein derartiges Engagement. Somit lässt sich zusammenfassen, dass insgesamt erhebliche Diskrepanzen zwischen den mehrheitlich verhaltenen Äußerungen ausländischer Marktakteure einerseits sowie der sehr positiven Einschätzung der deutschen Experten anderseits, welche mittel- bis langfristig ein verstärktes Vordringen ausländischer Marktakteure prognostizieren, bestehen.

Aufbauend auf den Rahmenbedingungen und Planungstrends sowie dem qualitativen und quantitativen Status quo der jeweiligen nationalen Shopping-Center-Märkte erfolgte eine Analyse der **zentralen Herausforderungen** zukünftiger Planungsvorhaben aus internationaler Perspektive. Hierbei zeigte sich, dass in Anlehnung an die Unterteilung phasentheoretischer Projektentwicklungsmodelle insgesamt sehr ähnliche Herausforderungen und Schwierigkeiten in Zusammenhang mit der Planung, Gestaltung sowie dem (Bestands-) Management von Shopping-Centern genannt wurden. Länderspezifisch graduelle Unterschiede ergaben sich lediglich in Bezug auf das Ausmaß bzw. den Grad der Bedeutsamkeit der einzelnen Aspekte. So zeichnete sich im Hinblick auf die Phase der Projektinitiierung insb. eine **standort-bezogene Problemstrukturierung** ab, die durch die Aspekte „Berücksichtigung lokaler bzw. standortspezifischer Gegebenheiten" und „Verfügbarkeit geeigneter Grundstücke bzw. Standorte" zum Ausdruck gebracht wurde. Weiterhin stellten die steigende Wettbewerbsintensität, die Gefahr einer Überentwicklung bzw. Marktsättigung, die Veränderung konsumrelevanter und soziodemographischer Bestimmungsdeterminanten sowie die konsequente Entwicklung multifunktionaler Nutzungskonzeptionen zentrale Herausforderungen der Projektkonzeption dar. Die meisten Nennungen erzielte jedoch der Aspekt der „Schaffung von **Anmutungs-** und **Erlebnisqualität".** Die inhaltlich in eine ähnliche Richtung gehende Angabe „Mut zu flexiblen bzw. innovativen Gestaltungskonzeptionen" unterstreicht den Wunsch, mittel- bis langfristig weit reichende architektonisch-gestalterische Änderungen vornehmen zu können. Hinsichtlich der Phase der Projektrealisierung wurden Problembereiche wie die Finanzierbarkeit sowie eine erfolgreiche Implementierung moderner Objektmanagement-, Gebäude- und Planungstechnologien thematisiert. Ferner wurde mit Blick auf das Projektmarketing und die Projektverwertung die Hoffnung geäußert, Aufgabenstellungen, die in einem direkten Zusammenhang mit dem Funktionen-, Branchen- und Mieterbesatz stehen, zufrieden stellend(er) lösen zu können. Hierbei handelt es sich vornehmlich um die Lebenszyklus-, Flächen- und Differenzierungsproblematik der Betriebsform Shopping-Center. Zudem wurden Anforderungen, die sämtlichen Projektentwicklungsphasen zuzuordnen sind, d.h. von übergeordneter struktureller Natur sind, als bedeutungsvoll erachtet. Hierzu zählen u.a. eine „konsequente strategische Ausrichtung", die „Harmonisierung divergierender Zielsetzungen und Selbstverständnisse der beteiligten Marktakteure" sowie eine „Abkehr vom Kosten- hin zum Qualitätsdenken".

Eine weitere Zielsetzung der Arbeit bestand darin, eine grundsätzliche Bewertung und mittel- bis langfristige Erfolgsprognose ausgewählter Shopping-Center-Erscheinungsformen in Form einer **SWOT-Analyse** vorzunehmen. Diese beschränkte sich auf die Ausprägungstypen des Urban-Entertainment-Center (UEC), des Themen-Centers sowie des Bahnhofs-Shopping-Centers. Während sich die Einschätzung der letzten beiden Typen grundsätzlich als relativ homogen erwies, zeichnete sich im Hinblick auf die Angebotsform des UEC ein hohes Maß an Unentschlossenheit und kontroversen Bewertungen ab. Während die Evaluation von UEC im Hinblick auf „Stärken" und „Chancen" mehrheitlich in Einklang mit den Erkenntnissen der Literatur steht, die sehr ähnliche bzw. identische Nutzenaspekte und Profilierungschancen hervorhebt, zeichnete sich im Hinblick auf potenzielle Schwächen und Risiken dieses Center-Typus eine wesentlich pessimistischere Erfolgsprognose qua Expertenmeinung ab. Diese Einschätzung liefert einen plausiblen Erklärungsansatz dafür, warum trotz zahlreicher Planungsbemühungen hierzulande bislang nur sehr wenige UEC realisiert wurden.

Im Gegensatz hierzu liegen für die beiden Erscheinungsformen des Themen- und Bahnhofs-Shopping-Centers in der Literatur bislang weder Informationen über die wirtschaftliche noch über die inhaltlich-konzeptionelle Tragfähigkeit derartiger Nutzungskonzeptionen vor, so dass die vorliegenden Ergebnisse einen ersten Schritt empirischer Erkenntnisgewinnung darstellen. Grundsätzlich zeichnete sich übereinstimmend für beide Center-Typen eine sehr verhaltene Erfolgsprognose ab. Während die Mehrheit der Experten gegenüber Themen-Centern zwar eine positive Einstellung zu artikulieren vermochte, gleichzeitig aber eine Relativierung ihrer Einschätzung dahingehend vornahm, dass sie auf die vielgestaltigen Schwierigkeiten und Grenzen der praktischen Umsetzung und wirtschaftlichen Tragfähigkeit von Themenkonzepten verwies, kristallisierte sich mit Blick auf die Erscheinungsform des Bahnhofs-Shopping-

Centers eine relativ pessimistische Grundeinstellung heraus. So wurde unisono die Auffassung vertreten, dass bis auf wenige exponierte Standorte eine synergetische Wirkung von Handel, Gastronomie und Bahnhof prinzipiell nicht zu realisieren sei. Dies begründet sich nach Meinung der Experten darauf, dass die Immobilie Bahnhof mittel- bis langfristig zwar ein attraktives gastronomisches Angebot aufweist, jedoch nur noch rudimentär Handelsanbieter einiger weniger Branchen umfassen dürfte. Inwieweit sich zukünftig eine (positive) Einstellungsänderung abzeichnen wird, dürfte nicht zuletzt davon abhängen, ob es den Betreibern gelingt, den differenzierten Anspruchsgruppen dieses Shopping-Center-Typus (Kunden, Besucher, Mieter) ein positives Image der Immobilie Bahnhof zu vermitteln.

Ferner zeigten analog zu den Befunden nordamerikanischer Studien auch die Ergebnisse der Konsumentenbefragung, dass hierzulande **zunehmend konsumtive** und damit **intrinsisch** geprägte **Besuchsmotive** als entscheidungs-, planungs- und positionierungsrelevant zu erachten sind. So spielen infolge der veränderten soziokulturellen und (sozio-)demographischen Rahmenbedingungen neben instrumentellen Besuchsmotiven sowohl konsumtive personelle als auch konsumtive soziale Nutzendimensionen eine zentrale Rolle. Diese kommen bspw. in der Rezeption von Unterhaltungs-, Bildungs- und Freizeitangeboten, in Gestalt zwanglosen Flanierens und Beobachtens mit der Möglichkeit zum sozialen Austausch, aber auch in Form von Zerstreuung und Stimulierung der Sinne durch das Erleben einer ansprechenden, lustbetont gestalteten Shopping-Center-Umwelt zum Ausdruck. Weiterhin stützen die empirischen Befunde der Arbeit die in der Literatur theoretisch postulierte Annahme, dass Shopping-Center vielfach ziellos, häufig in Begleitung von Freunden aufgesucht werden und Einkaufen weniger geplant, als vielmehr spontan um des affektiven Erlebnisses willen erfolgt. Auch konnten für den deutschen Shopping-Center-Markt erstmalig empirisch fundierte Anhaltspunkte dafür gewonnen werden, dass die Mehrheit der Experten der These zustimmt, dass Shopping-Center im Zeitalter der Postmoderne eine spezifische Form von **künstlichen (Ersatz-) Lebenswelten** darstellen und als Keimzelle neuen urbanen Lebens zu erachten sind – wenngleich dies bislang jedoch nur auf eine geringe Anzahl vorhandenen Shopping-Centern zutrifft.

Infolge der sich abzeichnenden Verschiebung der Besuchsmotive zugunsten konsumtiver Nutzendimensionen zeigt sich ferner, dass eine Veränderung der Objektqualität zukünftiger Planungskonzepte erforderlich ist, da die Befriedigung intrinsischer Ziele und emotionaler Bedürfnisse mit höheren Anforderungen an das emotionale Erleben sowie an die Gestalt- und Anmutungsqualität einhergeht. Entsprechend muss die architektonische und atmosphärische Qualität von Shopping-Centern als ein zentraler Aspekt der Nachfragewirkung sowie der sich veränderten ökonomischen und soziokulturellen Rahmenbedingungen erachtet werden. Somit wird die Architekturqualität im Sinne eines strategischen Erfolgsfaktors ein effektives Instrument zur Steigerung der Rentabilität der Immobilie Shopping-Center.

Einen weiteren Schwerpunkt der Konsumenten- und Expertenstudien bildete die **Bewertung ausgewählter** handels-, gastronomie-, freizeit- und unterhaltungsbasierter **Angebotsbausteine**. In Bezug auf die Evaluation einzelhandelsspezifischer Angebote wurde die nutzungsflexible Angebotsform von Retail Merchandising Units (RMU) einer empirischen Überprüfung unterzogen. Dies schien insofern von erkenntnistheoretischem Interesse, da sowohl Projektentwickler und Investoren bei der Konzeptionierung eines Shopping-Center-Objektes als auch Betreiber bei der Bestimmung der Mieterstruktur derartige Handelskonzepte hierzulande bislang kaum berücksichtigen, wohingegen diese Ausprägungsform in vielen Ländern bereits einen festen Angebotsbestandteil der Betriebsform Shopping-Center darstellt. Wie die Expertenaussagen dokumentieren, werden RMU eine zunehmende Bedeutsamkeit beigemessen. Diese Einschätzung erklärt sich in erster Linie vor dem Hintergrund der sich gewandelten Rahmenbedingungen, der weitgehenden Austauschbarkeit von Einkaufsstätten, den sich verändernden Lebenszyklen einzelner Handels- und Shopping-Formate, der Schnelllebigkeit von planungs- und konsumrelevanten Trends sowie relativ starren Mietstrukturen. Trotz der grundsätzlichen Befürwortung derartiger nutzungsflexibler Angebotsformen wurde vereinzelt dahingehend Kritik geäußert, dass durch die nachträgliche Integration von RMU eine Einschränkung der Funktionalität von Shopping-Centern billigend in Kauf genommen werden müsse. Während diese Problematik vor allem Bestandsobjekte betreffen dürfte, erweist sich dieser Aspekt bei der Konzeption neuer Objekte als planbar.

Im Hinblick auf gastronomische Angebotskomponenten stellen die Qualität, Heterogenität und Vielfältigkeit des gastronomischen Angebots, der Erlebnischarakter und die Erlebniswertvermittlung, Möglichkeiten des kommunikativen und sozialen Austauschs sowie die räumliche Platzierung von Restaurationsangeboten erfolgswirksame Bestimmungsfaktoren dar. Überdies kann erlebnis- und themengastronomischen Restaurationskonzepten ein erhebliches Wachstums- und Differenzierungspotenzial im Zusammenhang mit der Betriebsform Shopping-Center zugebilligt werden. Dies resultiert sowohl aus der verstärkten Nachfrage nach Erlebniskomponenten im Zusammenhang mit gastronomischen Leistungen als auch aus dem hohen originären Attraktivitätsgrad derartiger Restaurationskonzepte aus Kundensicht. Weiterhin sind Impulse-Dining-Angebote als bedeutsam zu erachten; zum einen, weil sich derartige Ausprägungsformen in bestehende Center ex post relativ einfach und kostengünstig integrieren lassen und infolgedessen bestehende Nutzungskonzeptionen im Nachhinein sowohl an zeitlich veränderte Konsumpräferenzen angepasst als auch Planungsfehler im Sinne unzureichender gastronomiebezogener Flächeneinheiten (partiell) ausgeglichen werden können. Zum anderen ist die Bedeutsamkeit von Impulse-Dining im Zusammenhang mit der Aufenthaltsdauer eines Center-Besuchs zu sehen. Da die durchschnittliche Aufenthaltszeit hierzulande selten länger als zwei Stunden beträgt, kommt gastronomischen Angebotsformen, die primär dem Bedürfnis einer kurzen Stärkung bzw. einem Genuss zwischendurch entsprechen, eine größere Bedeutung zu als Angeboten, die einen höheren zeitlichen und finanziellen

Aufwand erfordern. Von prinzipiell eher untergeordneter Relevanz zeugen im Gegensatz hierzu Fast-Food-Angebote sowie Food-Courts.

Wesentliche **Problemfelder** gastronomischer Angebotsformen betreffen zum einen bestehende Marktstrukturen sowie zum anderen gängige Planungs-, Finanzierungs- und Entscheidungspraktiken der Branche. Analog hierzu zeigt sich bei freizeit- und unterhaltungsbasierten Angebotsbausteinen Unzufriedenheit bzgl. der aktuellen Marktsituation und die Lebenszyklus- und Folgeverwertungsproblematik derartiger Nutzungsbausteine. Ferner wurde neben der grundsätzlichen Schwierigkeit einer lediglich geringen Anzahl existierender (Marken- bzw. System-)Betreiber im Gastronomie-, Freizeit- und Entertainmentbereich auch die fehlende Professionalität bzw. das geringe Know-how und Erfahrungswissen der am Markt agierenden Protagonisten kritisiert. So impliziert der letztgenannte Aspekt aus Anbietersicht gleichsam ein erhöhtes finanzielles und unternehmerisches Risiko.

Hinsichtlich der Bewertung freizeit- und unterhaltungsbasierter Angebote wurden sowohl originäre Freizeit- und Unterhaltungsattraktionen im Sinne eines Destination Entertainment als auch umgebende Unterhaltungsangebote einer Analyse unterzogen. Hier wurde Angeboten des Ambient Entertainment, vor allem in Form von Events, eine (sehr) hohe Bedeutsamkeit zugesprochen. So wurde als Nutzendimensionen vor allem auf das strategische, soziale und kommunikative Potenzial derartiger Veranstaltungen verwiesen. Des Weiteren kann unterstellt werden, dass durch die Durchführung von im öffentlichen Interesse stehenden Aktionen eine höhere gesellschaftliche und politische Akzeptanz für Shopping-Center erzielt werden kann. Dies trifft vor allem auf größer dimensionierte Erscheinungsformen zu, welche vielfach mit Widerständen von Seiten des näheren und weiteren Standortumfeldes und infolgedessen mit Identifikations- und Glaubwürdigkeitsproblemen zu kämpfen haben. Zudem bietet sich durch die Integration derartiger Veranstaltungen auch die Möglichkeit, eine Erweiterung der Zielgruppe vornehmen zu können. Dies wirkt sich aus marketingstrategischer Sicht auf (eher) shopping-center-untypische Zielgruppen, wie jüngere, ältere und männliche Kundensegmente, vorteilhaft aus. Wie die inhaltsanalytische Auswertung der Expertenäußerungen ergab, sind weitere Positiveffekte im Aufbau einer spezifischen Erlebniskompetenz und Attraktionswirkung, in einer psychischen Entlastungsfunktion der Besucher, in der Steigerung von Wiederholungsbesuchen und der Erweiterung des Einzugsgebiets sowie in der Erhöhung der Verweildauer eines Center-Besuchs zu sehen. Ferner eröffnet sich durch die Initiierung von Events ein hohes Maß an Differenzierungspotenzial im Vergleich zu konkurrierenden Einkaufsstätten. Dies dürfte hierzulande nicht zuletzt vor dem Hintergrund eines steigenden Intra-Betriebsformenwettbewerbs sowie der zunehmenden Austauschbarkeit bzw. Stereotypisierung der Shopping-Center-Landschaft von grundlegender Bedeutung sein. Im Gegensatz zu den Möglichkeiten des Ambient Entertainments wurde Erscheinungsformen des Destination Entertainment aus Anbietersicht grundsätzlich nur eine geringe Bedeutung zugesprochen. In Übereinstimmung hierzu zeigte sich, dass derartige Angebotsformen auch aus Konsumentensicht lediglich moderate Nutzungsintensitäten auf sich vereinigen können. Ausnahmen hiervon betreffen Kinonutzungen, wie *IMAX-Kinos* und Multiplexe.

Eine weitere Fragestellung zielte darauf ab, welche Synergie- bzw. Kopplungseffekte sich zwischen verschiedenen Angebotskomponenten ergeben. Nennenswert **positive Interaktionswirkungen** wurden in Übereinstimmung zu den empirischen Befunden der Konsumentenstudie von Anbieterseite aus den beiden Nutzungskombinationen „**Kino und Einkaufstätigkeiten**" sowie „**Kino und Gastronomie**" beigemessen, oder aber im inhaltlichen Zusammenhang mit dem Typus des UEC artikuliert. Aufschlussreich ist ferner das Ergebnis, dass von Seiten der Probanden bislang weder der in der Literatur noch in der Unternehmenspraxis erhobenen Nutzungskombination „Kino" sowie „weitere Unterhaltungsangebote" insgesamt ein bedeutsamer Nutzungsgrad zugesprochen wurde. Mehr als drei Viertel der Befragungspersonen äußerten sich jedoch dahingehend, regelmäßig, häufig bzw. zumindest ab und zu von dieser Angebotskombination in Shopping-Centern Gebrauch machen zu wollen. Somit lässt sich unterstellen, dass zumindest von jüngeren Zielgruppen ein ernsthaftes Interesse an der raumzeitlichen Nutzung diverser Unterhaltungs- und Freizeitaktivitäten in Shopping-Centern bestehen könnte.

4.2. Zentrale Erkenntnisse zu Entscheidungs-, Interaktions- und Konfliktsituationen im Rahmen der Shopping-Center-Projektentwicklung

Eine weitere Zielsetzung der Forschungsarbeit bestand darin, eine möglichst umfassende Abbildung und Erklärung der Interaktions- und Entscheidungsrealität der Projektentwicklung vorzunehmen. Hierbei konzentrierte sich das Erkenntnisinteresse vor allem auf die **Analyse von Entscheidungsstrukturen** und **potenziellen Konflikten** bzw. Konfliktursachen der involvierten Akteure. Zentrale Ansatzpunkte hierfür lieferten sowohl theoretische Ansätze und Bestimmungsfaktoren multipersonaler und komplexer Entscheidungssituationen als auch Erkenntnisse interaktions-, austausch-, rollen- und konflikttheoretischer Ansätze.

Wie die theoretischen und empirischen Ergebnisse dokumentieren, lässt sich der Planungs- und Gestaltungsprozess grundsätzlich durch ein **hohes Maß** an (struktureller) **Komplexität** und (Verhaltens-)**Unsicherheit** von Seiten der Projektbeteiligten charakterisieren. Dies begründet sich zum einen durch die Vielzahl involvierter Entscheidungsträger sowie den zu erbringenden Einzelleistungen, zum anderen treten nur schwer beherrschbare externe Risiken der Projektentwicklung in Erscheinung. Des Weiteren beruht die hohe Komplexität der Investitionsentscheidung auf den inhärenten Wesensmerkmalen „Langlebigkeit" und „Dynamik" dieses speziellen Immobilientypus: so müssen z.B. bereits im Rahmen der Projektierung eine größtmögliche Nutzungsflexibilität sowie alternative Zweit- und Folgeverwertungsmöglichkeiten von Shopping-Centern als Ganzes oder zumindest von Teilflächen erachtet werden;

zudem verweisen die Expertenaussagen auf die Notwendigkeit einer kontinuierlichen Auseinandersetzung mit dem Produkt „Shopping-Center" und den sich stetig wandelnden Bedürfnissen auf den jeweiligen Verkaufs- und Vermietungsmärkten.

Wesentliche Gründe für strukturinduzierte Konflikte stellen, neben der Problematik anonymer Entscheidungsstrukturen und eines **fehlenden persönlichen Vertrauensverhältnisses**, fehlende und/oder nicht eindeutige Hierarchien und Entscheidungsstrukturen, eine unklare Verantwortungszuweisung während der einzelnen Projektentwicklungsphasen sowie eine isolierte Denk- und Herangehensweise bei den jeweiligen Aufgabenstellungen dar. Dadurch entstehen erhebliche Abstimmungs-, Harmonisierungs- und Koordinationsprobleme, die infolge von längeren Zeiträumen der Entscheidungsfindung auch höhere Planungs-, Bau- und Entwicklungskosten der Immobilie bedingen können.

Die Ergebnisse der nationalen Expertenstudie belegen ferner, dass den Beteiligten sowie ihren Beziehungen, Handlungsmotivationen, Erwartungen, Einstellungen etc. als Erklärungsdeterminante eine zentrale Bedeutung zukommt. Dies betrifft vor allem divergierende Erwartungshaltungen, Zielsetzungen und Einstellungen bzgl. der architektonischen und atmosphärischen Ausgestaltung. So lassen sich in hohem Maße **Ziel-** und **Interessensdivergenzen** zwischen **Investoren-** und **Projektentwickler** einerseits, die vorrangig Kosten- und Wirtschaftlichkeitsaspekte in den Mittelpunkt stellen, und **Architekten** andererseits, die Bestimmungsdeterminanten wie die Anmutungs-, Architektur-, Erlebnis- und Gestaltqualität etc. hervorheben, identifizieren. Aus der Zieldivergenz resultieren nach Meinung der Architekten diverse Gestaltungsmängel: Die weitgehende Vernachlässigung architektonischer und gestalterischer Aspekte zeigt sich sowohl in der Einförmigkeit der Shopping-Center-Architektur, d.h. in der einseitigen Betonung gebäudespezifischer, funktionaler und konstruktiver Anforderungen als auch in der Eintönigkeit gestalterischer Grundmuster durch den weitgehenden Verzicht auf dekorative, ornamentale und ikonographische Elemente. Darüber hinaus ist zu erkennen, dass auch die Anwendung spezifischer Stil- und Gestaltungsmittel, bspw. in Gestalt von Theater- und Kulissenarchitektur oder thematischen Inszenierungen, weit reichende wahrnehmungs- und einstellungsbedingte Divergenzen zwischen den Entscheidungsträgern auslösen.

Die Expertenaussagen belegen, dass sich unternehmenspolitische und planerische Grundsatzentscheidungen in der Praxis vielfach in Form eines '**muddling through**' artikulieren. Dies betrifft vor allem die erste Phase der „Projektidee und Projektstrategie", im Rahmen derer die Marktakteure vielfach nicht nach strategischen Grundsätzen entscheiden, sondern die Herangehensweise an konkrete Projekte eher intuitiv und unsystematisch erfolgt. Dies zeigt sich insb. im Zusammenhang mit zahlreichen Projektentwicklungen und Bestandobjekten in den neuen Bundesländern, die mitunter so gravierende konzeptionelle Planungs- und Gestaltungsmängel aufweisen, dass ein Abriss derselben in weiterer Zukunft unumgänglich erscheint.

Ferner legen die Expertenäußerungen nahe, dass spezifische, für die **deutsche Kultur** typische Verhaltensweisen, wie ein ausgeprägtes Sicherheitsdenken und eine geringe Risikoneigung, der Mangel an unternehmerischem Mut und Pragmatismus, die Angst vor Veränderungen sowie perseverierende Verhaltensweisen in hohem Maße das Planungs- und Projektentwicklungsverständnis prägen und so auf das konkrete Erscheinungsbild von Shopping-Centern maßgeblich Einfluss nehmen. Neben dem Wunsch nach Sicherheit und Risikoreduktion stellt das Abschieben von Verantwortung ein weiteres dominantes Handlungsmotiv für das Treffen von immer gleichen Entscheidungen dar. Dies gilt vor allem für kommunale Planungs- und Entscheidungsträger, die aufgrund geringer Erfahrungswerte oder fehlenden Fachwissens bevorzugt auf bereits anderenorts realisierte Planungs- und Nutzungskonzepte zurückgreifen und dementsprechend immer wieder die gleichen Projektentwicklungsgesellschaften (vor allem den Marktführer) als Kooperationspartner präferieren.

Weiterhin lassen sich von Seiten kommunaler Entscheidungsträger emotionsdominante Verhaltensweisen, die einer sachlich-rationalen Entscheidungsgrundlage entbehren, identifizieren. Derartige emotionale Debatten, in deren Hintergrund z.T. noch ideologische Vorstellungen wie etwa das Leitbild der europäischen Stadt des 20. Jahrhunderts stehen, führen dazu, dass der Blick auf reale Gegebenheiten verstellt wird und/oder anstehende Herausforderungen und Chancen zukünftiger Projektentwicklungen übersehen werden. Starke kommunale Vorbehalte zeigen sich vor allem im Zusammenhang mit der Genehmigung und Ansiedlung von multifunktionalen Großprojekten und neueren Erscheinungsformen, wie insb. UEC.

Spezifika der Entscheidungsfindung lassen sich jedoch auch bei anderen Projektbeteiligten erkennen. So wurde sowohl von Architekten- als auch von Bauherrenseite der Vorwurf einer **stark intuitiven Vorgehensweise** erhoben. Wie eine Reihe von Expertenäußerungen belegen, erfolgen Entscheidungen vielfach unsystematisch, planlos und aus dem Bauch heraus, in der Hoffnung, die richtige Entscheidungsalternative zu treffen. Ein unreflektiertes Vorgehen zeichnet sich z.T. auch bei der Übernahme ausländischer Nutzungskonzepte, Entwicklungen und Trends und deren Adaption auf den deutschen Shopping-Center-Markt ab. Zudem lassen sich diffuse Angstgefühle oder Angst als eine Ausprägungsform emotionalen Entscheidungsverhaltens in bestimmten Entscheidungssituationen erkennen. Hier zeigt sich, dass die Marktakteure rationalen Argumenten vielfach nicht zugänglich sind und die Handlungen einzelner Entscheidungsträger aus der Perspektive ihrer Projektpartner als willkürlich bzw. der Problemstellung nicht angemessen erachtet werden.

Ein weiteres Ergebnis zum Entscheidungsverhalten der Projektbeteiligten belegt, dass den **Architekten** ein ausgeprägtes **Status-** und **Prestigedenken**, ein Selbstdarstellungs- und Inszenierungszwang sowie ein Streben nach sozialer Anerkennung und beruflicher Reputation attribuiert werden. So wurde angeführt, dass vor allem namhafte Architekturbüros versuchen, ihre persönliche architektonische Handschrift einem Shopping-Center aufzuoktroyieren, um sich auf diese Weise möglichst medien- bzw. öffentlichkeitswirksam darstellen und gegenüber ihren Berufskollegen profilieren zu können. Hierdurch kommt gleichsam der Vorwurf zum Ausdruck, dass sich Architekten nur wenig mit der realen Marktsituation befassen, ein mangelndes branchen-, projekt- und objektspezifisches Wissen aufweisen und das Primärziel verfolgen, einem Shopping-Center ihren künstlerischen bzw. gestalt-ästhetischen Anspruch aufzuzwingen. Analog hierzu zeigt sich, dass auch politische Entscheidungsträger mitunter weniger rationale Entscheidungen zum Gemeinwohl der Städte und Gemeinden treffen als egoistische Planungsinteressen verfolgen, die kommunale und städtebauliche Interessen nur unzureichend berücksichtigen. So tritt bei der Genehmigung der Aspekt einer städtebaulichen und raumordnerischen Attraktivierung nicht selten hinter parteipolitische Motive, persönliche Eitelkeiten sowie Profilierungs- und Imagegründe einzelner Politiker zurück.

Die empirischen Befunde verweisen zudem auf eine Reihe **kommunikationsinduzierter Probleme**. So verhindert etwa ein unterschiedlicher Sprachgebrauch der Projektpartner, vor allem die der Psychologie, der Soziologie und der Kunst entlehnte Symbolsprache der Architekten, sachlich, präzise und differenziert über eigene Vorstellungen zu sprechen und auf diese Weise einen Verständigungsprozess erzielen zu können. Neben Verständigungsproblemen können Sprachdivergenzen in der Unternehmenspraxis auch zu Fehlinterpretationen und enttäuschten Erwartungen führen. Zudem lässt sich erkennen, dass das Ausmaß des kommunikativen Konfliktpotenzials vom Informationsvolumen abhängt. Dies erweist sich besonders relevant, da sich die Erstellung eines Shopping-Centers i.d.R. über mehrere Jahre vollzieht und eine Vielzahl wechselnder Entscheidungsträger erfordert, die zudem über sehr heterogene (Fach-) Kompetenzen und Erfahrungen verfügen. Entsprechend kommt der Quantität verfügbarer Informationen bzw. der Informationsmacht der einzelnen Handlungsakteure eine Schlüsselrolle zu. Ungleich verteilte Informationen zwischen den Projektbeteiligten bestehen vor allem im Hinblick auf die Leistungseinschätzung eines Partners, da Qualifikationen und Erfahrungspotenziale ex ante nur schwer bzw. unzureichend beurteilt werden können und damit in hohem Maße Verhaltensunsicherheiten auslösen.

5. Zusammenfassende Bewertung und Ausblick

5.1. Ansatzpunkte für die Shopping-Center-Forschung

Die nationale Expertenbefragung zeigt, dass eine Reihe von Rollen-, Identitäts-, Bewertungs-, Interessens-, Ziel- und Kommunikationskonflikten der Shopping-Center-Projektentwicklung auf Divergenzen der Selbst- und Fremdbilder der jeweiligen Berufsgruppen zurückzuführen sind. Hierbei konnte die Arbeit insb. im Hinblick auf das Image des Berufsstandes der Architekten einen wichtigen Erklärungsansatz für potenzielle Differenzen und Friktionen zwischen den Architekten und Bauherren darstellen. Ferner zeigte sich, dass zum Selbst- und Fremdbild von Investoren und Projektentwicklern lediglich diffuse Vorstellungen artikuliert wurden. Für eine möglichst umfassende Erklärung der Entscheidungsrealität der Shopping-Center-Projektentwicklung ist eine weiterführende Analyse der **Selbst-, Fremd- und Rollenbilder** dieser Berufsgruppen notwendig. Hierbei liefern die vorliegenden Erkenntnisse wesentliche Ansätze zur Bestimmung relevanter Imagedimensionen. Zudem könnte ein länderübergreifender Vergleich der Selbst- und Fremdbilder der jeweiligen Berufsgruppen darüber Auskunft geben, ob die insgesamt sehr unterschiedlichen Nutzungskonzeptionen und Gestaltstrukturen von Shopping-Centern des angloamerikanischen Sprachraums im Vergleich zu den deutschen Bestandsobjekten nicht nur auf mentalitätsspezifische und strukturelle Differenzen, sondern auch auf unterschiedliche berufsbedingte Einstellungen zurückzuführen sind. So legen sowohl die Einschätzungen der amerikanischen und britischen Delphi-Teilnehmer als auch die Aussagen deutscher Befragungspersonen nahe, dass zum Teil erhebliche Divergenzen hinsichtlich des Selbstverständnisses, der Professionalität sowie des berufsfachlichen und methodischen Hintergrundes der besagten Berufsgruppen festzustellen sind. Dies zeigte sich besonders deutlich im Selbstverständnis der amerikanischen Architekten, die sich im Gegensatz zu der Mehrheit ihrer deutschen Kollegen nicht in der Rolle eines Künstler-Architekten sehen, sondern sich vielmehr als einen (markt-)strategischen Gestalter zur Erfüllung von Kunden- und Auftraggeberinteressen verstehen.

„Our role as architects goes beyond architecture. We are placemakers, crafting environments that have meaning and relevance for people. This relies on more than an understanding of architecture, but on urban design, on an understanding of context and scale. People want to go to places where they feel comfortable, places they understand and connect to. Our role as architects is to script an appropriate experience or story that allows people to relate to a place. People want to find themselves in the story" (90/A5/USA).

„When a place begins to elicit an emotional reaction, it has succeeded in creating brand equity; and this has a clear, tangible value. Our role as architects is to help our clients quantify that value, either through an indelible identity or a unique experience, and create an emotional bridge to the consumer" (92/A7/USA).

„More and more I see us as story tellers. Our entertainment work has a strong narrative component to it and architecture helps create a memorable and marketable experience for guests. It gives them cues, expectations, and we must deliver on those in pleasing and intelligent ways" (93/A8/USA).

Aus forschungsökonomischen Gründen musste eine bewusste Auswahl aus der Gesamtheit der Entscheidungsträger des Shopping-Center-Projektentwicklungsprozesses vorgenommen werden, so dass lediglich die wichtigsten involvierten Berufsgruppen als Interviewpartner berücksichtigt werden konnten. Wie eine Vielzahl der Expertenäußerungen zu erkennen gibt, scheint jedoch eine Erweiterung der Perspektive durch die **Integration weiterer Akteure**, wie insb. politischer und kommunaler Entscheidungsträger notwendig. Aus verhaltenswissenschaftlicher Sicht sind in erster Linie kognitive, affektive und motivationale Prozesse von Bedeutung. Dies erscheint sowohl im Zusammenhang mit der Auswahl von Projektpartnern, der Ausschreibung von Architekturwettbewerben als auch mit Fragen der Genehmigung großflächiger und innovativer Center-Typen, wie Urban Entertainment Center bzw. stärker multifunktional ausgerichtete Nutzungskonzepte, von handelspraktischer Relevanz zu sein.

Weiterhin stellen auch **Shopping-Center-Mieter** eine wesentliche Zielgruppe bei der Projektentwicklung dar. Wie die empirischen Befunde der Forschungsarbeit illustrieren, erscheint hier vor allem eine Differenzierung in Handels-, Freizeit- und Gastronomiemieter sinnvoll, da diese sehr unterschiedliche Erwartungen und Ansprüche an die Planung, Gestaltung und an das Objektmanagement von Shopping-Center-Immobilien stellen. Während sich sowohl in der deutsch- als auch in der englischsprachigen Forschungsliteratur diverse Publikationen mit Arten von Handelsmietern, insb. in Gestalt von Magnetbetrieben auseinander setzen, stellen gastronomische und freizeitbezogene Angebotsformen in Shopping-Centern noch weitgehend wissenschaftliches Neuland dar. Dies betrifft insb. die deutschsprachige Handels- und Shopping-Center-Literatur. Ferner ist im Zusammenhang mit freizeitbasierten Angebotskonzeptionen festzustellen, dass aus Sicht von Forschung und Praxis zum Teil sehr heterogene Einschätzungen vorgenommen werden und die wenigen existierenden Studien widersprüchliche Befunde liefern. So stellen Kirkup/Rafiq (1994) z.B. für britische Shopping-Center einen negativen Zusammenhang zwischen der Anzahl von Freizeitmietern und dem Vermietungsstand fest. Andererseits kommt eine britische Untersuchung jüngeren Datums zu dem Ergebnis, dass sich die Existenz von Freizeiteinrichtungen in Shopping-Centern positiv auf die Besuchshäufigkeit auswirkt und sich die Verweildauer im Vergleich zu Shopping-Centern, die nicht über derartige Angebotskonzeptionen verfügen, signifikant erhöht (vgl. Siegfried 1999). Weiterhin gaben knapp 20% der Befragungspersonen an, die angebotenen Freizeiteinrichtungen als „wichtig" oder „sehr wichtig" für ihre Entscheidung, dem Shopping-Center überhaupt einen Besuch abzustatten, ansehen. In diesem Fall stellt die Existenz von Freizeiteinrichtungen für die Positionierung und das Aufsuchen des Shopping-Centers also einen zentralen Erfolgsfaktor dar. Eine weiterführende Analyse unterschiedlicher Gastronomie- und Freizeitkomponenten aus Perspektive der Konsumenten, bspw. in Form von **Kundenakzeptanz-** und **Kundenzufriedenheitsstudien**, dürfte für die Unternehmenspraxis nicht nur im Zusammenhang mit dem Erscheinungstypus des Urban Entertainment Centers hilfreich sein, sondern infolge der steigenden Bedeutung konsumtiver Besuchsmotive von grundsätzlicher Relevanz.

Kritik an bestehenden Untersuchungen ist auch dahingehend zu äußern, dass lediglich Freizeitangebote im Sinne eines Destination Entertainment, d.h. grundsätzlich sehr aggregierte Analysen potenzieller Unterhaltungs-, Freizeit- und Entertainmentkonzepte, berücksichtigt werden. Wie die Evaluationen der Shopping-Center-Besucher sowie der (inter-)nationalen Experten im Rahmen der vorliegenden Studien zu erkennen gaben, erfordern **Unterhaltungsangebote** jedoch eine **differenzierte Betrachtung**, wobei hier in Anlehnung an Beyard (1999) grundsätzlich in originäre Freizeit- und Unterhaltungsangebote (Destination Entertainment), in spontane Unterhaltungsattraktionen (Impulse Entertainment) sowie in umgebende Unterhaltungsangebote (Ambient Entertainment) unterschieden werden sollte. Dies resultiert nicht zuletzt daraus, dass die jeweiligen Angebotskomponenten sowohl aus Konsumentensicht teilweise sehr unterschiedliche Nutzendimensionen und Erwartungen erfüllen als auch aus Anbieterperspektive differenzierte technische, infrastrukturelle, managementbezogene und gestalterische Voraussetzungen etc. erfordern.

5.2. Anregungen für die Shopping-Center-Praxis

Aus den theoretisch und empirisch gewonnenen Erkenntnissen der Arbeit lassen sich für die Shopping-Center-Praxis diverse Implikationen ableiten. So weisen zahlreiche Umstände bzw. Missstände auf einen Änderungsbedarf wesentlicher Rahmenbedingungen der Architektentätigkeit und Architektenausbildung hin. Dies begründet sich im Wesentlichen darauf, dass zahlreiche Probleme und Konflikte der Shopping-Center-Projektentwicklung sowohl aus der reglementierten Honorarordnung als auch aus den in der Berufsordnung festgeschriebenen Regelungen der Berufsausübung der Architekten, die auf einem tradierten Berufs- und Selbstverständnis beruhen, resultieren. Neben den einschränkenden standesrechtlichen und berufspolitischen Reglementierungen ist zudem ein Umdenken der Architekten im Hinblick auf ihre Rolle im Planungs- und Gestaltungsprozess erforderlich, um von Seiten der Investoren und Projektentwickler wieder als ein kompetenter Vertragspartner wahrgenommen zu werden. Wie die Befunde der Arbeit nahe legen, wird die **Architektenschaft** vor allem im Hinblick auf die Erfüllung der Planungs- und Nutzungsanforderungen von Shopping-Centern aus Bauherrenperspektive als ein **eher ungeeigneter Partner** angesehen und damit zunehmend auf ihre Kernfunktion, das Entwerfen, zurückgedrängt. Hierbei gestaltet sich vor allem das postulierte und zum Teil auch gegen bestehende Marktgegebenheiten nachhaltig vertretene Selbstbild des „Künstler-Architekten" als problematisch.

Gleichsam erweist sich die derzeitige akademische Ausbildung von Architekten in Bezug auf die Erfordernisse der Shopping-Center-Praxis als nicht angemessen, da bspw. ökonomischen Fragestellungen, wie insb. Finanzierungs- und Rentabilitätsfragen von Immobilien, grundsätzlich eine eher untergeordnete bis gar keine Bedeutung im Curriculum beigemessen werden und derartige Überlegungen somit vielfach nicht in praktische Planungskonzeptionen mit einfließen. Vor diesem Hintergrund ist anzunehmen, dass sich der berufliche Schwerpunkt des gewerblichen Architekten in Zukunft noch stärker auf die gestalterischen, d.h. entwurfsbezogenen Phasen des Leistungsbildes der Objektplanung gemäß HOAI reduzieren wird, wenn nicht analog zum Wirtschaftsingenieur interdisziplinär ausgerichtete sowie mit einem umfassenden Know-how ausgestattete „Baumanager", bspw. in Form von Gewerbe- oder Handelsarchitekten, ausgebildet werden. Voraussetzung hierfür dürfte ein stärker **interdisziplinär** ausgerichtetes und auf bestimmte Teilbereiche **spezialisiertes Architekturstudium** sein. So erscheint prinzipiell ein Grundstudium, im Rahmen dessen allen angehenden Architekten die zentralen Aspekte baulichen Entwerfens und Gestaltens näher gebracht werden, sinnvoll. Hierauf aufbauend sollte die Möglichkeit bestehen, sich entsprechend den eigenen Interessen, Fähigkeiten und Neigungen auf bestimmte Aufgabenbereiche zu spezialisieren. So sollte im Falle einer Ausrichtung auf Handelsarchitektur neben theoretischen Grundlagen der Handelsbetriebswirtschaftslehre und Immobilienökonomie auch Kenntnisse der Psychologie und der Verhaltenswissenschaften vermittelt werden, um einerseits unternehmerisches Denken sowie Anforderungen der Bauherren verständlich zu machen, andererseits aber auch Erwartungen, Präferenzen und Motive der Nutzer, wie im vorliegenden Fall also Mieter und Kunden eines Shopping-Centers, näher zu bringen. Infolge einer derartigen Spezialisierung und Fokussierung auf einzelne Architekturbereiche könnte gleichsam ein den realen Marktgegebenheiten und spezifischen (Leistungs-)Anforderungen der jeweiligen Branche, wie hier der Shopping-Center-Branche, angemesseneres Selbstbild vermittelt und die Zusammenarbeit der involvierten Projektpartner erleichtert werden.

Analog hierzu erweist sich auch im Hinblick auf die Entscheidungsträger der Shopping-Center-Immobilienentwicklung ein Umdenken als zwingend notwendig. Wie die empirischen Befunde der Arbeit vor Augen führen, werden Investoren und Projektentwickler aufgrund der veränderten Marktbedingungen, des gesteigerten Anspruchsniveaus der Kunden sowie der immer stärkeren Austauschbarkeit und Stereotypisierung der Betriebsform Shopping-Center in Zukunft zunehmend veranlasst, nicht nur angebotsorientiert zu planen, sondern im Hinblick auf einen nachhaltigen ökonomischen Erfolg auch nach sozialtechnischen Aspekten der Nachfragewirkung derartiger Investitionsobjekte. Hierbei geht es primär um eine Verschiebung der Betrachtungsperspektive von einer (dominant) angebotsorientierten in eine (dominant) nachfrageorientierte Sichtweise. Ein derartig konsequent kundenorientiertes Immobilienverständnis erfordert gleichsam auch eine strategische Neuorientierung der Objektvermarktung bzw. des Managements von Shopping-Centern von Seiten der Betreiber.

Die in Abbildung 3 aggregierten Aussagen verdeutlichen die unterschiedlichen Perspektiven des traditionell anbieterorientierten Ansatzes der Immobilienökonomie zu dem konsequent nachfrageorientiert ausgerichteten Verständnis des verhaltenswissenschaftlichen Marketingparadigmas. Hierbei wurde zusätzlich zu dem grundsätzlichen Leitbild unternehmerischen Denkens und Handelns zwischen den Phasen der Projektentwicklung und Planung, der architektonischen und atmosphärischen Gestaltung, der Vermietung sowie des Managements und Marketings von Shopping-Centern differenziert. Während die aus verhaltenswissenschaftlicher Perspektive zentral erachteten Faktoren mehrheitlich indirekte Bewertungsparameter darstellen, zielen die aus immobilienökonomischer Perspektive formulierten Entscheidungs- und Bewertungskriterien auf direkte, d.h. quantitativ messbare Erfolgsgrößen ab.

Abb. 3: Vergleich der kundenorientierten und immobilienorientierten der Perspektive des Projektentwicklungs- und Managementprozesses von Shopping-Centern

Entscheidungsbereich	kundenorientierte Perspektive	immobilienorientierte Perspektive
generelles Verständnis und Leitmaxime unternehmerischen Handelns	Optimierung unternehmerischer Möglichkeiten auf der Basis von Kundennutzen	Minimierung von Kosten bzw. Maximierung der Rendite von Shopping-Center-Immobilien
strategische Ausrichtung von Shopping-Centern	Ausrichtung auf Kundenakzeptanz; klare und eigenständige Objektpositionierung; Generierung wettbewerbsdifferenzierender Profilierungsdimensionen	Ausrichtung auf Immobilienrendite im Sinne einer langfristigen Kapitalanlage; Orientierung an Flächenkosten (möglichst hoher Verkaufsflächenanteil)
Planung und Projektentwicklung von Shopping-Centern	Anforderungen, Bedürfnisse, Besuchsmotive, Einstellungen, Charakteristika der Besucher bzw. Zielgruppe(n)	Möglichkeiten, Chancen, Risiken und Restriktionen der Immobilieninvestition; bauliche Gegebenheiten des Grundstücks steuerrechtliche Rahmenbedingungen etc.
architektonische und atmosphärische Gestaltung von Shopping-Centern	Schaffung von Erlebnis-, Anmutungs- und Aufenthaltsqualität; Primäre Ziele: Aktivierung und Steigerung der Einkaufslust	Erfüllung von architektonischen Grundanforderungen gemäß disponiblem Budget; Primärziel: Funktionalität
Vermietung/ Branchen- und Mietermix von Shopping-Centern	langfristige Optimierung des ökonomischen Erfolges des Gesamtobjektes; wettbewerbs-differenzierender Mietermix; Erkennen von und gezielte Ausrichtung auf Marktnischen	Mietpreis und Bonität als primäres Entscheidungskriterium; Präferenz eines hohen Filialisierungsgrades; Auswahl und Bindung von Mietern zur Vermeidung von Leerständen
Management/ Betreibung von Shopping-Centern	Zentrale Kriterien der Wertentwicklung: Marktanteil, Image, Bekanntheitsgrad, Servicequalität, Kundenzufriedenheit, gesellschaftliche (Umfeld-)Akzeptanz	Zentralisierung für das Gesamtkonzept zur Kostenminimierung: Erarbeitung von Wartungs-, Sicherheits-, Sauberkeits- und Mietvertragsstandards
Marketing von Shopping-Centern	Berücksichtigung von Besuchsmotiven Primärziele: langfristige Kundenbindung; Schaffung von Einkaufsstätten-präferenzen	Berücksichtigung von Kerndaten des Kundeneinzugsgebietes Primärziel: Umsatzstimulierung (mittels Kundenfrequenzen)

Literatur

Adloff, F.: Die Konflikttheorie der Theorie kollektiver Akteure, in: Bonacker, T. (Hrsg.): Sozialwissenschaftliche Konflikttheorien, Opladen 2002, S. 361-380.

Arrow, K.: Essay in the Theory of Risk Bearing, Chicago 1971.

Bastian, A.: Erfolgsfaktoren von Einkaufszentren: Ansätze zur kundengerichteten Profilierung, Wiesbaden 1999.

Bell, P.A.; Fisher, J.D.; Baum, A.: Environmental Psychology, 2nd Ed., New York 1996.

Beyard, M.D.: Revitalisierung von Innenstädten und Urban Entertainment Projekte in den USA, in: Ministerium für Arbeit, Soziales und Stadtentwicklung, Kultur und Sport des Landes Nordrhein-Westfalen (Hrsg.): Stadtplanung als Deal? Urban Entertainment Center und private Stadtplanung, Düsseldorf 1999, S. 29-42.

Beyerle, T.: Der deutsche Immobilienmarkt, in: Gondring, H.; Lammel, E. (Hrsg.): Handbuch Immobilienwirtschaft, Wiesbaden 2001, S. 201-219.

Brittinger, T.: Betriebswirtschaftliche Aspekte des Industriebaues. Eine Analyse der baulichen Gestaltung industrieller Fertigungsstätten, Berlin 1992.

Collins, R.: Über die mikrosozialen Grundlagen der Makrosoziologie, in: Müller, H.-P.; Sigmund, S. (Hrsg.): Zeitgenössische amerikanische Soziologie, Opladen 2000, S. 99-134.

Crowley A.E.: The Two-Dimensional Impact of Colour on Shopping, in: Marketing Letters, Vol. 4 (1993), No. 1, pp. 59-69.

Dieckmann, F.; Schuemer, R.: Kommunikation zwischen den beteiligten Gruppen, in: Dieckmann, F.; Flade, A.; Schuemer, R.; Ströhlein, G.; Walden, R. (Hrsg.): Psychologie und gebaute Umwelt, Darmstadt 1998, S. 27-43.

Donovan, R.J.; Rossiter, J.R.: Store Atmosphere: An Environmental Psychology Approach, in: Journal of Retailing, Vol. 58 (1982), No. 1, pp. 34-57.

Engel, J.F.; Blackwell R.D.; Miniard, P.W.: Consumer Behavior, 9th Ed., Fort Worth 2001.

Etzioni, A.: Jenseits des Egoismus-Prinzips, Stuttgart 1994.

Fischer, L.; Wiswede, G.: Grundlagen der Sozialpsychologie, 2. Aufl., München 2002.

Foerster, H.v.: Entdecken oder Erfinden. Wie lässt sich Verstehen verstehen?, in: Carl Friedrich von Siemens Stiftung (Hrsg.): Einführung in den Konstruktivismus, 2. Aufl., München 1995, S. 41-88.

Führer, H.; Grief, M.: Gebäudemanagement für Architekten und Ingenieure, Darmstadt 1997.

Germelmann, C.C.: Kundenorientierte Einkaufszentrengestaltung, Wiesbaden 2003.

Grosspeter, R.: Wirtschaftlichkeitsberechnungen als Grundlage für Immobilienentscheidungen, in: Falk, B. (Hrsg.): Das große Handbuch Immobilien-Management, Landsberg am Lech 1997, S. 711-733.

Habermas, J.: Die Einbeziehung der Anderen: Studien zur politischen Theorie, Frankfurt am Main 1995.

Hahn, B.: 50 Jahre Shopping Center in den USA: Evolution und Marktanpassung, Geographische Handelsforschung, Bd. 7, Passau 2002.

Hassenpflug, D.: Atopien. Die Herausforderung des Citytainment, in: Wolkenkuckucksheim, 3. Jg. (1998), Nr. 1.

Hassenpflug, D.: Erlebnisraum Stadt: Leitbild für eine kinder- und jugendgerechte Stadt Weimar: Expertise zur Spielraumleitplanung, Version 1, 9. Januar 1999.

Helm, S.: Neue Institutionenökonomik. Einführung und Glossar, Bd. 2, Düsseldorfer Schriften zum Marketing, Düsseldorf 1995.

Hüttner, M.: Prognoseverfahren und ihre Anwendung, Berlin 1986.

Kirkup, M.; Rafiq, M.: Tenancy Development in New Shopping Centres: Implications for Developers and Retailers, in: International Review of Retail, Distribution and Consumer Research, Vol. 4 (1994), No. 3, pp. 345-360.

Köhler, T.: Die Konflikttheorie der Annerkennungstheorie, in: Bonacker, T. (Hrsg.): Sozialwissenschaftliche Konflikttheorien, Opladen 2002, S. 319-334.

Kroeber-Riel, W.; Weinberg, P.: Konsumentenverhalten, 8. Aufl., München 2003.

Luhmann, N.: Soziale Systeme: Grundriss einer allgemeinen Theorie, 7. Aufl., Frankfurt am Main 1999.

Mehrabian, A.: Räume des Alltags. Wie die Umwelt unser Verhalten bestimmt, 2. Aufl., Frankfurt am Main 1987.

Mehrabian, A.; Russel, J.A.: An Approach to Environmental Psychology, Cambridge 1974.

Mösel, S.: Kombinierte Großprojekte des Handels und der Freizeit als Impulsgeber für die Stadtentwicklung: Materialien zur Regionalentwicklung und Raumordnung, Bd. 3, Kaiserslautern 2002.

Oakes, P.; Haslam, A.; Turner, J.C.: The Role of Prototypicality in Group Influence and Cohesion: Contextual Variation in the Graded Structure of Social Categories, in: Worchel, S.; Morales da Paez, F. (Hrsg.): Social Identity. International Perspectives, London, Thousand Oaks 1998, pp. 75-92.

Parsons, T.: The Social System, 2nd Ed., London 1991.

Picot, A.; Dietl, H.; Franck, E.: Organisation: Eine ökonomische Perspektive, 3. Aufl., Stuttgart 2002.

Reiff, F.: Amerikanische Urban Entertainment Center: Konzepte und deren Übertragbarkeit auf den deutschen Markt, Arbeitspapier der Technischen Universität Bergakademie Freiberg, 98/16, Freiberg 1998.

Rössel, J.: Interaktionistische Konflikttheorie, in: Bonacker, T. (Hrsg.): Sozialwissenschaftliche Konflikttheorien, Opladen 2002, S. 427-446.

Schulz-Eickhorst, A.: Die Bauherren-Architekten-Beziehung: Eine institutionenökonomische Problemanalyse mit Lösungsansätzen, Schriften zur Immobilienökonomie, Bd. 19, Köln 2002.

Siegele, K.: Immer auf die Kleinen ..., in: deutsche bauzeitung, 133. Jg. (1999), Nr. 8, S. 3.

Siegfried, J.: Shopping und Entertainment wachsen zusammen. Neue Konzepte werden möglich, Vortragsunterlagen zum internationalen Handels- und Shopping-Center-Kongress, Bad Homburg 1999.

Sundstrom, E.; Bell, P.A.; Busby, P.L.; Asmus, C.: Environmental Psychology 1989-1994, in: Annual Review of Psychology, Vol. 47 (1996), pp. 485-512.

Tajfel, H.; Turner, J.C.: The Social Identity Theory of Intergroup Behavior, in: Worchel, S.; Austin, W.G. (Eds.): Psychology of Intergroup Relations, 2nd Ed., Chicago 1986, pp. 7-24.

Veitch, R.; Arkkelin, D.: Environmental Psychology: An Interdisciplinary Perspective, Englewood Cliffs 1995.

Watzlawick, P.: Wirklichkeitsanpassung oder angepaßte „Wirklichkeit"? Konstuktivismus und Psychotherapie, in: Carl Friedrich von Siemens Stiftung (Hrsg.): Einführung in den Konstruktivismus, 2. Aufl., München 1995, S. 89-107.

Weinberg, P.; Besemer, S.: Marketing von Shopping-Centern, in: Tscheulin, D.K.; Helmig, B. (Hrsg.): Branchenspezifisches Marketing, Wiesbaden 2001, S. 515-544.

Weinberg, P.; Besemer, S.: Planning and Developing Shopping Centers from an International Point of View, in: Scholz, C.; Zentes, J. (Ed.): Strategic Management: A European Approach, Wiesbaden 2002, pp. 131-160.

Weinberg, P.; Diehl, S.: Standortwahl in Shopping-Centern, in: Absatzwirtschaft, 23. Jg. (1998), No. 5, S. 78-82.

Williamson, O.E.: Transaktionskostenökonomik, Hamburg 1996.

Williamson, O.E.: The New Institutional Economics. Taking Stock, Looking Ahead, in: Journal of Economic Literature, Vol. 38. (2000), No. 6, pp. 595-613.

Tendenzen des Internet-Marketing 1995 bis 2005

Prof. Dr. Wolfgang Fritz

(Technische Universität Braunschweig, Universität Wien)

1. Einleitung 152
2. Tendenzen im Umfeld des Internet-Marketing 153
   2.1. Strukturelle Änderungen der Konkurrenzsituation 153
   2.2. Neue Spielregeln des Wettbewerbs 155
   2.3. Verändertes Konsumentenverhalten 157
3. Elemente der Konzeption des Internet-Marketing 160
   3.1. Ziele und Strategien des Internet-Marketing 160
      3.1.1 Marketing-Ziele 160
      3.1.2 Marketing-Strategien 161
   3.2. Maßnahmen des Internet-Marketing 167
4. Die Entwicklung des Internet-Marketing in der Praxis 174
5. Resümee 175
Literatur 176

1. Einleitung

Mitte der neunziger Jahre des vorigen Jahrhunderts trat der Electronic Commerce im Internet auf breiter Basis in Erscheinung. Zu diesem Zeitpunkt kamen auch die ersten wissenschaftlichen Lehrbücher zum Internet-Marketing in den USA und Deutschland auf den Markt (vgl. u.a. Hünerberg et al. 1996; Ellsworth/Ellsworth 1995). Nur kurze Zeit später erschienen dann erste empirische Studien, die über den Einsatz des Internet im Marketing von Unternehmen verschiedener Branchen systematisch Aufschluss gaben (vgl. u.a. Fritz/Kerner 1997; Silberer/Rengelshausen 1997; Fantapié Altobelli/Hoffmann 1996). Rasch entwickelte sich eine hoch differenzierte und heute kaum noch überschaubare Forschungslandschaft zum Internet-Marketing, deren Spannweite von Spezialproblemen der internetgestützten Marktforschung, über die Analyse des veränderten Kundenverhaltens, bis hin zur Umgestaltung von Wertschöpfungsketten und Branchenstrukturen reichte (vgl. u.a. Bauer et al. 2004; Wiedmann et al. 2004; Fantapié Altobelli/Sander 2001; Fritz 2001; Bliemel et al. 2000; Fritz 1999a). Dabei mussten viele der in der Frühphase des Internet getroffenen Annahmen verworfen oder zumindest erheblich modifiziert werden, nicht zuletzt auch unter dem Eindruck der im März 2000 entstandenen Krise der Internet-Ökonomie, die zahlreiche – oft auch völlig übertriebene – Erwartungen an den Erfolg von Internet-Geschäftsmodellen zunichte machte.

Das Ende des Internet-Hype hat jedoch nicht zum Scheitern der Internet-Ökonomie geführt, wohl aber zu einer neuen Bewertung der wirtschaftlichen Bedeutung des Internet für die Unternehmen und für deren Marketing beigetragen (vgl. Nonnast 2005). Das neue „Wirtschaftswunder im Internet" (Capital-Titel Nr. 14, 2004) zeigt sich nicht nur an der spektakulären Entwicklung der Aktienkurse und der Gewinne führender Internet-Unternehmen, wie z.B. *eBay, Google* und *Yahoo!* (vgl. Fritz 2004, S. 317). Das Internet hat sich nämlich zudem zu einer wirtschaftlichen Infrastruktur von überragender und irreversibler Bedeutung entwickelt, die alle geschäftlichen Prozesse und Funktionen zunehmend durchdringt. Die Autoren der Electronic Commerce Enquête 2005 bringen dies wie folgt zum Ausdruck:

„Das Internet hat die Unternehmen transformiert und unterstützt deren Geschäftsprozesse über alle Funktionsbereiche hinweg. Unbeeinflusst von Hype und Crash ist es damit zu einer unverzichtbaren, wirtschaftlich bedeutenden Infrastruktur geworden. Eine stille Revolution hat sich ereignet" (Sackmann/Strüker 2005, S. 42).

Diese „stille Revolution" hat insb. auch die Schnittstelle der Unternehmen zu ihren Kunden verändert – und damit das Marketing und den Vertrieb (vgl. Sackmann/Strücker 2005, S. 8f.).

Vor dem Hintergrund neuerer Forschungsresultate sollen in diesem Beitrag der Einfluss des Internet auf das **Marketing** von Unternehmen inhaltlich skizziert und wichtige Besonderheiten herausgearbeitet werden, die das internetbasierte vom traditionellen Marketing unterscheiden. Diese Besonderheiten ergeben sich in hohem Maße aus Entwicklungen des **Marketing-Umfelds** und konkretisieren sich auf den einzelnen Ebenen der **Marketing-Konzeption**, was in den Kapiteln zwei und drei differenziert dargestellt wird. Berücksichtigt werden dabei Marketing-Aktivitäten sowohl von reinen Internet-Unternehmen (Pure-Click-Companies) als auch von traditionellen Unternehmen, die ihr herkömmliches Geschäftsfeld um ein Internet-Engagement ergänzen (Brick and Click-Companies; vgl. Kotler 2003, S. 45).

Der Begriff „**Internet-Marketing**" bezeichnet die systematische Nutzung der Internet-Dienste (z.B. E-Mail, www, Peer-to-Peer-Dienste) für die Zwecke des Marketing (vgl. Fritz 2004, S. 26). In zunehmendem Maße werden auch Marketing-Aktivitäten mit verwandten digitalen Technologien, etwa anderer Online-Telekommunikationsmedien, Breitband- und Satellitentechnologien, dem Internet-Marketing zugerechnet (vgl. Mohammed et al. 2004, S. 4; Chaffey et al. 2001, S. 27) und das Internet als Basis des gesamten elektronischen Marketing aufgefasst (vgl. Kotler 2003, S. 40). Darüber hinaus ist ein vom Internet isoliertes Online-Marketing mittels privater Online-Dienste (z.B. *AOL*; *T-Online*) heute in immer weniger Fällen möglich (z.B. aber noch beim Online-Banking). Faktisch wird das Internet-Marketing immer mehr zum Kern des gesamten Online-Marketing (vgl. Fritz 2004, S. 26).

2. Tendenzen im Umfeld des Internet-Marketing

2.1. Strukturelle Änderungen der Konkurrenzsituation

Die Internet-Ökonomie verändert die Wettbewerbsbedingungen auf zahlreichen Märkten erheblich (vgl. Hutzschenreuter 2000). Von grundsätzlicher Bedeutung dafür ist die sich seit ca. 1995 entfaltende **Virtualisierung des Wettbewerbs**, die auch als Trend 'from Marketplace to Marketspace' (vgl. Rayport/Sviokla 1994) beschrieben wird. Dieser Trend führt zur wachsenden Digitalisierung der Wertschöpfungsprozesse und zu einem zunehmenden Angebot von Leistungen im virtuellen Raum, in dem diese als digitale Informationen existieren und über das Internet bereitgestellt werden (vgl. Rayport/Sviokla 1996, S. 104; Rayport/Sviokla 1994, S. 142). Neben der Konkurrenz von Unternehmen auf herkömmlichen Marktplätzen ('marketplace') ist somit die Konkurrenz auf elektronischen bzw. virtuellen Marktplätzen ('marketspace') hinzugetreten. Im Grenzfall kann sich der Wettbewerb auch vollkommen in den virtuellen Raum verlagern, d.h. nur noch im Marketspace stattfinden, was bei vollständig digitalisierbaren Wertschöpfungsprozessen vorkommt.

Der Marketspace bietet neuen Anbietern, die ihr Geschäftsmodell auf dem Internet aufbauen (Internet-Startups), neue Möglichkeiten, mit etablierten Anbietern auf dem Marketplace zu konkurrieren. Das Internet senkt z.B. einen Teil der Markteintrittsbarrieren für neue Konkurrenten und trägt auf diese Weise zur **Wettbewerbsintensivierung** bei (vgl. Fritz 2004, S. 168ff.). Ein Beispiel dafür bildet die niederländische Internet-Apotheke *0800 Doc Morris*, die durch den Vertrieb preisgünstiger Arzneimittel über das Internet gemeinsam mit weiteren Online-Apotheken den traditionellen, ortsgebundenen Apotheken zu schaffen macht (vgl. Pickartz 2005). Auch die übrigen Triebkräfte des Wettbewerbs werden durch das Internet in einer Weise beeinflusst, welche die Intensität des Wettbewerbs tendenziell erhöht (vgl. Porter 2001, S. 68), zumindest in Teilen der Internet-Ökonomie.

Durch das Zusammenwachsen der sog. T.I.M.E.S.-Industrien (Telekommunikation, Informationstechnologie, Multimedia, Entertainment, Security) treten in zunehmendem Maße **branchenfremde** Wettbewerber auf den bisherigen Märkten als Konkurrenten auf, bspw. Online-Dienste und Software-Unternehmen, die elektronische Einkaufszentren oder virtuelle Banken errichten (z.b. *AOL* und *Microsoft*). Aber nicht nur branchenbezogene, sondern auch geografische Grenzen nehmen für den Wettbewerb in der Internet-Ökonomie an Bedeutung ab. Der Wettbewerb findet darüber hinaus nicht allein auf der Ebene der Waren und Dienstleistungen, sondern auch auf der Ebene der Finanzkraft statt, was sich in zahlreichen, zum Teil **branchenübergreifenden Unternehmensakquisitionen und -fusionen** äußert, von denen die Übernahmen von *Time Warner* durch *AOL* und von *Mannesmann* durch *Vodafone* die bisher spektakulärsten, die des Internet-Telefondienstes *Skype* durch das Online-Auktionshaus *eBay* eine der aktuellsten waren.

Die elektronisch induzierte Änderung der Konkurrenzsituation erfasst nicht nur die horizontale Dimension des Wettbewerbs – d.h. jeweils nur eine Handels- oder Wirtschaftsstufe – sondern auch dessen vertikale Dimension und damit mehrere Handels- bzw. Wirtschaftsstufen zugleich, was z.B. in der erwähnten Übernahme von *Time Warner* durch *AOL* bereits sichtbar geworden ist. Diese übergreifende Dimension des Wettbewerbs kommt insb. auch in der so genannte Disintermediation zum Ausdruck.

Der Begriff **Disintermediation** bezeichnet die Umgehung oder **Ausschaltung etablierter Absatzmittler** auf elektronischem Wege. Systeme des Electronic Commerce können grundsätzlich sowohl auf dem Beschaffungsmarkt eines Industrieunternehmens Zwischenhändler überflüssig machen als auch auf seinem Absatzmarkt Groß- und Einzelhändler (vgl. Picot et al. 2003, S. 377ff.; Dholakia et al. 2001a, S. 54; Zerdick et al. 2001, S. 230; Quelch/Klein 1996, S. 66). Der Kunde kann auf elektronischem Wege den Hersteller direkt kontaktieren und das gewünschte Gut von ihm unmittelbar beziehen, ohne einen Handelsbetrieb einschalten zu müssen, vorausgesetzt der Hersteller (oder der Kunde) organisiert die physische oder elektronische Distribution des Guts. Dies führt – der Theorie zufolge – zu ganz erheblichen Transaktionskostenersparnissen.

Jedoch erscheinen auf elektronischen Märkten häufig **neue Intermediäre** (z.B. elektronische Shops, Einkaufszentren, Portale etc.), die eine **Reintermediation**, d.h. die Wiedereinschaltung von Vermittlern, bewirken, diesmal aber auf der elektronischen Ebene. Zugleich treten diese elektronischen Absatzmittler vielfach in Konkurrenz zu den traditionellen Absatzmittlern. Statt der Disintermediation erscheint somit die **Intermediationskonkurrenz** zwischen traditionellen und virtuellen Absatzmittlern vielfach als das realistischere Bild (vgl. Fritz 2001b, S. 133; Becker 2000, S. 85ff.). Z.B. in der Buchbranche (*Amazon*), der Musikbranche (Musiktauschbörsen) und dem Arzneimittelhandel (z.B. *Doc Morris*) sind solche Disintermediations- und Reintermediationsprozesse z.T. seit langem bereits Realität (vgl. Fritz 2004, S. 245ff.). In einzelnen Branchen sind auch reine Disintermediationsvorgänge zu beobachten, etwa im US-amerikanischen Computerhandel, in dem der Online-Direktvertrieb den indirekten Vertrieb von PCs über den Fachhandel zunehmend ersetzt (vgl. Specht/Fritz 2005, S. 200f.; Mohammed et al. 2004, S. 455).

2.2. Neue Spielregeln des Wettbewerbs

Neben diesen strukturellen Änderungen der Konkurrenzsituation sind in der Internet-Ökonomie zum Teil auch **neue Spielregeln des Wettbewerbs** entstanden, die manchmal etwas übertrieben als „neue Marktgesetze" bezeichnet werden (vgl. Zerdick et al. 2001, S. 157ff.; Meffert 2000, S. 126ff.). So treten in den Märkten der Internet-Ökonomie vielfach **Netzeffekte** in Gestalt **positiver Netzwerk-Externalitäten** auf, deren Existenz die klassischen Marktregeln der traditionellen Mikroökonomie in Frage zu stellen scheint. Solche Netzeffekte beschreiben jenen Sachverhalt, wonach der Nutzen eines Netzwerks umso größer wird, je stärker das Netzwerk wächst (vgl. Dholakia et al. 2001a, S. 52f.). So steigt bspw. der Wert eines E-Mail-Dienstes für den einzelnen Nutzer umso stärker, je mehr Personen ebenfalls den E-Mail-Dienst nutzen. Ähnliches gilt z.B. für Diskussionsforen, Newsgroups, Chatrooms, elektronische Marktplätze, Peer-to-Peer-Netzwerke und virtuelle Communities im Internet (vgl. Choi/Whinston 2000, S. 33; Choi et al. 1997, S. 49). Extrembeispiele dafür bilden die – zeitweilig jedoch wegen Urheberrechtsverletzungen eingestellte – Musiktauschbörse *Napster* und das Online-Auktionshaus *eBay*. Beide elektronischen Marktplätze verzeichneten in weniger als zwei Jahren jeweils mehr als 50 Million Nutzer (vgl. Härting 2001). Weitere Beispiele bilden die Erfolge von Instant-Messaging-Systemen im Internet (z.B. ICQ), von Systemen der Sprachtelefonie im Internet (Voice over IP, z.B. *Skype*) sowie neuerdings die so genannte Social Software, d.h. Internetdienste, in denen soziale Netze mit Hilfe von Webseiten geknüpft werden können (z.B. Web-Tagebücher oder Weblogs; vgl. Przepiorka 2006, S. 13). **Metcalfes Gesetz** zufolge soll der Wert solcher Netzwerke im Quadrat zur Anzahl der Teilnehmer steigen (vgl. Hutzschenreuter 2000, S. 16; Shapiro/Varian 1999, S. 242). Dabei ist zu beachten, dass der „Wert" solcher Netzwerke lediglich die mit der Anzahl der Teilnehmer quadratisch wachsenden Kommunikationsmöglichkeiten zwischen den Teilnehmern beschreibt. Unberücksichtigt bleibt dabei der Kommunikationsinhalt, der, sofern er für die Teilnehmer unerwünscht ist (z.B. Spam), den subjektiven „Wert" des Netzwerks für die Teilnehmer entsprechend senken kann.

Neben diesen **direkten Netzeffekten** entstehen in der Internet-Ökonomie auch **indirekte Netzeffekte**, die von der Verfügbarkeit komplementärer Leistungen abhängen. Dies gilt insb. für solche Angebote, die Systemcharakter haben und über das Internet vertrieben werden, bspw. WWW-Browser mit zusätzlicher E-Mail- und Online-Banking-Funktion sowie Sicherheitssoftware. Für Betriebssysteme bspw., die sehr populär sind (z.B. *Windows*), werden wesentlich mehr Anwendungsprogramme entwickelt als für weniger populäre Betriebssysteme, wodurch sich die Verbreitung der populären Systeme zu Lasten der weniger populären beschleunigt (vgl. Zerdick et al. 2001, S. 158; Choi/Whinston 2000, S. 33; Choi et al. 1997, S. 67). Auch die z.B. im Vergleich zum alten BTX-System überwältigende Verbreitung des Internet ist nicht nur auf direkte, sondern ebenfalls auf indirekte Netzeffekte zurückzuführen. Mit Diensten wie E-Mail, Chat, Newsgroups und vor allem WWW waren innerhalb kurzer Zeit zahlreiche sich ergänzende Leistungen vorhanden, die laufend um neue erweitert werden (z.B. Peer-to-Peer-Dienste, Voice-over-IP, Weblogs), wodurch das Internet für eine wachsende Zahl der Nutzer immer mehr an Attraktivität gewinnt. Solche Netzeffekte scheinen klassischen ökonomischen Gesetzmäßigkeiten zu widersprechen, denn offenbar steigt hier der Wert eines Guts nicht mit dessen Knappheit, sondern mit dessen Überfluss: „Masse verdrängt Knappheit als Wertquelle [...] Increasing Returns [...] dominieren die neuen Marktregeln" (vgl. Zerdick et al. 2001, S. 159; Choi et al. 1997, S. 68).

Das damit angesprochene, für den Wettbewerb in der Internet-Ökonomie in zentralen Bereichen relevante **Law of Increasing Returns** (vgl. Albers 2001, S. 11) beruht aber noch auf einem weiteren Aspekt, nämlich der **Fixkostendominanz** bei der Herstellung und Verbreitung digitaler Produkte sowie den daraus folgenden substanziellen **Economies of Scale** (vgl. Wirtz 2005, S. 569; Choi/Whinston 2000, S. 34; Skiera 2000, S. 97). Die Herstellungskosten von Software, Spielfilmen, Informationen und dergleichen werden wesentlich durch die fixen **Erstkopiekosten** bestimmt ('first copy costs'). So hat z.B. das Original bzw. die Erstkopie des Netscape Navigators rd. 30 Million US-Dollar Entwicklungskosten verursacht, während die Kosten für jede weitere Kopie nur rd. einen US-Dollar betragen haben (vgl. Zerdick et al. 2001, S. 165ff.; Shapiro/Varian 1999, S. 37ff.). Aus dieser Fixkostendominanz und den erheblichen Anfangsinvestitionen in die Erzeugung der „ersten Kopie" ergibt sich zunächst eine im Vergleich zu traditionellen Märkten meist längere Zeitspanne bis zum Erreichen der Gewinnschwelle. Aufgrund der ausgeprägten Skaleneffekte steigt der Ertrag danach aber überproportional an, was durch auftretende Netzeffekte noch verstärkt wird.

Für Produkte im Internet, die solchen Regelmäßigkeiten unterliegen, ist es folglich notwendig, die Verbreitung so schnell wie möglich voranzutreiben, was durch eine Strategie des **Viral Marketing**, eine **Niedrigpreisstrategie** oder gar das **Verschenken der Produkte** gefördert werden kann, worauf noch näher eingegangen wird (vgl. Kapitel 3). Dagegen wird die notwendige Größe zur Realisierung substanzieller Skaleneffekte durch Hochpreisstrategien meist nicht erreicht (vgl. Meffert 2000, S. 136).

2.3. Verändertes Konsumentenverhalten

Seit 2005 existieren weltweit über 900 Millionen Internet-Nutzer, in Deutschland sind es mindestens 35 Millionen (vgl. Global Reach 2005; Fritz 2004, S. 21f.). Das Internet wird an erster Stelle zum Versenden von E-Mails genutzt, gefolgt von der Informationsbeschaffung bzw. dem Abrufen aktueller Nachrichten aus dem WWW. Mindestens 50% der Internet-Nutzer in Nordamerika und in Deutschland nutzen das Internet inzwischen bereits zum **Online-Shopping** (vgl. Fritz 2004, S. 111). Zahlreiche Studien zeigen übereinstimmend, dass Bücher, Zeitschriften, Kleidung, Sportartikel, Filme, Musik, Elektroartikel, Kameras, Reisen und Software am häufigsten über das Internet eingekauft werden (vgl. Kewes 2005, S. 113). Als Folge davon lässt sich feststellen, dass in Deutschland der Internet-Handel speziell mit Büchern und Musik mit zweistelligen Zuwachsraten wächst, während der Gesamtmarkt stagniert oder sogar schrumpft.

Darüber hinaus nähern sich die **soziodemographischen Profile** der Gesamtbevölkerung und der Internet-Nutzer seit längerem immer stärker an, ohne dass es jedoch zu einer völligen Übereinstimmung gekommen wäre. Noch immer ist der Internet-Nutzer in Deutschland im Durchschnitt jünger und mit einem höheren Bildungsabschluss und einem höheren Einkommen ausgestattet als der Bevölkerungsdurchschnitt, obwohl diese Unterschiede abnehmen (vgl. Fritz 2004, S. 99f.).

Zur **Erklärung des Konsumentenverhaltens im Internet**, insb. des Online-Shopping, liegen inzwischen Erkenntnisse vor, die zentralen Annahmen über das Konsumentenverhalten aus der Frühzeit des Internet widersprechen. Dies kann an dieser Stelle nur anhand weniger Beispiele erläutert werden (vgl. ausführlicher Fritz 2004, S. 115ff.). So nahmen bis vor kurzem viele Forscher noch an, dass durch das Internet die **Markttransparenz** der Nachfrager zunähme und zugleich der traditionelle Informationsvorsprung der Anbieter zurückginge, wodurch unter Umständen sogar **reverse Märkte** mit einem Informationsungleichgewicht zugunsten der Nachfrager entstünden (vgl. Zerdick et al. 2001, S. 231; Hagel/Armstrong 1997, S. 25). Weil zudem die Kosten des Anbieterwechsels in der Internet-Ökonomie zurückgingen – das Konkurrenzangebot sei nur noch „einen Mausklick entfernt" –nähme auch die **Kundenloyalität** ab (vgl. Dholakia/Dholakia 2001, S. 34f.).

Jüngere Ergebnisse empirischer Forschung zum Konsumentenverhalten widersprechen diesen Annahmen überraschenderweise zum Teil erheblich und beseitigen damit einige Mythen aus den Gründerjahren des Internet. Die Befunde zeigen nämlich, dass die **Informationssuche** des Konsumenten beim Kauf von **Büchern, CDs und Reiseangeboten** im Internet meist nur **sehr begrenzt** ist. Durchschnittlich besuchen Konsumenten lediglich 1,1 Online-Buchhändler, 1,2 CD-Händler und 1,8 Reiseveranstalter bzw. -büros im Internet, und rd. 70 Prozent der Online-Shopper bleiben demselben Online-Anbieter treu (vgl. Johnson et al. 2002, S. 8). Die in diesen Fällen äußerst geringe Neigung des Konsumenten, auch alternative Angebote in Betracht zu ziehen, wird als **Online Lock-in** (vgl. Murray 2002, S. 8) oder **Cognitive Lock-in** (vgl. Murray/Häubl 2002, S. 11) bezeichnet:

"Cognitive lock-in refers to the idea that, even in situations where search costs are low, and searching results in consumers paying a lower price, consumers will not shop around. Instead, they will return to the site with which they are experienced" (Murray/Häubl 2002, S. 11).

Erklärt wird diese Einschränkung der Informationssuche im Internet häufig mit der Entwicklung spezifischer Nutzerfähigkeiten ('user skills theory'): Je mehr sich ein Internet-Nutzer mit der Web-Site eines speziellen Anbieters beschäftigt und je besser er diese zu nutzen lernt, umso mehr sinkt seine Bereitschaft, zu einem Konkurrenten zu wechseln, selbst wenn dessen Web-Site für ihn genauso nützlich wäre (vgl. Murray/Häubl 2002, S. 11). Das wettbewerbsintensivierende Potenzial des Internet kann sich in diesem Fall somit nicht entfalten.

Ein solcher Effekt des **Online-** oder **Cognitive Lock-in** der die Informationssuche des Konsumenten im Internet begrenzt, ist dagegen beim Kauf von **Automobilen nicht festgestellt** worden (vgl. Ratchford et al. 2003; Klein/Ford 2002). Internet-Nutzer weisen dort nämlich ein ausgeprägteres Suchverhalten auf als Nicht-Nutzer und ziehen signifikant mehr PKW-Modelle und -Händler bei ihrer Kaufentscheidung ernsthaft in Betracht (3,0 vs. 2,5 PKW-Modelle bzw. 2,5 vs. 2,1 PKW-Händler; Ratchford et al. 2003, S. 198).

In jenen Fällen aber, in denen ein **Online oder Cognitive Lock-in** die Informationssuche des Konsumenten im Internet einschränkt, reduzieren sich auch die weiteren Kaufentscheidungsphasen entsprechend, da der Konsument nur noch aus jenem Angebot eine Auswahl trifft, das der von ihm präferierte Online-Anbieter gerade bereithält. Vergleiche mit dem Angebot von Konkurrenten werden daher meist unterbleiben. Das Phänomen Online- oder Cognitive Lock-in führt somit erheblich **limitierte Kaufentscheidungsprozesse** im Internet herbei.

Eine weitere Einschränkung der Bewertungs- und Auswahlaktivitäten des Konsumenten ergibt sich daraus, dass die **Produktbeurteilung** beim Online-Shopping häufig stärker am Markennamen und am Preis der Produkte orientiert ist als in einer traditionellen Einkaufsumgebung. Im Internet haben sensorische und optische Produktmerkmale (z.B. Design, Frische) einen meist geringeren, nicht-sensorische (z.B. Fettgehalt einer Margarine, Marke, Preis) dagegen einen oft größeren Kaufeinfluss als in einem traditionellen Einzelhandelsgeschäft (vgl. Degeratu et al. 2000). Insb. aufgrund der im Internet oft höheren Bedeutung der **Marke** als Beurteilungskriterium für Produkte ergibt sich in vielen Fällen eine im Vergleich zum traditionellen Einkauf **ausgeprägtere Markenloyalität** des Konsumenten beim Online-Shopping (vgl. Danaher et al. 2003, S. 474). Es zeigen sich daher häufig **habituelle Kaufentscheidungsprozesse** im Internet, bei denen die Produktauswahl in erster Linie aufgrund der Marke getroffen wird.

Ganz im Gegensatz dazu scheint das Internet beim **Automobilkauf**, wie bereits oben erwähnt, meist im Rahmen eines **extensiven Kaufentscheidungsprozesses** genutzt zu werden, in den der Konsument mehrere Kaufalternativen einbezieht und diese sehr sorgfältig bewertet. Das Ergebnis **zahlt sich für ihn aus:** Wie empirische Studien zeigen, spart der Konsument durch den Einsatz des Internet beim PKW-Kauf je nach Studie durchschnittlich etwa 450 US-Dollar (vgl. Morton et al. 2001) bzw. 839 US-Dollar pro PKW, in der Gruppe der jüngeren Internet-Nutzer mit hohem Bildungsabschluss sogar im Durchschnitt 1.054 US-Dollar (vgl. Ratchford et al. 2003, S. 205f.). Hinzu kommen noch Zeitersparnisse beim Einkauf und bessere Kaufentscheidungen z.B. durch das Auffinden eines für den individuellen Anspruch besonders geeigneten PKW-Modells (vgl. Ratchford et al. 2003, S. 205f.). Vor diesem Hintergrund wird auch deutlich, dass das Internet zumindest im Automobilhandel eine den Preiswettbewerb intensivierende Wirkung entfalten kann.

Eine hohe **Kundenzufriedenheit steigert die Kundenloyalität**. Dies belegen zahlreiche Studien zum Konsumentenverhalten in traditionellen Einkaufsstätten. Der positive Einfluss der Kundenzufriedenheit auf die Kundenloyalität ist aber **in der Online-Einkaufsumgebung oft noch stärker** als beim traditionellen Offline-Einkauf:

„Therefore, it appears that satisfied customers are better able to express their loyalty online than offline, perhaps through the use of bookmarks, search features, and hot links associated with the content presented at the website" (Shankar et al. 2003, S. 171).

Die **Markentreue** des Konsumenten, die einen Spezialfall der Kundenloyalität bildet, ist im Internet ebenfalls oft größer als auf dem traditionellen Marketplace, sofern „starke" Marken online gekauft werden, die über einen großen Marktanteil verfügen. Bei „schwachen" Marken ist die Markenloyalität online dagegen geringer. In einer herkömmlichen Einkaufsumgebung hängt das Ausmaß der Markentreue dagegen nicht vom Marktanteil der Marken ab (vgl. Danaher et al. 2003, S. 461, 474).

3. Elemente der Konzeption des Internet-Marketing

Wie im vorangegangenen Kapitel erläutert worden ist, schafft das Internet zum Teil neue Rahmenbedingungen und Herausforderungen für das Marketing, denen die Unternehmen mit der Planung und Realisation einer geeigneten Konzeption des Internet-Marketing begegnen müssen. Ausgewählte Elemente einer solchen Konzeption werden im Folgenden auf der Ebene sowohl der Marketing-Ziele und -Strategien als auch der Marketing-Maßnahmen herausgearbeitet (vgl. ausführlicher Fritz 2004).

3.1. Ziele und Strategien des Internet-Marketing

3.1.1 Marketing-Ziele

Mit ihrem Engagement im Internet verfolgen die Unternehmen in der Regel verschiedene Sach- und Formalziele (vgl. Fritz 2004, S. 160ff.). **Sachziele** werden durch den Kern umfassender **Geschäftsmodelle** im Internet beschrieben, die sich in vier Kategorien einteilen lassen (vgl. Wirtz 2001, S. 217ff.): (1) das Geschäftsmodell **Content**, das die Bereitstellung der unterschiedlichsten Inhalte im Internet anstrebt (z.B. *Playboy*); (2) das Geschäftsmodell **Commerce**, in dessen Mittelpunkt die elektronische Herbeiführung geschäftlicher Transaktionen steht (z.B. *Amazone*); (3) das Geschäftsmodell **Context**, das darin besteht, dem Internet-Nutzer einen Überblick über die im Internet verfügbaren Informationen zu vermitteln (z.B. *Google*), sowie (4) das Geschäftsmodell **Connection**, das die Kommunikation der Nutzer im Internet ermöglichen will (z.B. *GMX*). Darüber hinaus können Geschäftsmodelle noch danach eingeteilt werden, ob sie ausschließlich auf dem Internet aufgebaut sind (Pure-Clicks) oder die Online- mit der Offline-Realität unternehmerisch kombinieren (Brick-and-Clicks; vgl. Fritz 2004, S. 160, 162).

Als **Formalziele** des Internet-Marketing und des E-Commerce kommen sowohl ökonomische als auch außerökonomische (psychographische oder kommunikative) Ziele in Betracht (vgl. Hünerberg/Jaspersen 1996, S. 198ff.). **Ökonomische Ziele**, wie z.B. Umsatz, Marktanteil, Gewinn und Return on Investment (ROI), haben die meisten Unternehmen mit ihrem Internet-Engagement jahrelang nicht vorrangig angestrebt. Doch in dieser Hinsicht hat eine Trendwende stattgefunden. Zumindest bis vor wenigen Jahren galt in der Praxis noch die Maxime „Erfahrung vor Gewinn" (vgl. Schneider 2000, S. 112). In den meisten Fällen verhinderten nämlich die enormen Investitionen in die für den E-Commerce erforderliche Infrastruktur und die hohen Marketing-Ausgaben, die für die Bekanntmachung des Internet-Angebots nötig waren, zunächst das Entstehen von Gewinnen. Selbst eines der führenden Unternehmen im E-Commerce, *Amazon*, erwirtschaftete bis vor wenigen Jahren noch Verluste in Milliardenhöhe. Erst im Jahr 2003, d.h. neun Jahre nach seiner Gründung, hat *Amazon* erstmals einen Jahresgewinn ausgewiesen. Längere verlustreiche Anlaufphasen des neuen Geschäfts schienen in der Internet-Ökonomie den Normalfall zu bilden und wurden deshalb toleriert, weil das Law of Increasing Returns (vgl. Kapitel 2.2) nach dem Erreichen der Gewinnschwelle einen überproportional ansteigenden Ertrag in Aussicht zu stellen schien.

Bei neuen Internet-Engagements geht es auch heute noch in erster Linie darum, die Bekanntheit des Angebots zu steigern und Kunden zu gewinnen. Aus diesem Grund spielen **außerökonomische Ziele**, wie z.B. Image, Kundenakquisition, Kundenzufriedenheit, Kundenbindung und Bekanntheitsgrad, im Internet-Marketing ebenfalls eine wichtige Rolle (vgl. auch Hermanns 2001, S. 106f.). In Unternehmen, in denen das E-Business inzwischen zur Normalität zählt, hat sich die Situation aber verändert. Insb. vor dem Hintergrund der auch in 2005/2006 andauernden schwierigen gesamtwirtschaftlichen Lage verlangen diese Unternehmen, dass sich E-Business-Projekte möglichst schnell bezahlt machen müssen. Der ROI wird dann zum wichtigsten Kriterium für die Beurteilung der E-Business-Aktivitäten – und damit auch zum zentralen Ziel für das Internet-Marketing.

3.1.2 Marketing-Strategien

Das Internet erweitert das Arsenal der Marketing-Strategien in vielfacher Hinsicht, insb. unter dem Aspekt der Markteintritts- und Marktbearbeitungsstrategien (vgl. Fritz 2004, S. 163-186):

■ **Markteintrittsstrategien**

Der Eintritt in neue Märkte mit Hilfe des Internet stellt eine neue **Markteintrittsstrategie** dar, die nicht nur das Spektrum konventioneller Markteintrittsformen ergänzt, sondern gegenüber diesen auch eine Reihe von Vorteilen aufweist. Wenn z.B. kleine oder bisher nur regional tätige Unternehmen ihr Angebot im World Wide Web präsentieren, können sie durch die globale Reichweite des Internet sofort international bekannt werden (vgl. Meffert/Bolz 1998, S. 136; Quelch/Klein 1996, S. 60). Da sie mit ihrer **Web-Präsenz** neue Zielmärkte erreichen, bietet ihnen das Internet somit grundsätzlich auch das Potenzial für einen Markteintritt. Ein solcher Markteintritt via Internet ist in vollem Umfang jedoch erst dann vollzogen, wenn zusätzlich zur Web-Präsenz der Unternehmen auch **Leistungstransaktionen** mit Wirtschaftssubjekten in den Zielmärkten realisierbar sind.

Neben dem **Markteintritt in** Eigenregie **mittels Web-Sites oder eigener Online-Shops** existieren auch kooperative Formen **des internetbasierten Markteintritts**. Dazu zählt z.B. die Zusammenarbeit eines Herstellers oder Händlers mit anderen Unternehmen und mit elektronischen Marktbetreibern, die im Internet elektronische Marktplätze, Portale oder virtuelle Einkaufszentren ('cybermalls') unter Umständen von internationaler Geltung errichten (z.B. *aol.com/shopping*; vgl. Kollmann 2001; Wißmeier 1999, S. 164).

Eine weitere Möglichkeit des internetbasierten kooperativen Markteintritts bietet die Mitwirkung an einem **virtuellen Unternehmen**. Darunter wird ein temporäres Netzwerk unabhängiger Unternehmen verstanden, dessen Ziel es ist, die individuellen Fähigkeiten der einzelnen Unternehmen zu koordinieren, um gemeinsam z.b. ein Kundenproblem zu lösen, ein Projekt abzuwickeln oder Märkte zu erschließen (vgl. Meffert 1997, S. 118f.). Die Aktivitäten werden informationstechnisch – insb. auf Internet-Basis – auch über große geografische Distanzen koordiniert, weshalb virtuelle Unternehmen nicht mehr den räumlichen Restriktionen herkömmlicher Organisationen unterliegen. Da somit die Abhängigkeit von geografischen Standorten abnimmt, ergeben sich große Potenziale auch für Aktivitäten einer internationalen Marktbearbeitung. Somit eignen sich virtuelle Unternehmen prinzipiell auch für den Eintritt in Auslandsmärkte (vgl. Kreikebaum 1998, S. 136). Aufgrund der informationstechnischen Vernetzung müssen die Partnerunternehmen in den Auslandsmärkten nicht physisch präsent sein, um dort an der Abwicklung eines Auftrags mitzuwirken. Ein Beispiel dafür bildet die 1996 gegründete virtuelle Fabrik *Euregio Bodensee* (www.vfeb.ch), ein Netzwerk von 18 Unternehmen, aus dem zur Abwicklung eines Kundenauftrags eine zeitlich begrenzte vernetzte Fabrik konfiguriert wird, die sich wieder auflöst, wenn der Auftrag erfüllt ist (vgl. Picot/Neuburger 2001, S. 31). Neben Großunternehmen (z.B. *Bühler AG*, *Sulzer Innotec*) nehmen daran auch spezialisierte kleine und mittelgroße Unternehmen vornehmlich aus der Schweiz, aber auch aus Deutschland teil (vgl. Virtuelle Fabrik *Euregio Bodensee* 2005).

In der Internet-Ökonomie verliert ein Teil der klassischen **Markteintrittsbarrieren** an Bedeutung, während sich zugleich neue Eintrittshindernisse abzeichnen. So erfordert ein internationaler Markteintritt etwa mit einer unternehmenseigenen Web-Site meist nicht das Investitionsvolumen eines konventionellen Markteintritts, das z.B. bei der Errichtung einer Tochtergesellschaft anfällt (vgl. Quelch/Klein 1996, S. 70). Die bspw. für den Aufbau physischer Betriebsstätten notwendigen Sach- und Personalkosten entfallen, und die von den im Markt ansässigen Konkurrenten dafür bereits erbrachten Investitionen ('sunk costs') wirken auf den Neueinsteiger häufig nicht abschreckend. Auf derartige **Investitionserfordernisse** zurückgehende Markteintrittsbarrieren verlieren somit oft ihre Bedeutung. Ausländische Direktbanken, Direktversicherer und Online-Apotheken bspw. können via Internet in den Inlandsmarkt eintreten, ohne dabei ein kostspieliges Filialnetz bzw. eine aufwendige Vertriebsorganisation errichten zu müssen. Das Geschäftsstellennetz der dort bereits etablierten Banken, die Vertriebsorganisationen der ansässigen Versicherungsunternehmen sowie die physischen Verkaufsstätten der ortsansässigen Apotheken stellen somit keine wirksamen Markteintrittsbarrieren mehr dar.

Auch der Zugang zu **etablierten Vertriebskanälen** verliert als Markteintrittshemmnis an Bedeutung. Da das Internet grundsätzlich Hersteller und Endkunden miteinander verbinden kann, ist die Einschaltung traditioneller Absatzmittler in den Vertrieb eines Produkts prinzipiell nicht mehr notwendig. Die damit beschriebene **Disintermediation** ist, wie erwähnt, bereits teilweise Realität (vgl. Kap. 2.1).

Während einerseits einige der herkömmlichen Markteintrittsbarrieren an Wirkung verlieren, zeichnen sich andererseits **neue Eintrittsbarrieren** in der Internet-Ökonomie ab, was häufig übersehen wird (vgl. Dholakia et al. 2001b, S. 66f.). So erweist sich für ein neues internetbasiertes Unternehmen der Marktzutritt oftmals als ein gravierendes Problem, da ihm zunächst eine **physische Identität** fehlt, die ihm helfen könnte, eine greifbare Unternehmens- und Markenpersönlichkeit im Marketspace aufzubauen oder Einkaufserlebnisse, wie sie in realen Einkaufsstätten möglich sind, zu vermitteln. Der Nachteil, Leistungen lediglich virtuell anzubieten oder an einem virtuellen Unternehmen mitzuwirken, das sich für jedes abzuwickelnde Projekt neu formiert und insofern keine dauerhafte Struktur und Identität aufweist, kann nur durch massive Marketing-Anstrengungen überwunden werden.

Wie oben ausgeführt, reduziert die Internet-Ökonomie eine Reihe traditioneller Markteintrittsbarrieren, die auf Kosten und Kapitalbedarf beruhen. Jedoch schafft sie in dieser Hinsicht auch neue Eintrittshemmnisse. Unternehmen bspw., deren Handlungsschwerpunkt auf dem Marketplace liegt und die diesen mit Aktivitäten im Marketspace verknüpfen wollen, sehen sich in der Praxis meist vor einen erheblichen **Investitionsbedarf** gestellt, der nicht selten im ein- bis zweistelligen Millionenbereich liegt. Wenngleich in vielen Fällen auch kleinere Investitionsvolumina ausreichen, wird dennoch eine große Hürde für die Teilnahme am E-Commerce und für einen entsprechenden elektronischen Markteintritt insb. für kleinere, weniger finanzkräftige Unternehmen deutlich, sofern die Aktivitäten sowohl den Marketspace als auch den Marketplace betreffen. Dramatische **Kosteneinsparungen** ermöglicht der E-Commerce vor allem erst dann, wenn die nötigen Infrastruktur-Investitionen erbracht sind und sich die Geschäftsaktivitäten vollständig oder zumindest weitestgehend im Marketspace bewegen.

Neben den Investitionen in die E-Commerce-Infrastruktur können für jene Unternehmen, die digitale Produkte herstellen, noch weitere finanzielle Markteintrittsbarrieren entstehen. Wie bereits erwähnt, ist die Kostenstruktur dieser Unternehmen durch hohe Fixkosten ('first copy costs') und geringe variable Kosten gekennzeichnet. Aufgrund dieser **Fixkostendominanz** besitzen etablierte Anbieter, die diese Kosten bereits erwirtschaftet haben, gegenüber Newcomern einen erheblichen Wettbewerbsvorteil (vgl. Wirtz 2005, S. 569). Ähnlich verhält es sich mit den ebenfalls bereits erwähnten **Netzeffekten**, die den Markteintritt neuer Unternehmen dann erschweren, wenn die Verbreitung der Produkte der am Markt bereits vorhandenen Wettbewerber von Netzeffekten schon profitiert hat (vgl. Wirtz 2005, S. 569).

Weitere Markteintrittsbarrieren ergeben sich aus der Verbreitung des Internet und dem Verhalten der Internet-Nutzer. Die **Verbreitung des Internet** wird zunächst durch die technischen Zugangsmöglichkeiten bestimmt, die weltweit sehr unterschiedlich gegeben sind (vgl. Dholakia/Kshetri 2001). Sie konzentriert sich immer noch in erster Linie auf Nordamerika, Europa sowie den asiatisch-pazifischen Raum und begrenzt die Möglichkeiten eines elektronischen Markteintritts in andere Weltregionen dadurch erheblich.

Weitere Eintrittsbarrieren ergeben sich aus der **staatlichen Internet-Überwachung**. So beschränken mindestens 45 Staaten durch den Einsatz geografischer Filtersysteme den Internet-Zugang ihrer Bürger und damit auch die Entfaltung des E-Commerce (vgl. Ulfkote 2000). Insb. in China und in der islamisch-arabischen Welt findet eine intensive Web-Überwachung und -Zensur statt. So werden z.B. in Saudi-Arabien rd. 400.000 Internet-Seiten gesperrt, was nicht schwer ist, da die Internet-Zugänge der Einwohner über einen in Riad stehenden Knotenrechner verlaufen, der von der staatlichen Telekommunikationsbehörde kontrolliert wird (vgl. o.V. 2001a; Geiges/Leong 2005).

Auch das Verhalten der **Internet-Nutzer** erschwert zum Teil den internetbasierten Markteintritt. Wie bereits erwähnt, konzentriert sich der größte Teil des Online-Shopping auf nur wenige **Produktkategorien** (vgl. Kapitel 2.3). In anderen, vom Online-Shopping weniger begünstigten Produktbereichen ist ein internetbasierter Markteintritt vielfach somit weniger sinnvoll. Darüber hinaus wird die Nutzung des Internet zum Online-Shopping ganz grundsätzlich durch **Vorbehalte und Bedenken** restringiert, die in der Bevölkerung gegenüber dem Internet bestehen und die nicht selten zum Kaufverzicht führen, womit etwa die noch weit verbreiteten Sicherheits- und Datenschutzbedenken angesprochen sind (vgl. Fritz 2002).

■ **Marktbearbeitungsstrategien**

Neben der Wahl der Markteintrittsstrategie bildet die Ausgestaltung der Marktbearbeitungsstrategie einen weiteren Schwerpunkt im strategischen Internet-Marketing. Deren Besonderheiten sollen an drei Beispielen kurz verdeutlicht werden: dem Viral-Marketing, dem Electronic Customer-Relationship-Management und dem Permission-Marketing (vgl. ausführlicher Fritz 2004, S. 170-186).

Das **Viral-Marketing (oder V-Marketing)** stellt ein strategisches Kommunikations- und Distributionskonzept dar, das sich an solche **Kunden** richtet, denen eine **Multiplikator-Funktion** für die übermittelten Botschaften zukommt. Mit Hilfe dieser Multiplikatoren soll es gelingen, dass sich die Botschaften geradezu epidemisch verbreiten – ähnlich einer aggressiven Virusinfektion. Dies kann z.B. dadurch geschehen, dass den Zielkunden digitale Produkte per E-Mail gratis mit der Auflage oder Bitte zur Verfügung gestellt werden, diese Produkte in ihrem Bekanntenkreis weiterzuempfehlen. Durch diese virtuelle Mund-zu-Mund-Propaganda sollen sich die Produkte mit wachsender Geschwindigkeit im Internet verbreiten. Folgende **Aspekte** sind für das Konzept des Viral-Marketing charakteristisch (vgl. Roberts 2003, S. 219f.; Kollmann 2001, S. 110f.; Helm 2000, S. 159):

- das **kostenlose Abgeben von Leistungen** im Internet, z.B. durch angebotene Downloads von Software-Produkten, was unter dem Aspekt der Preispolitik dem Follow the Free-Pricing entspricht (vgl. Kapitel 3.2),

- E-Mails oder Newsletter mit frei weiterempfehlbarem Inhalt oder anklickbaren **Weiterempfehlungsbuttons**, mit denen der Inhalt an andere Internet-Nutzer versandt werden kann,

- ein **Anreiz** für den Multiplikator, den Inhalt weiterzuempfehlen oder weiterzugeben, d.h. ein Zusatznutzen (z.B. in Form einer attraktiven elektronischen Grußkarte, die er mit einer Nachricht versenden kann).

Ein prominentes Beispiel für das Viral-Marketing ist *Hotmail.com* – ein Anbieter kostenloser E-Mail-Dienste, dessen Nutzer mit jeder E-Mail auch die vorprogrammierte Botschaft „Get your free E-Mail at *Hotmail*" versenden und damit ohne ihr weiteres Zutun zur Verbreitung der *Hotmail*-Dienste beitragen (vgl. Strauss et al. 2003, S. 388). Ein anderes Beispiel bildet das Instant-Messaging-Programm *ICQ* („I seek you"). Nachdem *ICQ* 12 Million Nutzer hatte, wurde es von *AOL* für 300 Million US-Dollar erworben (vgl. Mohammed et al. 2004, S. 362).

Das wichtigste **Ziel** des Viral-Marketing bildet die schnelle **Maximierung der Reichweite** ('reach') bzw. der Anzahl der Kunden, mit denen ein Unternehmen in Verbindung treten kann. Eine große Reichweite stellt in der Internet-Ökonomie oftmals einen erheblichen Wettbewerbsvorteil dar, da sie meist als notwendige Voraussetzung für die Entstehung der bereits beschriebenen positiven Netzeffekte und steigenden Skalenerträge angesehen wird. Da aber die Leistungen im Rahmen des Viral-Marketing kostenlos abgegeben werden, können die Unternehmen, die eine solche Strategie verfolgen, nur so lange gedeihen, wie es ihnen gelingt, sich aus anderen Quellen zu finanzieren, etwa aus Werbeeinnahmen. Dies stellt, wie es die Erfahrung des vergangenen Jahrzehnts gelehrt hat, ein nicht zu unterschätzendes Risiko dar.

Neben der schnellen Gewinnung von Neukunden ist die Herbeiführung stabiler Kundenbeziehungen im Internet-Marketing von großer Bedeutung. Die Gewinnung neuer Kunden im Electronic Commerce verursacht nämlich hohe Akquisitionskosten, die durch Erlöse erst dann kompensiert werden, wenn der neue Kunde zwei bis drei Jahre wiederholt bei dem Anbieter einkauft. Erst danach wird die Geschäftsbeziehung für den Anbieter profitabel. Reichheld/Schefter (2001, S. 71) haben dies für den E-Commerce mit Produkten der Unterhaltungselektronik, Büchern, Lebensmitteln und Bekleidung nachgewiesen.

Der Auf- und Ausbau langfristiger Geschäftsbeziehungen mit Kunden im E-Commerce ist die Aufgabe des **Electronic Customer-Relationship-Management (E-CRM)**. Die Grundidee dieses elektronischen Beziehungsmanagements besteht darin, individuelle Präferenzen der Kunden zu erkennen und darauf aufbauend **kundenindividuelle Leistungen** zu erzeugen und anzubieten. Dadurch sollen die Kundenzufriedenheit gesteigert, Kundenloyalität ermöglicht und eine dauerhafte Bindung des Kunden erreicht werden (vgl. Wirtz 2001, S. 494ff.; Stolpmann 2001, S. 76f.). Zu diesem Zweck baut das E-CRM ganz wesentlich auf den im Internet gegebenen Möglichkeiten des **One-to-One-Marketing** und der **Leistungsindividualisierung** selbst auf Massenmärkten, d.h. der **Mass Customization**, auf (vgl. Fritz 2004, S. 139, 173) und integriert diese zu einem umfassenden beziehungsorientierten Marketing-Programm, das manchmal auch als integriertes Customer Care Mix bezeichnet wird (Wirtz 2001, S. 516ff., 522ff.). Ein Leistung umfassendes und darüber hinaus im Hinblick auf die Kommunikation, den Service und die Beziehung personalisiertes Marketing nennt Kotler (2003, S. 37) „Customerization".

In technischer Hinsicht wird E-CRM durch **elektronische Interaktionssysteme** ermöglicht, die weitgehend automatisiert und selbststeuernd mit dem Kunden interagieren. Besucht der Kunde die Website eines Unternehmens, liefert die automatische Aufzeichnung des Nutzerverhaltens ('user tracking') die Daten für die Ermittlung eines Nutzerprofils und die darauf aufbauende Auswahl von Empfehlungen. Dabei können u.a. Rules-Based- oder Collaborative-Filtering-Methoden zum Einsatz kommen (vgl. Negelmann 2001, S. 7f.; Zerdick et al. 2001, S. 195ff.; Strauß/Schoder 2000, S. 111). In jedem Fall erhält der Internet-Nutzer als Ergebnis ein quasi-individuelles Produkt- oder Informationsangebot.

Der Einsatz solcher E-CRM-Systeme soll u.a. dazu beitragen, die Abbruchraten der Web-Site-Besucher zu verringern, die Kundenzufriedenheit zu erhöhen und den Umsatz zu steigern. Darüber hinaus werden die gespeicherten Kundendaten dazu verwendet, das Leistungsangebot zu verbessern, wovon der Kunde bei einem Wiederholungsbesuch profitieren kann, bspw. durch Dienste wie den One-Click-Buy. Der Kunde muss in diesem Fall bei einem Wiederholungskauf seine gesamten Daten nicht erneut eingeben, was beim Anbieterwechsel aber erforderlich wäre. Dies schafft insb. für Kunden, die auf die Bequemlichkeit beim Einkauf großen Wert legen, einen Zusatznutzen, der zugleich die Kundenbindung erhöht (vgl. Lingenfelder 2001, S. 389).

Häufig beschränken sich Überlegungen zum E-CRM auf den informationstechnischen Aspekt. Dies greift aber zu kurz, da Kundenbindung auch im Internet durch eine Reihe weiterer Faktoren herbeigeführt werden muss, angefangen von Rabattsystemen über Loyalitätsprogramme bis zu virtuellen Kundenclubs, die ebenfalls zur Kundenloyalität der Internet-Nutzer beitragen können. Das E-CRM bedarf somit der Integration in ein umfassendes CRM-Programm, das über die Software-Perspektive weit hinausgeht (vgl. Strauss et al. 2003, S. 404ff.; Bauer et al. 2001, S. 128f.; Hildebrand 2000, S. 88ff.).

Das Ziel einer längerfristigen Kooperation mit Kunden verfolgt ebenfalls das **Permission Marketing**. Darunter versteht man ein Maßnahmenprogramm des Direkt-Marketing, dessen Einsatz auf dem Einverständnis des Adressaten beruht (vgl. Diller 2001; Schwarz 2000). Weil die Adressaten von den Unternehmen dazu eingeladen werden, an ihrem Permission-Marketing-Programm teilzunehmen, wird manchmal auch von **Invitational Marketing** gesprochen (vgl. Faix 2003, S. 349). Obwohl in einem solchen Programm vorwiegend operative Maßnahmen zum Einsatz gelangen, bedarf es doch insgesamt einer strategischen Planung z.B. hinsichtlich der Zielgruppen und der Maßnahmenkombination.

Das Permission Marketing beruht auf der Erkenntnis, dass viele Marketing-Aktivitäten, insb. solche im Internet, vom Empfänger als unerwünscht empfunden werden können und unter Umständen sogar gegen rechtliche Vorschriften verstoßen. Dies gilt insb. für unverlangt zugesandte massenhafte Werbung per E-Mail oder via Handy (Spam) und auch bereits für die unaufgeforderte Übermittlung von Fragebögen mittels elektronischer Post. Grundsätzlich betroffen sind alle werblichen Maßnahmen zielpersonengenauer Massenkommunikation im Internet, denen die Adressaten zuvor nicht ausdrücklich zugestimmt haben, da diese Maßnahmen die Ressourcen der Adressaten (Speicherkapazität der Computer, Zeit, Online-Kosten) unerlaubt beanspruchen (zur Spam-Problematik vgl. Fritz 2004, S. 225ff.).

Die Aufgabe des Permission Marketing besteht nun darin, die Einwilligung des Adressaten für die entsprechenden Maßnahmen im Internet einzuholen sowie Marketing-Programme in den vom Kunden ausdrücklich freigegebenen Bereichen zu entwickeln und umzusetzen. Inzwischen existieren zahlreiche auf Permission Marketing spezialisierte Agenturen, die den Internet-Nutzern als Gegenleistung für die Einwilligung, z.B. E-Mail-Werbung zu empfangen, u.a. kostenlose E-Mail-Dienste anbieten oder Online-Gutschriften erteilen, die beim Online-Shopping eingelöst werden können.

3.2. Maßnahmen des Internet-Marketing

Der Maßnahmenbereich des Internet-Marketing ist derart vielfältig, dass er hier nur anhand weniger Beispiele produkt-, preis-, kommunikations- und distributionspolitischer Art beleuchtet werden kann (vgl. dazu ausführlicher Fritz 2004, S. 186-258; Mohammed et al. 2004; Roberts 2003; Chaffey et al. 2001).

■ **Produktpolitik und Branding**

Das Internet hat die Entwicklung zahlreicher **Neuprodukte** vorangetrieben, von denen viele als echte Marktneuheiten anzusehen sind, vor allem Hard- und Softwareprodukte, wie z.b. Web-Server, Router, Gateways, Netzcomputer, Browser, intelligente Software-Agenten und neue Zahlungssysteme im Internet, um nur ein paar Beispiele zu nennen (vgl. Fritz 2004, S. 189f.).

Auch auf den **Ablauf von Produktinnovationsprozessen** nimmt das Internet Einfluss. So können auf Internet-Basis verschiedene Produktentwicklungsgruppen, die geografisch weit voneinander entfernt sind, virtuell koordiniert werden. Große räumliche und zeitliche Distanzen werden auf diese Weise überwunden, wodurch eine simultane und permanente Produktentwicklung auch international möglich ist. F&E-Standorte verlieren dadurch an Bedeutung. Ein Beispiel dafür bilden Systeme der Augmented Reality oder Mixed Reality, die etwa bei der Entwicklung von Prototypen neuer Bauteile mittels virtueller Realität in der Autoindustrie in zunehmendem Maße eingesetzt werden und die auf Internet-Basis Bauteilekonferenzen mit Teilnehmern gestatten, deren Arbeitsplätze über Kontinente hinweg verteilt sind (vgl. o.V. 2002a).

Darüber hinaus lassen sich verschiedene **Typen internetbasierter Innovationsprozesse** identifizieren, nämlich

- das **Rapid Prototype Launching**, bei dem noch unfertige Prototypen als Neuprodukt eingeführt und anhand der Kundenreaktionen weiterentwickelt werden, um eine möglichst schnelle Marktdurchdringung zu erreichen (z.B. das ICQ),

- die **partizipative Produktentwicklung**, die durch die interaktive Mitwirkung des Kunden zustande kommt und zu individualisierten Leistungen führt sowie

- die **Netzwerkinnovation** durch Communities von Entwicklern, die z.B. eine im Internet kostenlos zur Verfügung gestellte Basis-Software weiterentwickeln (z.B. das Betriebssystem *Linux*; vgl. Fritz 2004, S. 190ff.; Gassmann 2001, S. 79ff.).

Neben der Produktinnovation wirkt sich das Internet auch erheblich auf die **Markenpolitik** bzw. das **Branding** von Angeboten aus, was sich bei den Ausführungen zum Konsumentenverhalten im Internet bereits angedeutet hat (vgl. Kapitel 2.3). Insb. für reine Internet-Marken (z.B. *Amazon*; *Scout24*) stellen der Markenaufbau und die Schaffung von Markenbekanntheit vorrangige Aufgaben dar, die ohne intensive Cross-Media-Kommunikation unter Einbeziehung klassischer Kommunikationsmedien oft kaum zu erreichen sind (vgl. Fantapié Altobelli/Sander 2001, S. 173ff.). Dagegen genießen aus der Offline-Welt bereits bekannte Markennamen (z.B. *Otto*; *Quelle*) im Internet oft einen Vertrauensvorschuss und damit einen Wettbewerbsvorteil gegenüber reinen E-Brands (vgl. Fantapié Altobelli/Sander 2001,

S. 164ff.). Aufgrund der Besonderheiten des Internet ist für diese Angebote aber eine Abstimmung der Markenführung in der Online- und der Offline-Welt wichtig, die sich in Konzepten des integrierten oder hybriden Internet-Branding konkretisiert (vgl. Fritz 2004, S. 196ff.; Bongartz 2002, S. 313; Meffert/Giloth 2002, S. 120).

■ **Preispolitik**

Die bereits erwähnten Wettbewerbsbedingungen in der Internet-Ökonomie haben eine unmittelbare Bedeutung für die Preispolitik der Unternehmen (vgl. Kapitel 2.2). Dies gilt insb. für solche Angebote, bei deren Vermarktung Netzeffekte und steigende Skalenerträge in Betracht kommen, welche die Unternehmen durch eine geschickte Preispolitik im Internet fördern und nutzen können (vgl. Wagner/Fritz 2001).

Stehen solche Netzeffekte und steigenden Skalenerträge in Aussicht, so kommt es darauf an, für eine möglichst schnelle Verbreitung der Angebote zu sorgen. Dies wird ein Produkt im Internet wohl dann erreichen, wenn es der Anbieter kostenlos abgibt. Die Strategie des Verschenkens von Produkten im Internet wird als **Follow the Free-Pricing** bezeichnet und umfasst zwei Schritte (vgl. Fritz 2004, S. 204ff.; Zerdick et al. 2001, S. 193): Im ersten Schritt werden durch die kostenlose Abgabe z.B. eines Software-Produkts und dadurch entstehende Netzeffekte rasch eine wachsende Kundenbasis aufgebaut und ein Kundenbindungseffekt (Lock-in-Effekt) erzielt. Im **zweiten Schritt** sollen durch den Verkauf von Komplementärleistungen oder von neueren bzw. leistungsfähigeren Produktversionen (Upgrades bzw. Premiums) an den Kundenstamm dann Erlöse generiert werden.

Spektakuläre Fälle scheinen den Erfolg des Follow the Free-Pricing zu bestätigen. So hat z.B. *Network Associates* (ehemals *McAffee*) seine Anti-Viren-Software kostenlos im Internet angeboten und nur dann eine Lizenzgebühr verlangt, wenn das Programm von einem gewerblichen Nutzer installiert und im Informationssystem seines Unternehmens erfolgreich getestet worden ist. Neue Programmversionen kommen alle sechs bis acht Wochen auf den Markt und sind in der zweijährigen Lizenzgebühr bereits enthalten (vgl. Dholakia et al. 2001b, S. 82). Dadurch soll es *Network Associates* gelungen sein, ein Drittel des Markts für Virenschutz-Software zu gewinnen (vgl. Zerdick et al. 2001, S. 193) – anderen Angaben zufolge sogar einen Marktanteil von 75% zu erreichen (vgl. Meffert 2000, S. 136f.). Auch die kostenlose Abgabe des *Netscape Navigators* hat seine zeitweilig bedeutende Marktstellung begründet. Weitere Erfolgsbeispiele sind der *Acrobat* Reader von *Adobe*, *ICQ* und *Linux*. Auch *eBay*, das weltweit erfolgreichste Online-Auktionshaus, hat seine Leistungen allen Teilnehmern ursprünglich kostenlos angeboten (vgl. Möllenberg 2003, S. 206).

Die Follow the Free-Strategie erscheint jedoch nicht unproblematisch. Zunächst hängt ihre Anwendbarkeit von der im Internet angebotenen **Produktkategorie** ab. Sinnvoll erscheint sie bei digitalen Produkten, bei denen erhebliche Netz- und Skaleneffekte entstehen können. Weniger sinnvoll ist sie dagegen bei nicht-digitalen Gütern, die zwar ebenfalls über das Internet vertrieben werden, jedoch von vergleichbaren Netz- bzw. Skaleneffekten weniger begünstigt sind (z.b. Lebensmittel, PKWs, Blumen; vgl. auch Skiera 2000, S. 98, 101). Problematisch erscheint die Follow the Free-Strategie auch deshalb, weil sie eine **Free Lunch**- oder **Free Rider-Mentalität** bei vielen Kunden schafft, die zur Ablehnung entgeltpflichtiger Angebote im Internet führt. So zeigen bspw. zwei Drittel der Nutzer von Musiktauschbörsen im Internet keine Bereitschaft, für bislang kostenlose Musik-Downloads einen Preis zu akzeptieren (vgl. Walsh et al. 2002, S. 216). Diese Haltung erschwert grundsätzlich auch die Durchsetzung von Preisen für Komplementärleistungen und neue Versionen eines im Internet ursprünglich kostenlos abgegebenen Software-Produkts. In diesen Fällen kommt es somit maßgeblich darauf an, beim Kunden durch ein klares Nutzenangebot eine Zahlungsbereitschaft überhaupt erst zu erzeugen. Allerdings sprechen neuere Forschungsergebnisse für eine allmählich wachsende Zahlungsbereitschaft der Internet-Nutzer: „Im Jahr 2004 betrug der Anteil der kostenpflichtigen Inhalte am gesamten Inhalte-Konsum etwa 16%. Bis zum Jahr 2010 soll der Anteil der kostenpflichtigen Inhalte auf 38% anwachsen" (Wirtz 2005, S. 575).

■ **Kommunikationspolitik**

Eines der umfangreichsten Einsatzfelder des Internet ist die Kommunikationspolitik. Aus dem Anwendungsspektrum, das u.a. Werbung, Verkaufsförderung, Public Relations, Sponsoring, Placements, Event-Marketing, Messen und Ausstellungen sowie den Aufbau virtueller Communities umfasst (vgl. Fritz 2004, S. 214ff.), können im Folgenden nur einige **Besonderheiten der Internet-Werbung** dargestellt werden.

Werbung tritt in zwei grundlegenden Formen auf: der **Media-Werbung** als der Werbung in Massenmedien einerseits und der sich unmittelbar an die Zielpersonen richtenden **Direktwerbung** andererseits. Das Internet erweitert diese herkömmliche Vorstellung von der Werbung in verschiedener Hinsicht. Mit seiner zunehmenden Verbreitung wird das Internet immer stärker zu einem Massenmedium, mit dem fast alle Bevölkerungsschichten erreicht werden können. Durch die Interaktivität des Mediums und den gezielten Einsatz sog. Ad-Server-Technologien (automatische Anzeigen-Platzierungssysteme) bietet das Internet eine hohe Zielgruppengenauigkeit sowie ferner die Möglichkeit einer Individualisierung des Kommunikationsinhalts. Man kann daher die Werbung im Internet auch als eine Form der **individualisierbaren Massenkommunikation** bezeichnen (vgl. Walter 1999, S. 67f.).

Die **Werbung im Internet** unterscheidet sich von der herkömmlichen Werbung vor allem auch durch eine Reihe **neuer Werbemittel**. Dazu zählen vor allem **Werbebuttons** und **Werbebanner** im World Wide Web, von denen inzwischen mehrere Dutzend verschiedener Varianten existieren (siehe dazu die Übersicht bei Fritz 2004, S. 217ff.). Untersuchungen zu **Wirksamkeit von Bannerwerbung** zeigen, dass sie u.a. dazu beiträgt, die Werbeerinnerung und die Erinnerung an die beworbene Marke zu steigern (vgl. Strauss et al. 2003, S. 398; Kleindl/Theobald 2000, S. 264).

Der Einsatz dieser Werbemittel im Internet hat zur Entwicklung **neuer Formen der Werbeerfolgskontrolle** geführt, unter denen verschiedene **Online-Kennzahlen** in der Praxis verbreitet sind (vgl. Fritz 2004, S. 271ff.). Maße für den Werbemittelkontakt stellen die AdImpressions (AdViews) sowie die AdClicks dar. Eine **AdImpression** bezeichnet die Auslieferung eines Werbemittels durch einen AdServer (z.B. Banner, Button; vgl. Mevenkamp/Kerner 2001, S. 275). Ein **AdClick** dagegen erfasst den Klick auf ein Werbebanner oder einen Button, mit dem der Nutzer z.B. über einen Link auf die Seiten des Anbieters gelangt. Im Gegensatz zur AdImpression, die sich lediglich auf einen Dateiabruf bezieht, misst ein AdClick somit auch eine Reaktion des Nutzers auf ein Werbemittel.

Eine populäre Maßzahl für die Effizienz insb. der Bannerwerbung ist die **AdClick-** bzw. **Click Through Rate** (CTR). Sie bezeichnet die Relation zwischen der Zahl der AdClicks und der Zahl der AdImpressions, multipliziert mit 100 (vgl. Sänger/Freter 1999, S. 22). Je höher die Click Through Rate ist, umso stärker animiert ein Werbebanner den Internet-Nutzer zu einer Reaktion, d.h. zu einem Klick. Die Click Through Rate für Werbebanner variiert stark. Im Durchschnitt beträgt sie für Standardbanner nur etwa 0,5 Prozent. Bei neueren, großformatigen und animierten Bannern kann sie aber höher liegen (vgl. Strauss et al. 2003, S. 396).

Für die ökonomische Kontrolle der Bannerwerbung sind jedoch solche Kennzahlen interessanter, die einen Bezug zwischen den AdClicks und den Online-Bestellungen herstellen sowie die Kosten der Werbemaßnahmen berücksichtigen. Dazu zählen die **Conversion Rate** als das Verhältnis der Anzahl der Online-Bestellungen zur Anzahl der AdClicks sowie die Kennzahl **Cost Per Order**, welche die Relation der Kosten der Werbemaßnahme zur Anzahl der Bestellungen angibt. Beide Kennzahlen haben für die wirtschaftliche Beurteilung von Online-Werbeausgaben eine größere Bedeutung als die Click Through Rate. Sie setzen voraus, dass eine direkte Kausalität zwischen den Werbemaßnahmen im Internet und der Anzahl der Bestellungen existiert, was aber nicht immer sicher ist (vgl. Fritz 2004, S. 276ff.).

Obwohl die Internet-Werbung im WWW von vielen Internet-Nutzern als belästigend empfunden wird, lässt sich feststellen, dass der Internet-Werbemarkt seit vielen Jahren mit z.T. zweistelligen Zuwachsraten wächst (vgl. Fritz 2004, S. 215). Diese Entwicklung hält auch 2005/2006 an.

Distributionspolitik

Das Internet vermag ebenfalls, die Distributionspolitik von Unternehmen zu verändern, was am Beispiel der Wahl der Absatzkanäle sowie unter dem Aspekt des persönlichen Verkaufs kurz erläutert werden soll (vgl. Fritz 2004, S. 240ff.).

Unternehmen können das **Internet** zum einen als **einzigen Absatzkanal** nutzen, zum anderen als **zusätzlichen Absatzkanal**, der die bereits vorhandenen ergänzt. Im ersten Fall spricht man von eingleisigem oder **Einkanalvertrieb**, im zweiten Fall von mehrgleisigem, Mehr- oder **Multikanalvertrieb**. Ein Marketing, das konsequent auf die Nutzung mehrerer Vertriebs- und Kommunikationskanäle einschließlich des Internet setzt, wird als **Multi-Channel-Marketing** bzw. **-Management** bezeichnet (vgl. Wirtz/Krol 2002).

Als alleiniger Absatzkanal kommt das Internet bspw. für den **Direktvertrieb** von Software in Betracht. Aber auch beim Vertrieb von Hardware kann man in der Computerindustrie einen internetgestützten Direktvertrieb erfolgreich installieren, wie es z.B. *Dell* gelungen ist (vgl. Mohammed et al. 2004, S. 453f.). Daneben kann das Internet in verschiedener Weise im Rahmen eines **indirekten Vertriebs** genutzt werden und damit auch dieser Vertriebsalternative eine neue Gestalt verleihen. Ein Beispiel dafür bildet der indirekte Absatz von Herstellern über Online-Händler an Endkunden. Darüber hinaus können z.B. traditionelle Absatzmittler das Internet nutzen, um ihren Kunden zusätzliche Bestellmöglichkeiten zu bieten oder neue Versandhandelsfunktionen zu übernehmen (z.B. die Drogeriemarktkette *Schlecker*).

In diesen Beispielen sind traditionelle Unternehmen angesprochen, die das Internet zur Erweiterung ihrer bisherigen Geschäftstätigkeit nutzen und somit ein **Multi-Channel-Marketing** zu realisieren suchen (vgl. Specht/Fritz 2005, S. 165ff.). Dadurch können Unternehmen verschiedene Kundengruppen gleichzeitig erreichen und unterschiedlichen Kundenansprüchen genügen. Sie tragen damit dem Phänomen des Multi-Channel-Einkaufs Rechnung, der beim Online-Shopping der Konsumenten in rd. 30% der Fälle nachgewiesen worden ist (vgl. Fritz 2004, S. 121).

Darüber hinaus können sich aus der Etablierung mehrerer Absatzkanäle betriebswirtschaftliche Synergien ergeben, etwa dann, wenn ein bereits offline etablierter Markenname auf das Online-Geschäft übertragen wird und dort zu einer Erhöhung des Vertrauens der Online-Shopper in den Anbieter führt, oder wenn bisher schlecht erreichbare Zielgruppen über das Internet kostengünstig erreicht werden, was zu einer stärkeren Durchdringung und Ausdehnung des Absatzmarkts führen kann (vgl. Steinfield et al. 2002).

Solche Synergien entstehen aber nur dann, wenn zwischen den traditionellen und den neuen Absatzkanälen keine allzu großen Konflikte existieren (vgl. Steinfield et al. 2002, S. 97). Das Risiko des Auftretens von **Absatzkanalkonflikten** ist in Mehrkanalvertriebssystemen aber durchaus gegeben. So zeigen empirische Studien, dass viele Unternehmen deshalb auf die Einrichtung eines Online-Vertriebs verzichten, weil sie Umsatzrückgänge in den traditionellen Absatzkanälen befürchten und die sich daraus ergebenden Probleme mit ihrem Außendienst und ihren vorhandenen Vertriebspartnern vermeiden wollen (vgl. Wirtz/Krol 2002, S. 100). Werden dennoch Vertriebskanäle im Internet aufgebaut, so lassen sich die möglichen Kanalkonflikte z.B. durch den Vertrieb internetspezifischer Marken, Produkte oder Produktvarianten vermeiden, die in Offline-Vertriebskanälen nicht angeboten werden (vgl. Wirtz/Krol 2002, S. 100). Zu weiteren Möglichkeiten der Lösung von Kanalkonflikten vgl. Specht/Fritz 2005, S. 451ff.; Dingeldein/Brenner 2002, S. 78ff.).

Innerhalb eines mehrkanaligen Vertriebssystems kann sich die Relevanz einzelner Absatzkanäle im Laufe der Zeit verschieben. Dies belegt z.b. eine Studie aus dem Bereich des **Bankvertriebs**. Während bisher fast 80% aller Bankkunden in Deutschland zur Regelung ihrer finanziellen Angelegenheiten eine Bankfiliale nutzen, werden es im Jahre 2010 voraussichtlich nur noch 20% sein. In diesem Zeitraum wird, sofern die Prognose zutrifft, der Anteil der Kunden, die sich neben der Bankfiliale auch des Internets und des Telefons für die Abwicklung ihrer Finanzgeschäfte bedienen, von 10 auf 60% steigen (vgl. o.V. 2001b). Ähnliche Prognosen existieren auch für Unternehmen der **Versicherungswirtschaft**, bei denen der bisher dominierende Ausschließlichkeitsvertrieb z.b. über Versicherungsagenten an Bedeutung abnehmen und u.a. der internetgestützte Direktvertrieb beträchtlich zunehmen soll, zumindest im Bereich standardisierter und wenig erklärungsbedürftiger Versicherungsleistungen (vgl. Fritz 1999b, S. 487; Heidrick/Struggles 1999, S. 35f.). Das Internet kann somit auch zu **Strukturveränderungen** im System der Absatzkanäle beitragen (vgl. dazu ausführlicher Fritz 2004, S. 244ff.).

Die besten Voraussetzungen, das traditionelle Geschäft um ein Online-Business zu ergänzen, haben offensichtlich die traditionellen **Versandhandelsunternehmen**, da sie bereits in ihrem herkömmlichen Geschäft Kompetenzen besitzen, die ihnen einen erfolgreichen Einstieg in das Online-Geschäft erleichtern (z.b. Produktpräsentationen im Distanzhandel, Kundendatenmanagement, Logistik einschließlich Bestellabwicklung; vgl. Wirtz/Krol 2002, S. 110).

Im Rahmen des **persönlichen Verkaufs** kann das Internet in verschiedener Hinsicht zur **Verkaufsunterstützung** genutzt werden, etwa dann, wenn Verkäufer internetfähige Laptops in Beratungs- und Verkaufsgesprächen einsetzen (vgl. Silberer/Kretschmar 1999; Alpar 1998, S. 233; Link 1998, S. 8).

Das Internet verändert durch seinen Einsatz im Außendienst das **Aufgabenspektrum** der Außendienstmitarbeiter sowie die an sie zu stellenden **Anforderungen**. Empirische Untersuchungen zeigen, dass der Vertrieb durch den Einsatz interaktiver Medien von administrativen und Routinetätigkeiten entlastet wird. Zugleich aber steigen die Anforderungen an die einzelnen Vertriebsmitarbeiter erheblich, die in zunehmendem Maße gezwungen sind, die durch die

Entlastung gewonnene Kapazität dafür zu nutzen, ihren Kunden durch individuelle Beratung und maßgeschneiderte Lösungen einen Mehrwert zu stiften (vgl. Krafft/Litfin 2002, S. 297; Krafft/Litfin 2000, S. 54f.; Krafft 2000). Dies gilt insb. gegenüber den sog. Beziehungskunden (Stammkunden), wodurch auch die besondere Rolle der Vertriebsmitarbeiter für die Strategie des Customer-Relationship-Managements unterstrichen wird. Sollte es den Außendienstmitarbeitern nicht gelingen, zumindest für ihre wichtigsten Kunden individuelle Beziehungs- und Dialogleistungen zu erbringen, die diese Kunden auch honorieren, so werden sie längerfristig kaum gegen E-Commerce-Lösungen im Vertrieb bestehen können, die hohe Effizienz- und Servicepotenziale aufweisen und den herkömmlichen Außendienst in manchen Fällen zu substituieren drohen (vgl. Krafft/Litfin 2002, S. 297; Krafft/Litfin 2000, S. 54f.; Krafft 2000).

Mögliche Substitutionskonkurrenten für den traditionellen Verkäufer könnten zumindest langfristig leistungsfähige virtuelle Kollegen darstellen. Es existieren im Internet nämlich Ansätze für einen **quasi-persönlichen Verkauf** mittels virtueller Kundenberater oder Verkäufer. Dabei kommen sog. Embodied Conversational Agents (ECAs; z.B. Avatare, Smart-Bots oder persönliche Agenten) zum Einsatz, die in Gestalt einer **virtuellen Person** den Internet-Nutzer begrüßen, ihm bei der Navigation und der Produktsuche helfen und dabei den Human Touch liefern (vgl. Hanser/Schnettler 2001). Um zu lernen, sammelt der virtuelle Agent Informationen über den Nutzer, die er interaktiv abfragt. Auf der Grundlage der so gewonnenen Profildaten kann er dem Nutzer dann innerhalb nur weniger Sekunden bspw. neue Produkte zum Kauf anbieten (vgl. Fritz 2004, S. 255ff.; Löding 2000). Experimentelle Untersuchungen zeigen, dass der Einsatz virtueller Verkaufsberater im E-Commerce das Vertrauen der Konsumenten zum Anbieter erhöht (vgl. Bauer et al. 2005, S. 20).

4. Die Entwicklung des Internet-Marketing in der Praxis

Seit Mitte der neunziger Jahre des vorigen Jahrhunderts sind zahlreiche empirische Untersuchungen zu der Frage durchgeführt worden, in welchen Bereichen ihres Marketing die Unternehmen das Internet bevorzugt einsetzen (vgl. Hudetz 2005; Kotzab/Madlberger 2002; o.V. 2002b; Fritz/Kerner 2001; Heemann 1999; Hudetz 1999; Fritz/Kerner 1997; Silberer/Rengelshausen 1997). In Abbildung 1 sind ausgewählte Befunde zweier Studien wiedergegeben, die im Abstand von acht Jahren durchgeführt worden sind. Obwohl beide Untersuchungen aufgrund ihrer methodischen Unterschiede nur sehr vorsichtig miteinander verglichen werden dürfen, deuten sich eine Gemeinsamkeit und ein wesentlicher Unterschied an.

Abb. 1: Einsatzbereiche des Internet im Marketing 1997 und 2005

Einsatzbereiche des Internet im Marketing 1997		Ø	Einsatzbereiche des Internet im Marketing 2005		%
1)	PR/Öffentlichkeitsarbeit	3,4	1)	Produktinformation	91
2)	Werbung	3,2	2)	Kundenkontakt	76
3)	Kundenservice	3,1	3)	Internet als Absatzkanal	49
4)	Verkaufsförderung	3,0	4)	Preisinformation	45
5)	Verkauf/Distribution	2,7	5)	Schaltung von Werbebannern	33
6)	Produktentwicklung	2,4	6)	Preisflexibilisierung	27
7)	Produktgestaltung	2,3	7)	Direktvertrieb digitaler Leistungen	12
8)	Preisgestaltung	2,0	8)	Produktdifferenzierung	
				(gegenüber Offline-Angebot)	11
n = 241 deutsche Unternehmen Ø = Mittelwert; Skala: 1 = unwichtig; 5 = sehr wichtig (Quelle: Fritz/Kerner 1997)			n = 506 deutsche Unternehmen Electronic Commerce Enquête 2005 (Quelle: Sackmann/Strüker 2005)		

Zunächst scheinen beide Untersuchungen darin überein zu stimmen, dass das Internet in erster Linie zu Zwecken der Information und Kommunikation im Marketing eingesetzt wird (PR/Öffentlichkeitsarbeit, Werbung, Produktinformation, Kundenkontakt). Im Gegensatz zur 1997 durchgeführten Studie deuten die Befunde der Electronic Commerce Enquête 2005 jedoch einen tendenziell höheren Stellenwert des Internet als Instrument der Distributionspolitik an: Immerhin 49% der Unternehmen nutzen das Internet als Absatzkanal und 12% speziell zum Vertrieb digitaler Leistungen. Dieser Unterschied scheint dafür zu sprechen, dass seit Mitte der neunziger Jahre die E-Commerce-Orientierung des Internet-Marketing deutscher Unternehmen, die im Verkauf bzw. Vertrieb von Leistungen über das Internet zum Ausdruck kommt, zumindest tendenziell zugenommen hat.

5. Resümee

Das Internet beeinflusst die Situation des unternehmerischen Marketing in vielfältiger Hinsicht. Zwar schafft es keine vollkommen neuen, bisher gänzlich unbekannten ökonomischen Regeln (vgl. Picot/Neuburger 2002, S. 93); doch es setzt viele neue Akzente und bewirkt relevante Veränderungen in der Wettbewerbssituation sowie im Konsumentenverhalten, denen die Unternehmen mit einem tragfähigen Internet-Marketing begegnen müssen.

Einige Elemente eines solchen Internet-Marketing sind in diesem Beitrag skizziert worden. Sie finden sich keineswegs nur auf der taktisch-operativen Maßnahmenebene, z.B. in Werbung und Preispolitik, sondern sie konkretisieren sich insb. auch auf der Ebene des strategischen Marketing, etwa in Gestalt neuer Markteintritts- und Marktbearbeitungsstrategien. Dies macht deutlich, dass das Internet das gesamte marktorientierte Führungskonzept von Unternehmen zu verändern vermag und nicht nur, ähnlich dem Telefon, bloß einen weiteren Kommunikationskanal zum Kunden darstellt, was fälschlicherweise oft angenommen wird. Das Internet ist vielmehr als zentrales Element einer umfassenden Markt- bzw. Kundenorientierung der Unternehmen zu sehen, die einen Schlüsselfaktor des Unternehmenserfolgs insb. auch auf den Märkten der Internet-Ökonomie darstellt (vgl. Picot/Neuburger 2002, S. 103; Pagé/Ehring 2001, S. 268).

Literatur

Albers, S.: Besonderheiten des Marketing für Interaktive Medien, in: Albers, S.; Clement, M; Peters, K.; Skiera, B. (Hrsg.): Marketing mit Interaktiven Medien, 3. Aufl., Frankfurt am Main 2001, S. 11-23.

Alpar, P.: Kommerzielle Nutzung des Internet, 2. Aufl., Berlin 1998.

Bauer, H.H.; Göttgens, O.; Grether, M.: eCRM – Customer Relationship Management im Internet, in: Hermanns, A.; Sauter, M. (Hrsg.): Management-Handbuch Electronic Commerce, 2. Aufl., München 2001, S. 119-131.

Bauer, H.H.; Neumann, M.M.; Mäder, R.: Virtuelle Verkaufsberater in interaktiven Medien, Arbeitspapier Nr. W86 des Instituts für Marktorientierte Unternehmensführung, Universität Mannheim 2005.

Bauer, H.H.; Rösger, J.; Neumann, M.M. (Hrsg.): Konsumentenverhalten im Internet, Wiesbaden 2004.

Becker, J.: Internet & Co.: Historie, Technik und Geschäftsmodelle für den Handel, in: Ahlert, D.; Becker, J.; Kenning, P.; Schütte, R. (Hrsg.): Internet & Co. im Handel, Berlin 2000, S. 65-94.

Bliemel, F.; Fassott, G.; Theobald, A.: Einleitung – das Phänomen Electronic Commerce, in: Bliemel, F.; Fassott, G.; Theobald, A. (Hrsg.): Electronic Commerce, 3. Aufl., Wiesbaden 2000, S. 1-8.

Bongartz, M.: Marke und Markenführung im Kontext des Electronic Commerce, in: Meffert, H.; Burmann, C.; Koers, M. (Hrsg.): Markenmanagement, Wiesbaden 2002, S. 301-325.

Chaffey, D.; Mayer, R.; Johnston, K.; Ellis-Chadwick, F.: Internet-Marketing, München 2001.

Choi, S.-Y.; Stahl, D.; Whinston, A.B.: The Economics of Electronic Commerce, Indianapolis 1997.

Choi, S.-Y.; Whinston, A.B.: The Future of the Digital Economy, in: Shaw, M.; Blanning, R.; Strader, T.; Whinston, A. (Eds.): Handbook on Electronic Commerce, Berlin 2000, S. 25-52.

Danaher, P.J.; Wilson, I.W.; Davis, R.A.: A Comparison of Online and Offline Consumer Brand Loyalty, in: Marketing Science, Vol. 22 (2003), No. 4, pp. 461-476.

Degeratu, A.M.; Rangaswamy, A.; Wu, J.: Consumer Choice Behavior in Online and Traditional Supermarkets: The Effects of Brand Name, Price, and other Search Attributes, in: International Journal of Research in Marketing, Vol. 17 (2000), No. 1, pp. 55-78.

Dholakia, N.; Dholakia, R.R.: Märkte und Marketing im Informationszeitalter, in: Fritz, W. (Hrsg.): Internet-Marketing, 2. Aufl., Stuttgart 2001, S. 23-41.

Dholakia, N.; Dohlakia, R.R.; Mundorf, N.; Kshetri, N.; Park, M.-H.: Internet und elektronische Märkte: Ein ökonomischer Bezugsrahmen zum Verständnis marktgestaltender Infrastrukturen, in: Fritz, W. (Hrsg.): Internet-Marketing, 2. Aufl., Stuttgart 2001a, S. 43-60.

Dholakia, N.; Dholakia, R.R.; Zwick, D.; Laub, M.: Electronic Commerce und die Transformation des Marketing, in: Fritz, W. (Hrsg.): Internet-Marketing, 2. Aufl., Stuttgart 2001b, S. 61-93.

Dholakia, N.; Kshetri, N.: Die „Webs" und die „Web-nots" in der globalen Wirtschaft: Electronic Commerce, Digital Divide und die Folgen, in: Fritz, W. (Hrsg.): Internet-Marketing, 2. Aufl., Stuttgart 2001, S. 401-422.

Diller, H.: Permission Marketing, in: GIM – Gesellschaft für Innovatives Marketing e.V., Universität Erlangen-Nürnberg (Hrsg.): Marketing Newsletter Nr. 30, September 2001, S. 13.

Dingeldein, R.; Brenner, W.: Totgesagte leben länger. Die Steuerung von Kanalkonflikten im Electronic Retailing, in: Ahlert, D.; Olbrich, R.; Schröder, H. (Hrsg.): Jahrbuch Handelsmanagement 2002: Electronic Retailing, Frankfurt am Main 2002, S. 67-88.

Ellsworth, J.H.; Ellsworth, M.V.: Marketing on the Internet: Multimedia Strategies for the World Wide Web, New York 1995.

Faix, A.: Permission Marketing, in: Die Betriebswirtschaft, 63. Jg. (2003), Nr. 3, S. 349-351.

Fantapié Altobelli, C.; Hoffmann, S.: Werbung im Internet, MGM, Kommunikations-Kompendium, Bd. 6, München 1996.

Fantapié Altobelli, C.; Sander, M.: Internet-Branding, Stuttgart 2001.

Fritz, W. (Hrsg.): Internet-Marketing, Stuttgart 1999a.

Fritz, W.: Marketing und Vertrieb in der Versicherungsbranche an der Schwelle zum 21. Jahrhundert, in: Zeitschrift für Versicherungswesen, 50. Jg. (1999b), Nr. 17, S. 479-489.

Fritz, W. (Hrsg.): Internet-Marketing. Marktorientiertes E-Business in Deutschland und den USA, 2. Aufl., Stuttgart 2001a.

Fritz, W.: Electronic Commerce im Internet – eine Bedrohung für den traditionellen Konsumgüterhandel?, in: Fritz, W. (Hrsg.): Internet-Marketing, 2. Aufl., Stuttgart 2001b, S. 123-159.

Fritz, W.: Markteintrittsstrategien im Electronic Business, in: Schögel, M.; Tomczak, T.; Belz, C. (Hrsg.): Roadm@p to E-Business, St. Gallen 2002, S. 136-151.

Fritz, W.: Internet-Marketing und Electronic Commerce, 3. Aufl., Wiesbaden 2004.

Fritz, W.; Kerner, M.: Online Marketing by WWW in Germany, in: Dholakia, N.; Kruse, E.; Fortin, D.R. (Eds.): COTIM-97 Conference Proceedings, Vol. 2, Kingston, RI, 1997, pp. 39-42.

Fritz, W.; Kerner, M.: Internet-Marketing in Vorreiter- und Nachzüglerbranchen – ein Vergleich, in: Fritz, W. (Hrsg.): Internet-Marketing, 2. Aufl., Stuttgart 2001, S. 223-235.

Gassmann, O.: E-Technologien in dezentralen Innovationsprozessen, in: Zeitschrift für Betriebswirtschaft, Ergänzungsheft 3/2001, S. 73-90.

Geiges, A.; Leong, M.: Spinnen im Netz, in: Stern, Nr. 23 (2005), S. 130-135.

Global Reach: Global Internet Statistics (by Language), http://www.global-reach.biz/globstats/index.php3 (07.02.2005).

Hagel III, J.; Armstrong, A.G.: Net Gain – Expanding Markets Through Virtual Communities, Boston, MA, 1997.

Hanser, P.; Schnettler, D.: Mein Freund, der Avatar, in: Absatzwirtschaft, Nr. 7 (2001), S. 86-89.

Härting, N.: Urheberrecht ist dem Internet gewachsen, in: Frankfurter Allgemeine Zeitung, 21. Februar 2001, S. 28.

Heemann, L.: Empirische Ergebnisse der Untersuchung „Internet im Einzelhandel", in: Müller-Hagedorn, L. (Hrsg.): Internet im Handel und in ausgewählten Dienstleistungsbereichen, Forschungsbericht des Instituts für Handelsforschung an der Universität zu Köln, Köln 1999, S. 37-70.

Heidrick & Struggles: Versicherungswirtschaft in der Polarisierung, München 1999.

Helm, S.: Viral Marketing – Establishing Customer Relationships by 'Word-of-Mouse', in: Electronic Markets, Vol. 10 (2000), No. 3, pp. 158-161.

Hermanns, A.: Online-Marketing im E-Commerce – Herausforderung für das Management, in: Hermanns, A.; Sauter, M. (Hrsg.): Management-Handbuch Electronic Commerce, 2. Aufl., München 2001, S. 101-118.

Hildebrand, V.G.: Kundenbindung und Electronic Commerce – Electronic-Customer-Relationship-Management, in: Wamser, C. (Hrsg.): Electronic Commerce, München 2000, S. 71-95.

Hudetz, K.: Empirische Ergebnisse der Untersuchung „Internet im Großhandel", in: Müller-Hagedorn, L. (Hrsg.): Internet im Handel und in ausgewählten Dienstleistungsbereichen, Forschungsbericht des Instituts für Handelsforschung an der Universität zu Köln, Köln 1999, S. 71-117.

Hudetz, K. (Hrsg.): E-Commerce im Handel, Gernsbach 2005.

Hünerberg, R.; Heise, G.; Mann, A. (Hrsg.): Handbuch Online-M@rketing, Landsberg am Lech 1996.

Hünerberg, R.; Jaspersen, T.: Die Erfolgskontrolle des Online-Marketing, in: Hünerberg, R.; Heise, G.; Mann, A. (Hrsg.): Handbuch Online-M@rketing, Landsberg am Lech 1996, S. 197-216.

Hutzschenreuter, T.: Electronic Competition, Wiesbaden 2000.

Johnson, E.; Moe, W.; Fader, P.; Bellman, S.; Lohse, J.: On the Depth and Dynamics of Online Search Behavior, in: Broniarczyk, S.M.; Nakamoto, K. (Eds.): Advances in Consumer Research, Vol. XXIX (2002), Valdosta, GA, p. 8.

Kewes, T.: Internet-Handel kennt keine Konsumkrise, in: Handelsblatt, 24. August 2005, S. 10.

Klein, L.R.; Ford, G.T.: Consumer Search for Information in the Digital Age: An Empirical Study of Pre-Purchase Search for Automobiles, in: Broniarczyk, S.M.; Nakamoto, K. (Eds.): Advances in Consumer Research, Vol. XXIX, Valdosta (2002), GA, pp. 100-101.

Kleindl, M.; Theobald, A.: Werbung im Internet, in: Bliemel, F.; Fassott, G.; Theobald, A. (Hrsg.): Electronic Commerce, 3. Aufl., Wiesbaden 2000, S. 259-273.

Kollmann, T.: Virtuelle Marktplätze, München 2001.

Kotler, P.: Marketing Management, 11th Ed., Upper Saddle River 2003.

Kotzab, H.; Madlberger, M.: Internet-basierte Distribution im stationären Handel – Empirische Erfahrungen aus Dänemark, Deutschland und Österreich, in: Ahlert, D.; Olbrich, R.; Schröder, H. (Hrsg.): Jahrbuch Handelsmanagement 2002: Electronic Retailing, Frankfurt am Main 2002, S. 115-140.

Krafft, M.: eCommerce und Vertrieb, Bericht des Zentrums für Marktorientierte Unternehmensführung, WHU Koblenz, 2000.

Krafft, M.; Litfin, T.: E-Commerce: Monster oder Maus für den persönlichen Verkauf?, in: Absatzwirtschaft, Nr. 10 (2000), S. 52-55.

Krafft, M.; Litfin, T.: E-Selling – Evolution statt Revolution im Vertrieb, in: Schögel, M.; Tomczak, T.; Belz, C. (Hrsg.): Roadm@p to E-Business, St. Gallen 2002, S. 286-301.

Kreikebaum, H.: Organisationsmanagement internationaler Unternehmen. Grundlagen und neue Strukturen, Wiesbaden 1998.

Lingenfelder, M.: Die Identifikation und Bearbeitung von Online-Käufersegmenten – Ergebnisse einer empirischen Untersuchung, in: Fritz, W. (Hrsg.): Internet-Marketing, 2. Aufl., Stuttgart 2001, S. 373-398.

Link, J.: Zur zukünftigen Entwicklung des Online-Marketing, in: Link, J. (Hrsg.): Wettbewerbsvorteile durch Online-Marketing, Berlin 1998, S. 1-34.

Löding, T.: Sex und Millionen für die Vorherrschaft im Internet, in: Net-Business, 29. Mai 2000, S. 72.

Meffert, H.: Die virtuelle Unternehmung: Perspektiven aus der Sicht des Marketing, in: Backhaus, K.; Günter, B.; Kleinaltenkamp, M.; Plinke, W.; Raffée, H. (Hrsg.): Marktleistung und Wettbewerb, Wiesbaden 1997, S. 115-141.

Meffert, H.: Neue Herausforderungen für das Marketing durch interaktive elektronische Medien – auf dem Weg zur Internet-Ökonomie, in: Ahlert, D.; Becker, J.; Kenning, P.; Schütte, R. (Hrsg.): Internet & Co. im Handel, Berlin 2000, S. 125-142.

Meffert, H.; Bolz, J.: Internationales Marketing-Management, 3. Aufl., Stuttgart 1998.

Meffert, H.; Giloth, M.: Aktuelle markt- und unternehmensbezogene Herausforderungen an die Markenführung, in: Meffert, H.; Burmann, C.; Koers, M. (Hrsg.): Markenmanagement, Wiesbaden 2002, S. 99-132.

Mevenkamp, A.; Kerner, M.: Akzeptanzorientierte Gestaltung von WWW-Informationsangeboten, in: Fritz, W. (Hrsg.): Internet-Marketing, 2. Aufl., Stuttgart 2001, S. 261-301.

Möllenberg, A.: Internet-Auktionen im Marketing aus der Konsumentenperspektive, Braunschweig 2003.

Mohammed, R.A.; Fisher, R.J.; Jaworski, B.J.; Paddison, G.J.: Internet Marketing, 2nd Ed., New York, NY, 2004.

Morton, F.S.; Zettelmeyer, F.; Silva Risso, J.: Internet Car Retailing, in: Journal of Industrial Economics, Vol. 49 (2001), No. 4, pp. 501-519.

Murray, K.B.: Loyalty By Design: Understanding Consumers' Reluctance to Shop when Buying Online, in: Broniarczyk, S.M.; Nakamoto, K. (Eds.): Advances in Consumer Research, Vol. XXIX (2002), Valdosta, GA, pp. 8-10.

Murray, K.B.; Häubl, G.: The Fiction of No Friction: A User Skills Approach to Cognitive Lock-In, in: Broniarczyk, S.M.; Nakamoto, K. (Eds.): Advances in Consumer Research, Vol. XXIX (2002), Valdosta, GA, pp. 11-18.

Negelmann, B.: Kundenorientierte Internet-Strategie und ihre technische Umsetzung, in: GIM – Gesellschaft für Innovatives Marketing e.V., Universität Erlangen-Nürnberg (Hrsg.): Marketing Newsletter Nr. 28, März 2001, S. 6-8.

Nonnast, T.: Internetwirtschaft – Ne(x)t Gener@tion, in: Handelsblatt, 13. Dezember 2005, S. 8.

o.V.: Zensur als Allheilmittel, in: Frankfurter Allgemeine Zeitung, 8. August 2001a, S 6.

o.V.: Multikanalvertrieb wird dominieren, in: Frankfurter Allgemeine Zeitung, 22. Juni 2001b, S. 27.

o.V.: Ein magisches Meeting, in: DaimlerChrysler Hightech Report, Nr. 1, 2002a, S. 64-66.

o.V.: Online-Marketingsysteme: E-Commerce steht nicht an erster Stelle, in: Absatzwirtschaft, Nr. 10, 2002b, S. 60.

Pagé, P.; Ehring, T.: Electronic Business und New Economy, Berlin 2001.

Pickartz, E.: Aufruhr per Rezept, in: Die Zeit, Nr. 51, 15. Dezember 2005, S. 38.

Picot, A.; Neuburger, R.: Grundsätze und Leitlinien der Internet-Ökonomie, in: Eggers, B.; Hoppen, G. (Hrsg.): Strategisches E-Commerce-Management, Wiesbaden 2001, S. 23-44.

Picot, A.; Neuburger, R.: Prinzipien der Internet-Ökonomie, in: Schögel, M.; Tomczak, T.; Belz, C. (Hrsg.): Roadm@p to E-Business, St. Gallen 2002, S. 92-107.

Picot, A.; Reichwald, R.; Wigand, R.T.: Die grenzenlose Unternehmung, 5. Aufl., Wiesbaden 2003.

Porter, M.E.: Bewährte Strategien werden durch das Internet noch wirksamer, in: Harvard Business Manager, 23. Jg. (2001), Nr. 5, S. 64-81.

Przepiorka, S.: Weblogs, Wikis und die dritte Dimension, in: Picot, A.; Fischer, T. (Hrsg.): Weblogs professionell, Heidelberg 2006, S. 13-27.

Quelch, J.A.; Klein, L.: The Internet and International Marketing, in: Sloan Management Review, Vol. 38, Spring 1996, pp. 60-75.

Ratchford, B.T.; Lee, M.-S.; Talukdar, D.: The Impact of the Internet on Information Search for Automobiles, in: Journal of Marketing Research, Vol. 40 (2003), No. 2, pp. 193-209.

Rayport, J.F.; Sviokla, J.J.: Managing in the Marketspace, in: Harvard Business Review, Vol. 72 (1994), No. 6, pp. 141-150.

Rayport, J.F.; Sviokla, J.J.: Die virtuelle Wertschöpfungskette – kein fauler Zauber, in: Harvard Business Manager, 18. Jg. (1996), Nr. 2, S. 104-113.

Reichheld, F.F.; Schefter, P.: Warum Kundentreue auch im Internet zählt, in: Harvard Business Manager, 23. Jg. (2001), Nr. 1, S. 70-80.

Roberts, M.L.: Internet Marketing, New York, 2003.

Sackmann, S.; Strüker, J.: Electronic Commerce Enquête 2005, Freiburg 2005.

Sänger, H.; Freter, H.: Aussagewert von Online-Kennzahlen für die Gestaltung der Unternehmenskommunikation im Internet, Siegen 1999.

Schneider, K.: Geschäftsmodelle in der Internet-Ökonomie, in: Ahlert, D.; Becker, J.; Kenning, P.; Schütte, R. (Hrsg.): Internet & Co. im Handel, Berlin 2000, S. 109-142.

Schwarz, T.: Permission Marketing macht Kunden süchtig, Würzburg 2000.

Shankar, V.; Smith, A.K.; Rangaswamy, A.: Customer Satisfaction and Loyalty in Online and Offline Environments, in: International Journal of Research in Marketing, Vol. 20 (2003), No. 2, pp. 153-175.

Shapiro, C.; Varian, H.R.: Online zum Erfolg, München 1999.

Silberer, G.; Kretschmar, C.: Multimedia im Verkaufsgespräch, Wiesbaden 1999.

Silberer, G.; Rengelshausen, O.: Online Marketing in Various Branches, in: Dholakia, N.; Kruse, E.; Fortin, D.R. (Eds.): COTIM-97 Conference Proceedings, Vol. 2, Kingston, RI, 1997, pp. 43-48.

Skiera, B.: Wie teuer sollen die Produkte sein?, in: Albers, S.; Clement, M.; Peters, K.; Skiera, B. (Hrsg): eCommerce, 2. Aufl., Frankfurt am Main 2000, S. 97-110.

Specht, G.; Fritz, W.: Distributionsmanagement, 4. Aufl., Stuttgart 2005.

Steinfield, C.; Bouwman, H.; Adelaar, T.: The Dynamics of Click-and-Mortar Electronic Commerce: Opportunities and Management Strategies, in: International Journal of Electronic Commerce, Vol. 7 (2002), No. 1, pp. 93-119.

Stolpmann, M.: Online-Marketingmix, 2. Aufl., Bonn 2001.

Strauss, J.; El-Ansary, A.; Frost, R.: E-Marketing, 3rd Ed., Upper Saddle River, NJ, 2003.

Strauß, R.E.; Schoder, D.: Wie werden die Produkte den Kundenwünschen angepaßt? – Massenhafte Individualisierung, in: Albers, S.; Clement, M.; Peters, K.; Skiera, B. (Hrsg): e-Commerce, 2. Aufl., Frankfurt am Main 2000, S. 109-121.

Ulfkote, U.: Virtuelle Schlagbäume, in: Frankfurter Allgemeine Zeitung, 27. Dezember 2000, S. 3.

Virtuelle Fabrik Euregio Bodensee: Medienmitteilung: Virtuelle Fabrik mit Bodenhaftung, http://www.vfeb.ch (26.10.2005).

Wagner, U.; Fritz, W.: Tendenzen marktorientierter Preispolitik im „Electronic Commerce", in: Wagner, U. (Hrsg.): Zum Erkenntnisstand der Betriebswirtschaftslehre am Beginn des 21. Jahrhunderts, Berlin 2001, S. 451-474.

Walsh, G.; Frenzel, T.; Wiedmann, K.-P.: E-Commerce-relevante Verhaltensmuster als Herausforderung für das Marketing – dargestellt am Beispiel der Musikwirtschaft, in: Marketing-ZFP, 24. Jg. (2002), Nr. 2, S. 207-223.

Walter, F.: Die Zukunft des Online-Marketing, Mering 1999.

Wiedmann, K.-P.; Buxel, H.; Frenzel, T.; Walsh, G. (Hrsg.): Konsumentenverhalten im Internet, Wiesbaden 2004.

Wirtz, B.W.: Electronic Business, 2. Aufl., Wiesbaden 2001.

Wirtz, B.W.: Medien- und Internetmanagement, 4. Aufl., Wiesbaden 2005.

Wirtz, B.W.; Krol, B.: Integrierte Multi-Channel-Geschäftsmodelle, in: Ahlert, D.; Olbrich, R.; Schröder, H. (Hrsg.): Jahrbuch Handelsmanagement 2002: Electronic Retailing, Frankfurt am Main 2002, S. 91-113.

Wißmeier, U.K.: Electronic Commerce und Internationalisierung, in: Hermanns, A.; Sauter, M. (Hrsg.): Management Handbuch Electronic Commerce, München 1999, S. 157-171.

Zerdick, A.; Picot, A.; Schrape, K.; Artopé, A.; Goldhammer, K.; Lange, U.T.; Vierkant, E.; Lopéz-Escorbar, E.; Silverstone, R.: Die Internet-Ökonomie. Strategien für die digitale Wirtschaft, 3. Aufl., Berlin 2001.

Deutsche Landesbanken: Status Quo und Strategien vor dem Hintergrund des Wegfallens der Staatsgarantien

Dipl.-Wirtsch.-Ing. Ralf Berger

(Diplomarbeit an der Technischen Universität Dresden, Lehrstuhl für Finanzwirtschaft und Finanzdienstleistungen)

Am 17. Juli 2001 besiegelte die *EU-Wettbewerbskommission* gemeinsam mit Vertretern der deutschen Bundesländer und des *Deutschen Sparkassen- und Giroverbandes* die **Abschaffung der Staatsgarantien** für Sparkassen und Landesbanken (vgl. o.V. 2001). Insb. bei den elf Landesbanken[1] zeichneten sich weit reichende Veränderungen ab; schließlich profitierten diese in ihren Aktivitäten bis dato in besonderem Maße von den staatlichen Haftungszusagen in Form von Anstaltslast und Gewährträgerhaftung. Den Kreditinstituten verblieb eine vierjährige Übergangsfrist bis zum 18. Juli 2005, um sich auf die neuen Rahmenbedingungen vorzubereiten.

Mit dem Wegfall von Anstaltslast und Gewährträgerhaftung ergab sich die **Notwendigkeit zur strategischen Neuausrichtung** der Landesbanken (vgl. Bremke et al. 2004, S. 293). Die explizite Staatshaftung wirkte sich positiv auf die Bonitätsbewertung durch die internationalen Rating-Agenturen aus und ermöglichte es ihnen, sich zu sehr günstigen Konditionen zu refinanzieren. Mit diesem komparativen Wettbewerbsvorteil gegenüber nationalen und internationalen Privatbanken ausgestattet, entwickelten sich die Institute mit ihren traditionellen Aufgaben als Girozentralen der Sparkassen und als Finanzierungspartner der Bundesländer zu den größten Banken Deutschlands (vgl. Sinn 1999, S. 34ff.). Speziell im Kapitalmarkt- und Großkundengeschäft profitierten die Institute von den guten Refinanzierungskonditionen. Jedoch drohte aufgrund des Auslaufens der Staatsgarantien eine Herabstufung der Bonität, was eine ernstzunehmende Bedrohung von Marktanteilen und Gewinnen der einzelnen Institute darstellte. Um dies zu verhindern, waren nachhaltige Maßnahmen gefragt, um sich auf den Wettbewerb unter neuen Rahmenbedingungen einzustellen.

Die Kriterien der Bonitätsbewertung durch die Ratingagenturen *Moody's* und *Standard & Poor's* lieferten die **Ansatzpunkte zur strategische Neuausrichtung**. Bei der individuellen Stärke, welche durch Kriterien wie Ertragskraft, Geschäftsstrategie oder Kapitalstruktur erfasst wird, wiesen die Landesbanken erhebliches Aufholpotenzial zu internationalen Wettbewerbern vergleichbarer Größe auf. Darüber hinaus bot eine engere Zusammenarbeit mit den Sparkassen einen zweiten wichtigen Hebel; denn in Anbetracht der wegfallenden Unterstüt-

---

[1] *LBBW, BayernLB, WestLB, NordLB, HSH Nordbank* (hervorgegangen aus der Fusion von *LB Kiel* und *Hamburgischer Landesbank* im Jahr 2003), *Helaba, LB Berlin, Landesbank Rheinland-Pfalz, SachsenLB, Bremer Landesbank* und *SaarLB*

zung der Bundesländer gewannen Haftungsmechanismen innerhalb des öffentlich-rechtlichen Bankenverbundes an Bedeutung.

Da diese Ansatzpunkte für alle Landesbanken gleichermaßen galten, überrascht es kaum, dass die einzelnen Institute deutliche Parallelen in der **Stoßrichtung der ergriffenen Maßnahmen** aufweisen. In den Aktivitäten als Geschäftsbank, welche den größten Teil des Umsatzes ausmachen, sind deutliche Verschiebungen in der Ausrichtung zu beobachten. Geschäftsbereiche und Beteiligungen, die nicht von strategischer Bedeutung und unter Wettbewerbsbedingungen nicht profitabel darstellbar sind, wurden in großem Umfang veräußert. Insb. betroffen waren hiervon die Investment-Banking- und Auslandsaktivitäten. Auf der Suche nach alternativen Ertragsquellen haben sich die Landesbanken verstärkt neuen Kundengruppen und Nischenmärkten zugewandt. Im Firmenkundengeschäft erfolgte eine Neuausrichtung weg von der traditionellen Konzentration auf Großkunden aller Branchen hin zur Spezialfinanzierung und hin zum regionalen Mittelstand. Im Privatkundengeschäft erfuhren die Aktivitäten mit vermögenden Privatkunden eine Renaissance. Die Retailaktivitäten einiger Institute[2] rückten ebenfalls verstärkt ins Rampenlicht, um profitable Wachstumsfelder aufzubauen.

Deutlich an Bedeutung gewonnen haben die Aktivitäten der Landesbanken als Zentralinstitute der Sparkassen. Die Aussichten auf eine Ratingverbesserung durch die engere Zusammenarbeit innerhalb des öffentlich-rechtlichen Sektors führten zur starken Vertiefung bestehender Kooperationen. Die Landesbanken positionieren sich heute stärker als noch vor einigen Jahren als Produkt- und Dienstleistungslieferanten der Sparkassen ihres Verbundgebietes. Dagegen spielen Aktivitäten als Staats- und Kommunalbank im Geschäftsmodell der Landesbanken heute kaum noch eine Rolle. Im Rahmen der Neuausrichtung trennte sich der Großteil der Institute von sämtlichen Fördertätigkeiten.

Damit hat sich die **Rolle der Landesbanken in der deutschen Finanzbranche** zwischen 2001 und 2005 deutlich gewandelt. Der öffentliche Auftrag findet in den meisten Geschäftsmodellen heute keine Erwähnung mehr. Dies unterstreichen auch die gesetzten Renditeziele. Alle Institute messen sich heute an den Kapitalkosten von privaten Kreditinstituten.

Der Zusammenhalt innerhalb des öffentlich-rechtlichen Sektors ist nach wie vor sehr hoch. Damit sind auch die absehbaren mittel- bis langfristigen **Auswirkungen auf die gesamte deutschen Finanzbranche** im Zusammenhang mit dem Auslaufen der Staatsgarantien als weniger gravierend einzustufen, als noch im Juli 2001 angenommen (vgl. Jennen et al. 2001). Das Dreisäulensystem hat nach wie vor Bestand. Wirklich bedeutende Einschnitte, wie die Privatisierung mehrerer Landesbanken, sind in absehbarer Zeit kaum zu erwarten.

---

[2] LBBW (durch die BW Bank), BayernLB (durch die DKB)

In Hinblick auf die schlechte Ertragslage im deutschen Kreditgeschäft gehen von der Veränderung der Rahmenbedingungen durch den Wegfall von Anstaltslast und Gewährträgerhaftung zwei wesentliche Impulse aus. Zum einen entfällt der komparative Kostenvorteil der öffentlich-rechtlichen Institute. Eine Anpassung der Konditionen bei der Kreditvergabe und im Provisionsgeschäft wird sich positiv auf die Profitabilität der Gesamtbranche aus. Zum anderen hat ein Umdenken in der Sparkassen-Finanzgruppe eingesetzt. Das Renditeziel des gesamten öffentlich-rechtlichen Sektors entspricht heute den Kapitalkosten privater Banken, was ebenfalls zu einer positiven Entwicklung bei den Kreditkonditionen beitragen wird.

Die direkten **Auswirkungen** auf die **Finanzierungskonditionen deutscher Unternehmen** sind ebenfalls als überschaubar einzuordnen. Die Kreditversorgung von Großunternehmen wird zwar zukünftig die Domäne der nationalen und internationalen Großbanken sein. Folgen für die Kreditkosten sind in diesem Zusammenhang allerdings kaum zu erwarten. Die Konditionen im Großkundengeschäft werden in der Praxis vom Markt bestimmt, so dass keine Verschlechterung der Konditionen in Zusammenhang mit der Neuausrichtung der Landesbanken zu erwarten ist.

Für den deutschen Mittelstand ist die Lage differenziert zu betrachten. Das Geschäft mit regionalen Mittelstandskunden hat in den Geschäftsmodellen an Bedeutung gewonnen, was sich prinzipiell positiv auf Angebot und Produktqualität auswirken wird. Durch die gestiegenen Renditeerwartungen und Refinanzierungskosten, die sich auch in der Konditionsermittlung niederschlagen werden, lassen sich Preiserhöhungen für Dienstleistungen und im Kreditgeschäft jedoch kaum vermeiden.

Literatur

Bremke, K.; Wagener, J.; West, A.: Fit für 2005: Ein Programm zur Verbesserung der Wettbewerbsfähigkeit von Landesbanken, in: Everling, O.; Goedeckemeyer, K.-H. (Hrsg.): Bankenrating: Kreditinstitute auf dem Prüfstand, Wiesbaden 2004, S. 291-319.

Jennen, B.; Liebert, R.; Wiesmann, G.; Baulig, C.: Ende der Behaglichkeit, in: Financial Times Deutschland, 18. Juli 2001, S. 25.

o.V.: Verständigung über Anstaltslast und Gewährträgerhaftung, http://www.lrp.de/m2_kunden/download/pr_eu_17-7-01_dt.pdf (08.04.2006).

Sinn, H.-W.: Der Staat im Bankwesen: Zur Rolle der Landesbanken in Deutschland, München 1999.

Das Rendite-Risiko-Paradoxon bei Berücksichtigung des Entscheidungsverhaltens unter Risiko

Dipl.-Wirtsch.-Ing., Dipl.-Ing. Martin Hartebrodt

(Diplomarbeit an der Technischen Universität Dresden, Lehrstuhl für Betriebliches Rechnungswesen und Controlling)

1. Das Rendite-Risiko-Paradoxon

Die Würdigung des Risikos als eine Performancekomponente kann in der strategischen Managementliteratur bis auf Knight (1921) zurückgeführt werden. Risiko wurde aus verschiedenen Perspektiven sowohl von der ökonomischen als auch von der finanzwirtschaftlichen Theorie untersucht (vgl. Sharpe 1964; Tobin 1958; Markowitz 1952). Gestützt durch zahlreiche empirische Studien schien eine höhere Performance nur durch das Eingehen höherer Risiken erreichbar. Die gleiche Sichtweise wurde von der Organisations- und strategischen Managementtheorie vertreten (vgl. u.a. Ruefli 1990, S. 369; Amit/Livnat 1988; Fisher/Hall 1969).

Der positive Zusammenhang zwischen Performance und Risiko wurde zunächst auch mit rechnungswesenbasierten Gesamtrisikomaßen (z.B. Mittelwert-Varianz-Ansatz) empirisch nachgewiesen (vgl. Libby/Fishburn 1977; Cootner/Holland 1970; Conrad/Plotkin 1968). Die in einigen Studien teilweise aufgetretenen negativen Performance-Risiko-Zusammenhänge wurden zunächst ignoriert (vgl. Neumann/Bobel/Haid 1979, S. 229; Armour/Teece 1978, S. 119; Hurdle 1974).

Als Bowman (1980) in einer empirischen Studie in der Mehrzahl der untersuchten Branchen eine negative Beziehung zwischen Performance und Risiko entdeckte, bezeichnete er den gefundenen Zusammenhang als Rendite-Risiko-Paradoxon, da er sowohl der klassischen Theorie als auch den bisherigen empirischen Ergebnissen widersprach (vgl. Bowman 1980). Ausgelöst von Bowmans Publikation erschienen einerseits zahlreiche weitere Studien die das Paradoxon bestätigten (vgl. Miller/Bromiley 1990; Jegers 1989; Fiegenbaum/Thomas 1985, S. 8) und andererseits Studien, die das Paradoxon auf statistische Effekte zurückführten (vgl. Henkel 2000) oder bestimmte statistische Methoden (vgl. Marsh/Swanson 1984, S. 35f.) wie die Verwendung der Varianz als Risikomaß als Ursache für das Erscheinen des Paradoxons verantwortlich machten (vgl. Ruefli 1990).

Die Diskussion um die Richtung des linearen Zusammenhangs zwischen Performance und Risiko wurde ab 1988 mit der Studie von Fiegenbaum/Thomas zu einer Debatte über die Existenz und die Ursachen einer quadratischen Beziehung mit einem negativen Performance-Risiko-Zusammenhang für Unternehmen unterhalb des Branchendurchschnitts der Performance und einem positiven Performance-Risiko-Zusammenhang für Unternehmen oberhalb des Branchendurchschnitts (vgl. Fiegenbaum/Thomas 1988). Seit dieser Studie galt die lineare Beziehung als ein Artefakt des zugrunde liegenden quadratischen Zusammenhangs (vgl. Abbildung 1).

Abb. 1: Der klassische positive Performance-Risiko-Zusammenhang und das Rendite-Risiko-Paradoxon als lineare Approximationen der darunter liegenden quadratischen Performance-Risiko-Zusammenhänge

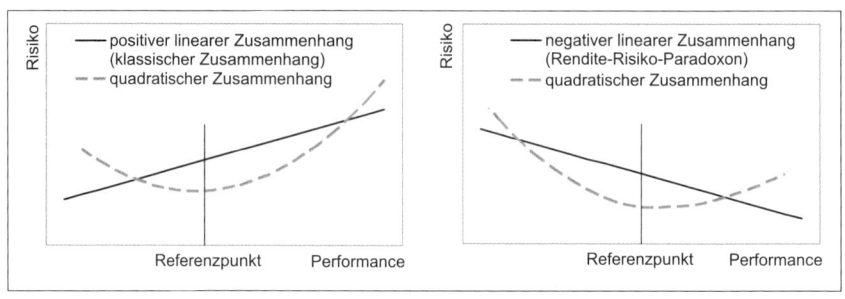

Quelle: in Anlehnung an: Fiegenbaum/Thomas (1988, S. 98).

2. Die Erklärung des Rendite-Risiko-Paradoxons mittels der Prospect Theorie

Seit Bowman (Bowman 1982, S. 37) dominiert die Prospect Theorie von Kahneman/Tversky (1979) als theoretischer Ansatz zur Erklärung des Rendite-Risiko-Paradoxons bzw. des quadratischen Zusammenhangs zwischen Performance und Risiko in den empirischen Studien. Aus der Prospect Theorie folgt einerseits bei einer zu erwartenden Performance oberhalb des Referenzpunktes ein risikoaverses Verhalten der Entscheidungsträger, womit ein positiver Performance-Risiko-Zusammenhang erklärbar wäre. Andererseits ist nach der Prospect Theorie bei einer zu erwartenden Performance unterhalb des Referenzpunktes ein risikofreudiges Verhalten der Entscheidungsträger zu erwarten, womit ein negativer Performance-Risiko-Zusammenhang über das Entscheidungsverhalten erklärbar wäre. Ein typischer Referenzpunkt bei Managern ist die mittlere Performance der Branche (vgl. Gooding et al. 1996).

Kritisch ist bei dieser Übertragung jedoch, dass während das Risikoverhalten der Entscheidungsträger in Unternehmen auf jährlichen Referenzpunkten (z.B. dem jährlichen Branchendurchschnitt) beruht, mit dem Erklärungsansatz von Fiegenbaum ex-post der Branchendurchschnitt über mehrere Jahre als Referenzpunkt zur Erklärung der Mittelwert-Varianz-Zusammenhänge anhand des Entscheidungsverhaltens herangezogen wird. Deshalb schlussfolgern Ruefli et al. (1999), dass in der Literatur die theoretische Verbindung zwischen der ex-post Interpretation des Risikos zur ex-ante basierten Entscheidungstheorie fehlt. Letztendlich ist eine Erklärung des Entscheidungsverhaltens mit der Prospect Theorie nur sinnvoll, wenn diese das Entscheidungsverhalten der signifikanten Mehrheit der Individuen beschreibt und die Einflüsse des Entscheidungsverhaltens der Minderheit(en) vernachlässigt werden können.

3. Empirische Studie zum Entscheidungsverhalten unter Risiko

Zur Überprüfung der empirischen Basis der Prospect Theorie wurde eine Studie zum Entscheidungsverhalten unter Risiko mit den gleichen Entscheidungssituationen vorgenommen, aus denen Kahneman/Tversky die Prospect Theorie ableiteten (vgl. Kahneman/Tversky 1979, S. 265ff.). Werden lediglich die möglichen individuellen Antwortkombinationen für: Entscheidungssituationen E1 (Entscheidungsverhalten bei positiven Prospects): A: (3.000; 1) oder B:(4.000; 0,8) und Entscheidungssituationen E2 (Entscheidungsverhalten bei negativen Prospects): A: (-3.000; 1) oder B: (-4.000; 0,8) betrachtet, ergeben sich die vier Kombinationen:

- E1A und E2A (risikoavers bei positiven und negativen Prospects – bei negativen Prospects entgegen der Prospect Theorie),

- E1A und E2B (risikoavers bei positiven Prospects und risikofreudig bei positiven Prospects – in Übereinstimmung mit der Prospect Theorie),

- E1B und E2A (risikofreudig bei positiven Prospects und risikoavers bei positiven Prospects – völlig entgegen der Prospect Theorie) und

- E1B und E2B (risikoavers bei positiven und negativen Prospects – bei positiven Prospects entgegen der Prospect Theorie).

Da drei der vier möglichen individuellen Antwortkombinationen von der Prospect Theorie abweichen und die Häufigkeiten der Antwortkombinationen nicht aus der bisherigen Art der Häufigkeitsanalyse auf einzelne Entscheidungssituationen wie bei Kahneman/Tversky abgeleitet werden können, wird im nächsten Kapitel eine völlig neuartige, zweidimensionale Analyse des Entscheidungsverhaltens unter Risiko vorgestellt.

4. Zweidimensionale Analyse des individuellen Entscheidungsverhaltens unter Risiko

Zur differenzierteren Abstufung des individuellen Entscheidungsverhaltens werden die individuellen Antworten auf ähnliche Entscheidungssituationen aggregiert. Auf risikoneutrales Verhalten kann aus wechselnden Antworten bei ähnlichen Entscheidungssituationen geschlossen werden. Zur Feststellung der Anzahl der Individuen, die konsistent mit der Prospect Theorie bei positiven Prospects risikoavers und bei negativen Prospects risikofreudig entscheiden, werden alle individuellen Antwortkombinationen zwischen positiven und negativen Prospects zweidimensional erfasst (vgl. Abbildung 2 und 3). Ein Punkt in Abbildung 2 repräsentiert das zweidimensionale Entscheidungsverhalten unter Risiko eines Individuums. Die grafisch repräsentierten Verteilungen sind in Abbildung 3 als partielle Häufigkeiten für die identifizierten Gruppen angegeben.

Abb. 2: Verteilung des zweidimensionalen Entscheidungsverhaltens bei Gruppierung in vier bzw. neun Gruppen

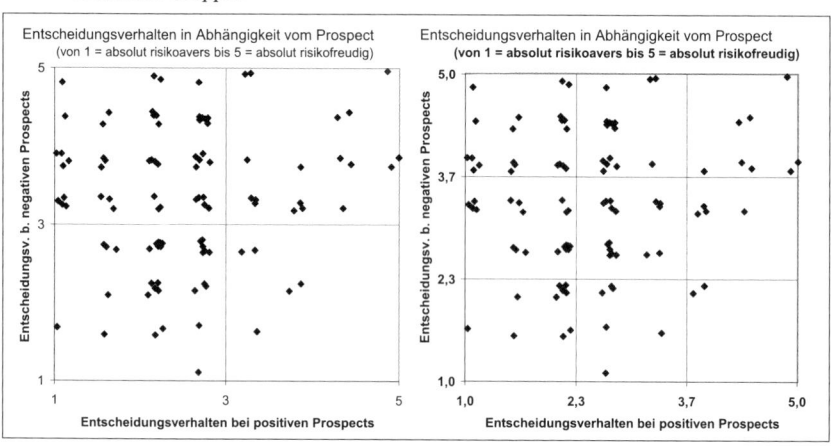

Die zweidimensionale Analyse erlaubt im einfachsten Fall (wenn risikoneutrales Entscheidungsverhalten ignoriert wird) eine Zerlegung des Entscheidungsverhaltens unter Risiko in vier verschiedene Gruppen (vgl. Abbildung 2 und 3 jeweils links). Diese Gruppen wurden als risikofreudig (♦), risikoavers (■), rational (▲) und irrational (▲) bezeichnet.

Eine Zerlegung des Entscheidungsverhaltens unter Risiko in neun verschiedene Gruppen (vgl. Abbildung 2 und 3 jeweils rechts) ermöglicht die Identifikation einer unabhängig vom Prospect risikoneutral entscheidenden Gruppe, der 15,4% der Individuen angehören. Die zweidimensionale Analyse zeigt, dass die Prospect Theorie maximal 47,1% des Entscheidungsverhaltens unter Risiko zutreffend beschreibt. Wird auch das risikoneutrale Entscheidungsverhalten berücksichtigt, können nur 20,2% des beobachteten Entscheidungsverhaltens mittels der Prospect Theorie erklärt werden. Abweichend zur Prospect Theorie zeigen 30,8% (bei vier Gruppen) bzw. 9,6% (bei neun Gruppen) der Individuen ein risikoaverses Entscheidungsverhalten unabhängig vom Prospect. Ein risikofreudiges Entscheidungsverhalten unabhängig vom Prospect zeigen 17,3% bzw. 7,7% der Individuen. Somit entscheiden insgesamt bis zu 48,1% der Individuen entgegen der Prospect Theorie unabhängig vom Prospect.

Abb. 3: Partielle Häufigkeiten der identifizierten Gruppen zum Entscheidungsverhalten unter Risiko

Risikoeinstellung bei positiven Prospects				Risikoeinstellung bei positiven Prospects			
	risikoavers	risikofreudig			risikoavers	risikoneutral	risikofreudig
risikofreudig	47,1 % (irrational - nur diese Gruppe wird von der Prospect Theorie real erfasst) ▲	17,3 % (immer risikofreudig entscheidende Gruppe) ◆	64,4 %	risikofreudig	20,2 % (irrational – Prospect Theorie) ▲	15,4 %	7,7 % (risikofreudig) ◆	43,3 %
				risikoneutral		20,2 %	15,4 % (risikoneutral)	3,8 %	39,4 %
risikoavers	30,8 % (immer risikoavers entscheidende Gruppe) ■	4,8 % (rational entscheidende Gruppe – im Sinn des maximalen Erwartungswertes) ▲	35,6 %	risikoavers	9,6 % (risikoavers) ■	5,8 %	1,9 % (rational) ▲	17,3 %
	77,9 %	22,1 %	100 %		50 %	36,6 %	13,4 %	100 %

(Risikoeinstellung bei negativen Prospects)

Besonders interessant ist das Entscheidungsverhalten der kleinen Gruppe (4,8% bzw. nur 1,9% der Individuen), die völlig entgegen der Prospect Theorie entscheidet, da die Individuen dieser Gruppe, die Einzigen sind, die nach der klassischen Erwartungs-Nutzen-Theorie rational entscheiden (vgl. von Neumann/Morgenstern 1944).

Da Organisationen ein ähnliches Entscheidungsverhalten wie Individuen zeigen (vgl. Allison 1971) können die Ergebnisse, der an Individuen durchgeführten Studie zum Entscheidungsverhalten unter Risiko zur Erklärung von Performance-Risiko-Zusammenhängen von Unternehmen herangezogen werden.

5. Der Einfluss des Entscheidungsverhaltens unter Risiko auf Performance-Risiko-Zusammenhänge

Eine Untersuchung der Auswirkungen unterschiedlichen Entscheidungsverhaltens unter Risiko für die vier identifizierten Gruppen im Einzelnen sowie in ihrer Summe auf Performance-Risiko-Zusammenhänge ist mit der Methode der dynamischen Simulation möglich. Die Simulationen innerhalb einer fiktiven Branche besitzen den Vorteil, dass sich die Unternehmen deutlich weniger als bei einer Gesamtmarktbetrachtung hinsichtlich anderer Kontrollvariablen (wie Technologien, Produkte, Märkte, etc.) unterscheiden. Die Performance-Risiko-Zusammenhänge für die gesamte Branche ergeben sich (hier nach 10 Jahren) aus dem Entscheidungsverhalten eines jeden Unternehmens im Jahr t zwischen zwei Risikooptionen auf Basis des Branchendurchschnitts der Performance aller 25 Unternehmen im Vorjahr (Jahr t-1). Als Risikomaß erscheint trotz zahlreicher berechtigter Kritiken in der Literatur die Varianz der Performance als geeignet, da diese ein weit verbreitetes Risikomaß in der strategischen

Managementliteratur darstellt (vgl. u.a. Ruefli et al. 1999) und in der Literatur zum Rendite-Risiko-Paradoxon dominiert (vgl. u.a. Bowman 1980, S. 18).

Für die Simulationen sind zwei Konstellationen sinnvoll:

- Risikooptionen, bei denen der Erwartungswert der risikoreichern Option höher ist als der Erwartungswert der risikoloseren Option (positive Risikooptionen) und

- Risikooptionen, bei denen der Erwartungswert der risikoreichern Option niedriger ist als der Erwartungswert der risikoloseren Option (negative Risikooptionen).

Im Folgenden werden Ergebnisse von Simulation mit negativen Risikooptionen dargestellt. Eingangsparameter der Simulation:

1. Risikooption 1: 10% (möglicher Gewinn)
2. mittlere Eintrittswahrscheinlichkeit der Risikooption 1: 1 (trifft sicher ein)
3. Risikooption 2: 20% (möglicher Gewinn)
4. mittlere Eintrittswahrscheinlichkeit der Risikooption 2: **0.3** (30%)
5. minimale/maximale zufällige Abweichung: 5% (vom Gewinn)

Simulationen mit negativen Risikooptionen führen zu Mittelwert-Varianz-Beziehungen in der Branche mit negativen linearen Performance-Risiko-Zusammenhängen (vgl. Abbildung 4 und 5 jeweils links). Jeweils rechts wird deutlich, dass in diesem Fall die risikoaverse Strategie (■) zur höchsten mittleren Performance führt. Das Rendite-Risiko-Paradoxon lässt sich somit auf das alleinige Vorhandensein von nur negativen oder zumindest auf das Überwiegen von negativen Risikooptionen in einer Branche zurückführen.

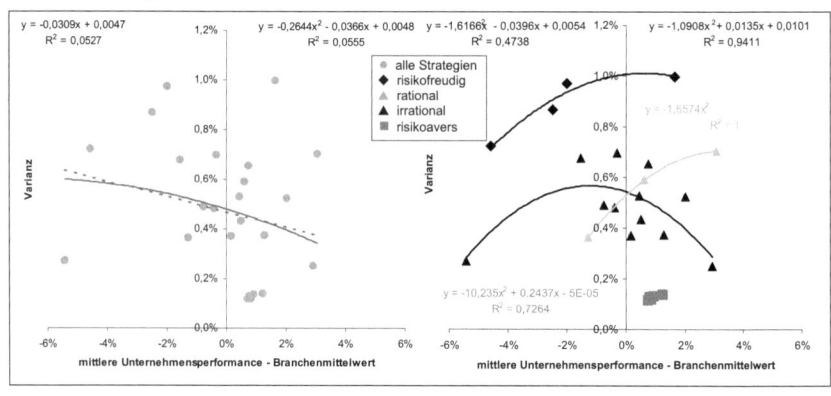

Abb. 4: Ergebnisse eines Simulationslaufs der Mittelwert-Varianz-Beziehung bei negativen Risikooptionen

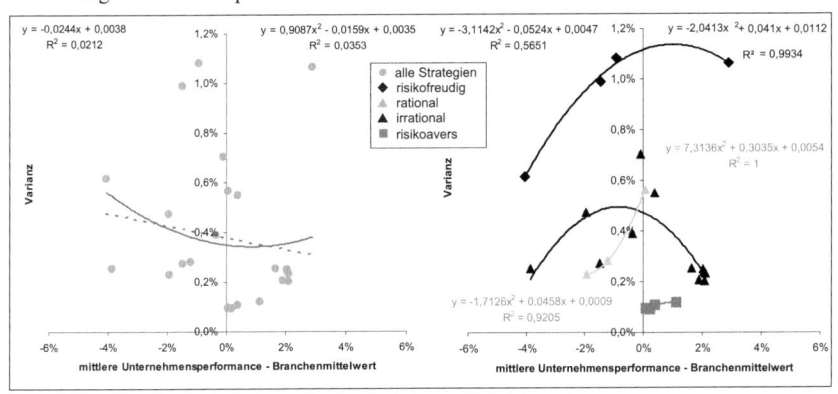

Abb. 5: Ergebnisse eines weiteren Simulationslaufs der Mittelwert-Varianz-Beziehung bei negativen Risikooptionen

Simulationen mit positiven Risikooptionen (bei denen der Erwartungswert der risikoreicheren Option höher ist als der Erwartungswert der risikoloseren Option ist) führen hingegen zu Mittelwert-Varianz-Beziehungen in der Branche mit positiven linearen Performance-Risiko-Zusammenhängen, wobei in diesem Fall analog zur klassischen Theorie die risikofreudige Strategie (♦) zur höchsten mittleren Performance führt.

6. Zusammenfassung

Die empirische Studie zum Entscheidungsverhalten unter Risiko zeigt ein viel differenzierteres Bild über das Entscheidungsverhalten unter Risiko auf als bisher mit der Prospect Theorie angenommen wurde. Die Prospect Theorie kann maximal die Hälfte des Entscheidungsverhaltens von Individuen unter Risiko beschreiben, wenn lediglich eine Trennung des Entscheidungsverhaltens in risikoavers und risikofreudig unternommen wird. Bei Beachtung von risikoneutralem Entscheidungsverhalten vermag die Prospect Theorie sogar nur noch ein Fünftel des Entscheidungsverhaltens von Individuen unter Risiko erklären.

Die dynamischen Simulationen auf Basis des Entscheidungsverhaltens unter Risiko können eindeutige Verbindungen zwischen dem Entscheidungsverhalten unter Risiko und den daraus resultierenden Performance-Risiko-Zusammenhängen herstellen. Die Ergebnisse der Simulationen zeigen, dass diese eine deutlich bessere Basis für die Erklärung des Zustandekommens von empirischen Performance-Risiko-Zusammenhängen bilden als die Prospect Theorie, die bisher als dominierender Ansatz zur Erklärung von empirischen Performance-Risiko-Zusammenhängen herangezogen wurde. Die Simulationen können nicht nur die Erscheinung von positiven und negativen linearen sondern auch von quadratischen Performance-Risiko-

Zusammenhängen erklären. Die Deutung negativer quadratischer Zusammenhänge, die die Simulation erlaubt, war bislang mit der Prospect Theorie nicht möglich.

Abweichend von den bisherigen Erklärungen der quadratischen Performance-Risiko-Zusammenhänge in der Literatur mit schlechten Risikooptionen unterhalb und guten Risikooptionen oberhalb des Branchendurchschnitts der Performance zeigen die Simulationen, dass die quadratischen Performance-Risiko-Zusammenhänge allein durch das differierende Entscheidungsverhalten von Unternehmen bei sonst gleichen Bedingungen in einer Branche hervorgerufen werden können.

Literatur

Allison, G.T.: Essence of Decision: Explaining the Cuban Missile Crisis, Boston 1971.

Amit, R.; Livnat, J.: Diversification and the Risk-Return Trade-off, in: Academy of Management Journal, Vol. 31 (1988), No. 1, pp. 154-165.

Armour, H.O.; Teece, D.J.: Organizational Structure and Economic Performance: A Test of the Multidivisional Hypothesis, in: Bell Journal of Economics, Vol. 9 (1978), No. 1, pp. 106-122.

Bowman, E.H.: A Risk-Return Paradox for Strategic Management, in: Sloan Management Review, Vol. 21 (1980), No. 3, pp. 17-31.

Bowman, E.H.: Risk Seeking by Troubled Firms, in: Sloan Management Review, Vol. 23 (1982), No. 4, pp. 33-42.

Conrad, G.R.; Plotkin, I.H.: Risk/Return: U.S. Industry Pattern, in: Harvard Business Review, Vol. 46 (1968), No. 2, pp. 90-99.

Cootner, P.H.; Holland, D.M.: Rate of Return and Business Risk, in: Bell Journal of Economics & Management Science, Vol. 1 (1970), No. 2, pp. 211-226.

Fiegenbaum, A.; Thomas, H.: An Examination of the Structural Stability of Bowman's Risk-Return Paradox, in: Academy of Management Proceedings, 44th Annual Meeting of the Academy of Management, San Diego 1985, pp. 7-11.

Fiegenbaum, A.; Thomas, H.: Attitudes Toward Risk and the Risk-Return Paradox: Prospect Theory Explanations, in: Academy of Management Journal, Vol. 31 (1988), No. 1, pp. 85-106.

Fisher, I.N.; Hall, G.R.: Risk and Corporate Rates of Return, in: Quarterly Journal of Economics, Vol. 83 (1969), No. 1, pp. 79-92.

Gooding, R.Z.; Goel, S.; Wiseman, R.M.: Fixed versus Variable Reference Points in the Risk-Return Relationship, in: Journal of Economic Behavior and Organization, Vol. 29 (1996), No. 2, pp. 331-350.

Henkel, J.: The Risk-Return Fallacy; in: Schmalenbach Business Review, Vol. 52 (2000), No. 4, pp. 363-373.

Hurdle, G.J.: Leverage, Risk, Market Structure and Profitability, in: Review of Economics & Statistics, Vol. 56 (1974), No. 4, pp. 478-483.

Jegers, M.: The Risk-Return Relation at the Firm and Industry Level: An Empirical Analysis Using Belgian Accounting Data, in: Applied Economics, Vol. 21 (1989), No. 7, pp. 913-920.

Kahneman, D.; Tversky, A.: Prospect Theory: An Analysis of Decision Under Risk, in: Econometrica, Vol. 47 (1979), No. 2, pp. 263-292.

Knight, F.H.: Risk, Uncertainty and Profit, Boston 1921.

Libby, R.; Fishburn, P.C.: Behavioral Models of Risk Taking in Business Decisions: A Survey and Evaluation, in: Journal of Accounting, Vol. 15 (1977), No. 2, pp. 272-292.

Markowitz, H.M.: Portfolio Selection, in: Journal of Finance, Vol. 7 (1952), No. 1, pp. 77-91

Marsh, T.A.; Swanson, D.S.: Risk-Return Tradeoffs for Strategic Management, in: Sloan Management Review, Vol. 25 (1984), No. 3, pp. 35-51.

Miller, K.D.; Bromiley, P.: Strategic Risk and Corporate Performance: An Analysis of Alternative Risk Measures, in: Academy of Management Journal, Vol. 33 (1990), No. 4, pp. 756-779.

Neumann, J. von; Morgenstern, O.: Theory of Games and Economic Behavior, Princeton 1944.

Neumann, M.; Bobel, I.; Haid, A.: Profitability, Risk and Market Structure in West German Industries, in: Journal of Industrial Economics, Vol. 27 (1979), No. 3, pp. 227-242.

Ruefli, T.W.: Mean-Variance Approaches to Risk-Return-Relationships in Strategy: Paradox Lost, in: Management Science, Vol. 36 (1990), No. 3, pp. 368-380.

Ruefli, T.W.; Collins, J.M.; LaCugna, J.R.: Risk Measures in Strategic Management Research: Auld Lang Syne?, in: Strategic Management Journal, Vol. 20 (1999), No. 2, pp. 167-194.

Sharpe, W.: Capital Asset Prices: A Theory of Market Equilibrium under Conditions of Risk, in: Journal of Finance, Vol. 19 (1964), No. 3, pp. 425-442.

Tobin, J.: Liquidity Preferences as Behavior Toward Risk, in: Review of Economic Studies, Vol. 25 (1958), No. 2, pp. 65-85.

Der Einfluss des Selbst auf das Beschwerde-Paradoxon

Dipl.-Kffr. Katja Wittig

(Diplomarbeit an der Technischen Universität Dresden, Lehrstuhl für Marketing)

1. Das Beschwerde-Paradoxon

Nur wenn es einem Unternehmen gelingt, seine Kunden von der Qualität der eigenen Leistungen zu überzeugen, verhalten diese sich loyal. Empirisch lässt sich nicht nur nachweisen, dass zufriedene Abnehmer die Leistungen des Unternehmens häufiger weiterempfehlen, sondern dass sie zudem bereit sind, einen höheren Preis zu zahlen, und vermehrt Cross-Selling Angebote in Anspruch nehmen (vgl. Müller 1998, S. 212; Zeithaml/Parasuraman 1996, S. 42f.). Jedes Unternehmen sollte daher bestrebt sein, Situationen, die für den Kunden unangenehm sind, zu vermeiden. Angesichts der begrenzten Standardisierbarkeit von Dienstleistungen ist dies jedoch gerade in diesem Bereich nicht immer möglich. Ein umfassendes **Beschwerdemanagement** ist demnach unabdingbar. In diesem Zusammenhang beobachteten einige Forscher ein Phänomen, welches McCollough (1995, S. 2) als Beschwerde-Paradoxon ('recovery paradox') bezeichnete: Unzufriedene Kunden, deren Beschwerde ausgezeichnet behandelt wurde, sind letztlich zufriedener als solche, die ihre Erwartungen von vornherein erfüllt sahen. Entscheidend ist nun, wann das Beschwerde-Paradoxon auftritt bzw. von welchen Einflussgrößen dessen Ausmaß abhängt. Ausgehend von einem Vorschlag von McCollough (1995, S. 49f.), Persönlichkeitseigenschaften in Modelle der Beschwerdezufriedenheit aufzunehmen, wurde im Rahmen dieser Arbeit daher das Selbst als Einflussgröße untersucht.

2. Der Zusammenhang zwischen Selbst und Beschwerde-Paradoxon

Das Selbst besteht aus verschiedenen Komponenten. Im Selbstkonzept sind alle Eigenschaften, die sich eine Person zuschreibt, integriert. Es wird darum auch als die deskriptive Komponente des Selbst bezeichnet. Während das **reale Selbstkonzept** beschreibt, wie sich ein Mensch selbst einschätzt (z.B. ängstlich), kennzeichnet das **ideale Selbstkonzept** erstrebenswerte Merkmale (z.B. mutig). Folgt man nun der **Selbstdiskrepanztheorie** (vgl. Higgins 1989, S. 95), so besteht im Regelfall zwischen realem und idealem Selbstkonzept eines Individuums eine Diskrepanz. Daraus leitet sich die erste Hypothese ab:

H_1: Reales und ideales Selbstkonzept unterscheiden sich.

Indem Personen diesen Unterschied bewerten, entsteht ihr **Selbstwertgefühl** (vgl. Higgins 1989, S. 93ff.), welches auch als die evaluative Komponente des Selbst bezeichnet wird.

Weicht das reale Selbstkonzept eines Menschen stark von seinem Ideal ab, fällt vermutlich sein Selbstwertgefühl gering aus. Dagegen dürfte eine Person sich eher als wertvoll einschätzen, wenn nur ein geringer Unterschied besteht.

H_2: Je geringer der Unterschied zwischen realem und idealem Selbstkonzept, desto höher ist das Selbstwertgefühl.

Nach der Theorie der Selbstaufmerksamkeit (vgl. Wicklund 1975, S. 234) kann sich ein Individuum entweder stärker mit sich selbst beschäftigen oder seine Aufmerksamkeit auf äußere Ereignisse richten. Konzentrieren sich Menschen auf die eigene Person, spricht man von Selbstaufmerksamkeit. Während sich **private Selbstaufmerksamkeit** auf innere, d.h. nur von der Person selbst wahrnehmbare Eigenschaften richtet (z.B. Sensibilität), erfasst die **öffentliche Selbstaufmerksamkeit** Merkmale, die auch von anderen wahrgenommen werden können (z.B. äußeres Erscheinungsbild; vgl. Fenigstein et al. 1975, S. 525). Je stärker sich ein Mensch mit sich selbst beschäftigt, desto eher nimmt er Unterschiede zwischen realem und idealem Selbstkonzept wahr. Dies wiederum wird sich auch in einem geringeren Selbstwertgefühl niederschlagen. Dabei sind alle Eigenschaften einer Person relevant, weshalb sowohl private als auch öffentliche Selbstaufmerksamkeit die Beziehung zwischen Selbstkonzeptkongruenz und Selbstwertgefühl moderieren.

Empirische Studien wiesen zudem nach, dass das Konstrukt der privaten Selbstaufmerksamkeit in zwei Faktoren zerfällt (vgl. u.a. Hoyer/Kunst 2001, S. 114f.): den **Prozess** des mit sich selbst Beschäftigens einerseits und Selbstkenntnis als **Ergebnis** der privaten Selbstaufmerksamkeit andererseits. Vermutlich wirkt Selbstkenntnis positiv auf das Selbstwertgefühl; denn wie empirische Studien zeigen, korreliert Selbstkenntnis positiv mit Indikatoren des habituellen Wohlbefindens (z.B. Lebenszufriedenheit). Es ist daher anzunehmen, dass lediglich der Faktor „private Selbstaufmerksamkeit (i.e.S.)" als Moderator wirkt.

H_{3a}: Je höher die private Selbstaufmerksamkeit, desto stärker beeinflusst die Selbstkonzeptkongruenz das Selbstwertgefühl.

H_{3b}: Je höher die öffentliche Selbstaufmerksamkeit, desto stärker beeinflusst die Selbstkonzeptkongruenz das Selbstwertgefühl.

H_4: Je höher die Selbstkenntnis, desto höher ist das Selbstwertgefühl.

Entsprechend der Theorie des **Selbstwertschutzes** (vgl. Dauenheimer et al. 2002) sind Menschen bemüht, den eigenen Selbstwert zu halten bzw. zu erhöhen. Demnach lässt sich vermuten, dass Personen mit geringem Selbstwertgefühl eine angemessene und faire Reaktion des Unternehmens auf ihre Beschwerde positiver interpretieren als solche mit hohem Selbstwertgefühl. Jene sind daher nicht nur mit der Beschwerdebehandlung zufriedener, sondern mit dem Unternehmen insgesamt. Somit ist es bei ihnen wahrscheinlicher, dass das Beschwerde-Paradoxon auftritt.

H_5: Je geringer das Selbstwertgefühl, desto größer ist das Beschwerde-Paradoxon.

Unterscheiden sich reales und ideales Selbstkonzept, empfindet eine Person **kognitive Dissonanz** (vgl. Festinger 1957), welche sie abbauen möchte. Dazu kann ein Kunde bereits mit seiner Beschwerde beitragen. Allerdings gelingt ihm dies auch, wenn er die Reaktion des Unternehmens positiver bewertet.

H_6: Je geringer die Selbstkonzeptkongruenz, desto größer ist das Beschwerde-Paradoxon.

Die Frage, ob Selbstwert und Selbstkonzept den allgemeinen Persönlichkeitsmerkmalen zuzuordnen sind ('trait') oder aber ob sie sich je nach Situation unterscheiden ('state'), hat heftigste Kontroversen ausgelöst. Nachdem Forscher zunächst von einem allgemeinen Selbstwert ausgingen (vgl. Rosenberg 1979), setzte in den folgenden Jahren eine differenzierte Debatte ein. Kanning (2000, S. 41) postuliert, dass ein Mensch so viele verschiedene Selbstwerte generiert, wie er Selbstkonzepte besitzt. Folglich wäre nicht nur das Selbstkonzept als bereichsspezifisch anzusehen, sondern auch die dazugehörige evaluative Komponente: das Selbstwertgefühl (vgl. Mummendey 1995, S. 62). Demnach wurden sowohl Selbstkonzept als auch Selbstwert spezifisch für eine bestimmte Beschwerde-Situation operationalisiert (hier: Finanzdienstleistung).

3. Empirische Untersuchung und zentrale Ergebnisse

Das theoretische Modell wurde anhand von Daten, die im Rahmen einer Online-Befragung im März 2005 gewonnen wurden, kausalanalytisch überprüft. Zu Beginn des Fragebogens versetzt ein fiktives negativ-kritisches Ereignis die Probanden in die Situation eines Kunden, dessen Finanzdienstleister versehentlich eine zu hohe Gebühr in Rechnung stellte. Die Mitarbeiter des Unternehmens reagieren auf die darauf folgende Beschwerde zuvorkommend und entschädigen den Kunden in Höhe des entstandenen Schadens.

Mit Hilfe einer **Mehrgruppenkausalanalyse** ließen sich moderierende Effekte privater und öffentlicher Selbstaufmerksamkeit untersuchen. Abbildung 1 zeigt die Befunde im Überblick. Die globalen Gütemaße des Kausalmodels sind im Kasten dargestellt und zeigen, dass das Modell eine ausreichenden Fit aufweist.

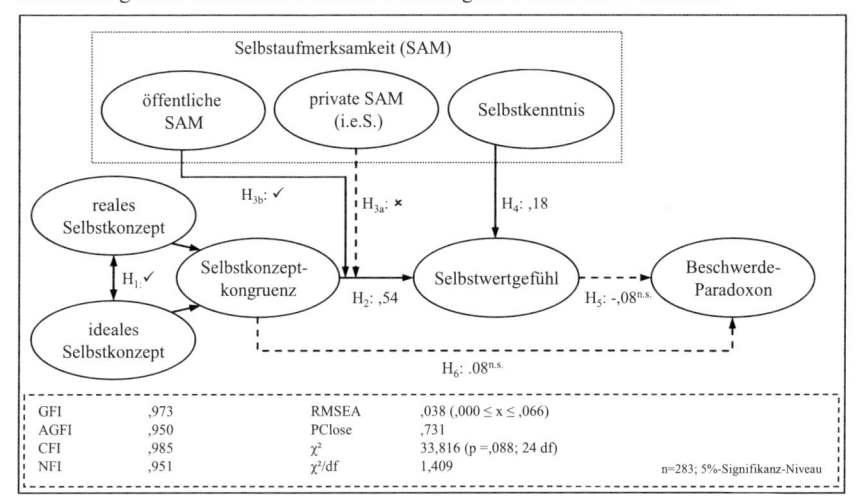

Abb.1: Integriertes Modell des Selbst zur Erklärung des Beschwerde-Paradoxons

```
Selbstaufmerksamkeit (SAM)
  öffentliche SAM    private SAM (i.e.S.)    Selbstkenntnis

reales Selbstkonzept    H_{3b}: ✓    H_{3a}: ✗    H_4: ,18
        H_1: ✓    Selbstkonzept-kongruenz    Selbstwertgefühl    Beschwerde-Paradoxon
                      H_2: ,54                H_5: -,08^{n.s.}
ideales Selbstkonzept
                              H_6: .08^{n.s.}

GFI   ,973      RMSEA    ,038 (,000 ≤ x ≤ ,066)
AGFI  ,950      PClose   ,731
CFI   ,985      χ²       33,816 (p =,088; 24 df)
NFI   ,951      χ²/df    1,409
                                        n=283; 5%-Signifikanz-Niveau
```

Die empirischen Befunde bestätigen das theoretisch hergeleitete Modell zum Selbst. Mittels eines t-Tests konnte gezeigt werden, dass die Differenz von idealem und realem Selbstkonzept von Null abweicht. Beide Selbstkonzepte unterscheiden sich demnach (H_1). Auch Hypothese 2 ließ sich bestätigen. Je mehr sich die beiden Selbstkonzepte ähneln, umso höher ist das Selbstwertgefühl (H_2). Eine bewusste Wertung kann aber nur dann stattfinden, wenn ein Mensch sich selbst mit all seinen Eigenschaften wahrnimmt (H_3). Die Selbstaufmerksamkeit wirkt demnach als moderierende Variable auf den Zusammenhang von Selbstkonzeptkongruenz und Selbstwertgefühl. Jedoch konnte dieser Effekt nicht für alle Arten der Selbstaufmerksamkeit nachgewiesen werden. In der hier erhobenen Stichprobe wirkte nur die öffentliche Selbstaufmerksamkeit als Moderator. Im Zustand hoher Selbstaufmerksamkeit verstärkt sich der Einfluss der Selbstkonzeptkongruenz auf das Selbstwertgefühl signifikant (H_{3a}: $\Delta \chi^2=5,31$, $p <0,02$).

Allerdings ließ sich der vermutete Einfluss des Selbst auf das Beschwerde-Paradoxon nicht bestätigen. Weder Selbstkonzeptkongruenz noch Selbstwertgefühl stehen in einem signifikanten Zusammenhang mit dem Beschwerde-Paradoxon. Weniger als 1% der Varianz des Beschwerde-Paradoxons kann durch Selbstkonzept und Selbstwert erklärt werden.

4. Diskussion und kritische Würdigung der Ergebnisse

Die empirische Untersuchung belegt, dass die einzelnen Komponenten des Selbst (Selbstkonzept, Selbstwert und Selbstaufmerksamkeit) in vorhergesagter Weise zusammenhängen. Entspricht ein Mensch seinem Idealbild nicht, verhält er sich bspw. in einer Beschwerdesituation nicht so mutig, wie er es gern tun würde, dann ist er auch weniger zufrieden mit sich selbst. Dies äußert sich in einem geringeren Selbstwertgefühl. Der moderierende Effekt der öffentlichen Selbstaufmerksamkeit auf diesen Zusammenhang konnte bestätigt werden. Je mehr ein Mensch auf sich und auf sein Verhalten achtet, umso schwerer wiegen Unzulänglichkeiten. Entgegen den aufgestellten Hypothesen spielt private Selbstaufmerksamkeit in Beschwerdesituationen keine signifikante Rolle. Vermutlich sind in einer öffentlichen Situation Eigenschaften, die nicht von anderen beobachtbar sind, weniger relevant.

Weiterhin konnte der Zusammenhang zum Beschwerde-Paradoxon nicht empirisch nachgewiesen werden. So ließ sich nur bei 11% der Probanden ein Paradoxon nachweisen, d.h. nur 31 von 283 Personen gaben an, nach Erstattung des Betrages und Entschuldigung des Bankmitarbeiters zufriedener zu sein als vor dem eigentlichen Anlass. Mögliche Ursachen liegen u.a. im Design des hypothetischen Falles. Folgestudien sollten daher das verwendete Szenario überarbeiten. Empirische Studien belegen, dass das Beschwerde-Paradoxon nur auftritt, wenn ein Unternehmen den Kunden von seinen guten Absichten überzeugt. Dabei zählen nicht nur die monetäre Entschädigung; auch „weiche" Faktoren, wie der Umgang des Service-Mitarbeiters mit dem Kunden, sind wichtig. Im vorliegendem Fall wurde der soziale Umgang des Mitarbeiters mit dem Kunden nur knapp geschildert. Zudem erstattete die Bank dem Kunden lediglich den finanziellen Schaden. Darüber hinaus erhielt er keine Wiedergutmachung, z.B. für entstandene Telefonkosten oder lange Wartezeiten in der Kunden-Hotline. Daraus lässt sich folgern, dass der hypothetische Beschwerdefall ausführlicher dargestellt werden muss, um ein Paradoxon zu erzeugen.

5. Implikationen für die weitere Forschung

Im vorliegenden Modell wurde nur der Einfluss der Selbstkonzeptkongruenz auf den Selbstwert unterstellt. Die Ergebnisse dieser Studie (32,2% erklärte Varianz) deuten bereits darauf hin, dass es weitere Einflussgrößen gibt. Bereits Shepard (1979, S. 154) wies auf Bereiche des Selbstwertgefühls hin, welche durch eine bloße Selbstbeschreibung nicht erfasst werden (z.B. Zugänglichkeit, Sicherheit des Selbstkonzeptes). Weitere Studien sollten daher **andere exogene Variablen** berücksichtigen (z.B. Einschätzung durch die soziale Gruppe, Einfluss der Situation). Pelham/Swann (1989) zeigten empirisch, dass der Selbstwert nicht allein vom Abstand zwischen realem und idealem Selbstkonzept abhängt, sondern u.a. auch die Bedeutung der einzelnen Dimensionen des Selbstkonzepts relevant ist. Ein experimentelles Design könnte verschiedene Situationen (Treatments) simulieren, um so die Dimensionen zu überprüfen (z.B. Beschwerde, Kritik im Berufsleben, Belohnung von guten Leistungen).

Die Untersuchung zeigte, dass lediglich die öffentliche Selbstaufmerksamkeit den Zusammenhang zwischen Selbstkonzept(kongruenz) und Selbstwert beeinflusst. Die Rolle der privaten Selbstaufmerksamkeit sollte näher untersucht werden, indem bspw. **verschiedene Situationen** simuliert werden, die einerseits für das Umfeld relevant sind (z.b. Beschwerdesituationen, Verhalten in beruflichen Konfliktsituationen) und andererseits eine Person persönlich betreffen (z.b. individuelles Feedback nach einem Intelligenztest).

Nicht zuletzt ist die **Operationalisierung des Beschwerde-Paradoxons** zu überdenken. Den Vorschlägen von McCollough (1995) und Andreassen (2001) folgend, könnte das Beschwerde-Paradoxon experimentell überprüft werden. Probanden, die sich zu Recht beschwerten und daraufhin ausgezeichnet beraten und entschädigt wurden, könnten mit einer Kontrollgruppe verglichen werden, die kein kritisches Ereignis erlebte. Sollte die Experimentgruppe nach dem Beschwerdefall zufriedener sein als die Kontrollgruppe, so wäre dies ein Beleg für die Existenz des Beschwerde-Paradoxons. Allerdings lässt sich auf diese Weise nicht die individuelle Ausprägung des Paradoxons ermitteln, sondern nur ein aggregierter Effekt zwischen zwei Gruppen (vgl. u.a. Hocutt et al. 2006).

6. Implikationen für die Praxis

Unternehmen müssen die verschiedenen Selbstbilder ihrer Kunden berücksichtigen. Sie sollten nicht das Problem oder gar sich selbst in den Vordergrund rücken, sondern das Augenmerk auf die interindividuellen Unterschiede ihrer Kunden richten, um deren Reaktionen nachvollziehen und verstehen zu können. Insb. die Gestaltung des Beschwerde-Falls und die vergleichsweise geringe Teilstichprobe, bei denen ein Paradoxon auftrat, geben wertvolle Hinweise, wie ein **aktives Beschwerde-Management** gestaltet werden sollte (vgl. Wünschmann et al. 2003). Wenn sich Mitarbeiter für eine Beschwerde verantwortlich fühlen ('complaint owner') sowie höflich und einfühlsam auf den Kunden reagieren, schaffen sie die notwendige Voraussetzung für eine gelungene Wiedergutmachung (vgl. Hocutt et al. 2006, S. 204). Im Idealfall führt das zum Beschwerde-Paradoxon, d.h. diese Kunden sind anschließend zufriedener als vorher. Mehr noch, sie verhalten sich loyaler und empfehlen das Unternehmen weiter (vgl. Smith/Bolton 1998, S. 67).

Literatur

Andreassen, T. W.: From Disgust to Delight: Do Customers Hold a Grudge?, in: Journal of Service Research, Vol. 4 (2001), No. 1, pp. 39-49.

Dauenheimer, D.; Stahlberg, D.; Frey, D.; Petersen, L.-E.: Die Theorie des Selbstwertschutzes und der Selbstwerterhöhung, in: Frey, D.; Irle, M. (Hrsg.): Theorien der Sozialpsychologie: Motivations-, Selbst- und Informationsverarbeitungstheorien, Bd. 3, 2. Aufl., Bern 2002, S. 159-190.

Fenigstein, A.; Scheier, M. F.; Buss, A. H.: Public and Private Self-Consciousness: Assessment and Theory, in: Journal of Consulting and Clinical Psychology, Vol. 43 (1975), No. 4, pp. 522-527.

Festinger, L.: A Theory of Cognitive Dissonance, Stanford 1957.

Higgins, E. T.: Self-Discrepancy Theory: What Patterns of Self-Belief Cause People to Suffer?, in: Berkowitz, L. (Ed.): Advances in Experimental Social Psychology, Vol. 53, Amsterdam 1989, pp. 93-136.

Hocutt, M.A.; Bowers, M.R.; Donavan, D.T.: The Art of Service Recovery: Fact or Fiction?, in: Journal of Services Marketing, Vol. 20 (2006), No. 3, pp. 199-207.

Hoyer, J.; Kunst, H.: Selbstaufmerksamkeit und Selbst-Kenntnis im SAM-Fragebogen, in: Zeitschrift für Differentielle und Diagnostische Psychologie, 22. Jg. (2001), Nr. 2, S. 111-117.

Kanning, U. P.: Selbstwertdienliches Verhalten und soziale Konflikte, Münster 1997.

McCollough, M. A.: The Recovery Paradox: A Conceptual Model and Empirical Investigation of Customer Satisfaction and Service Quality Attitudes after Service Failure and Recovery, College Station 1995.

Müller, S.: Die Unzufriedenheit der „eher zufriedenen" Kunden, in: Müller, S.; Strothmann, H. (Hrsg.): Kundenzufriedenheit und Kundenbindung, München 1998, S. 197-218.

Mummendey, H. D.: Psychologie der Selbstdarstellung, Göttingen 1995.

Pelham, B. W.; Swann Jr., W. B.: From Self-Conception to Self-Worth: On the Source and Structure of Global Self-Esteem, in: Journal of Personality and Social Psychology, Vol. 57 (1989), No. 4, pp. 672-680.

Rosenberg, M.: Conceiving the Self, New York 1979.

Shepard, L. A.: Self-Acceptance: The Evaluative Component of the Self-Concept Construct, in: American Educational Research Journal, Vol. 16 (1979), No. 2, pp. 139-160.

Smith, A. K.; Bolton, R. N.: An Experimental Investigation of Customer Reactions to Service Failure and Recovery Encounters: Paradox or Peril?, in: Journal of Service Research, Vol. 1 (1998), No. 1, pp. 65-81.

Wicklund, R. A.: Objective Self-Awareness, in: Berkowitz, L. (Ed.): Advances in Experimental Social Psychology, Vol. 8, Amsterdam 1975, pp. 233-275.

Wünschmann, S.; Leuteritz, A.; Müller, S.: Aktives Beschwerdemanagement, www.marketingverein.de, Oktober 2003.

Zeithaml, V. A.; Berry, L. L.; Parasuraman, A.: The Behavioral Consequences of Service Quality, in: Journal of Marketing, Vol. 60 (1996), No. 2, pp. 31-46.